Sex Talks

Sex Talks

5 conversas francas para transformar a sua vida amorosa

VANESSA MARIN
COM XANDER MARIN

ALTA BOOKS
GRUPO EDITORIAL
Rio de Janeiro, 2024

Sex talks

Alta Life é um selo da editora Alta Books do Grupo Editorial Alta Books (Starlin Alta Editora e Consultoria LTDA).

ISBN: 978-85-7881-715-2

Translated from original Sex Talks. Copyright © 2023 by Vanessa Marin. ISBN 978-1-6680-0001-4. This translation is published and sold by Simon Element an imprint of Simon & Schuster, Inc.*, the owner of all rights to publish and sell the same. PORTUGUESE language edition published by*Starlin Alta Editora e Consultoria Ltda*, Copyright © 2024 by* STARLIN ALTA EDITORA E CONSULTORIA LTDA.*)*

Impresso no Brasil — 1ª Edição, 2024 — Edição revisada conforme o Acordo Ortográfico da Língua Portuguesa de 2009.

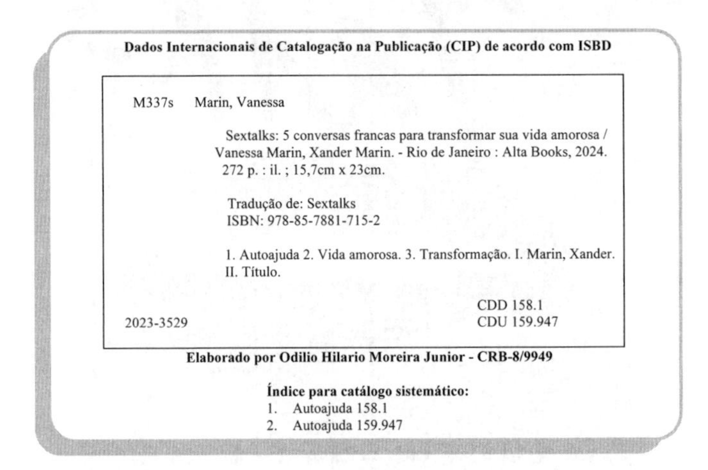
Dados Internacionais de Catalogação na Publicação (CIP) de acordo com ISBD

M337s Marin, Vanessa

Sextalks: 5 conversas francas para transformar sua vida amorosa / Vanessa Marin, Xander Marin. - Rio de Janeiro : Alta Books, 2024.
272 p. : il. ; 15,7cm x 23cm.

Tradução de: Sextalks
ISBN: 978-85-7881-715-2

1. Autoajuda 2. Vida amorosa. 3. Transformação. I. Marin, Xander. II. Título.

CDD 158.1
2023-3529 CDU 159.947

Elaborado por Odilio Hilario Moreira Junior - CRB-8/9949

Índice para catálogo sistemático:
1. Autoajuda 158.1
2. Autoajuda 159.947

Alta Life é um selo do Grupo Editorial Alta Books

Produção Editorial: Grupo Editorial Alta Books
Diretor Editorial: Anderson Vieira
Editor da Obra: Ibraíma Tavares
Vendas Governamentais: Cristiane Mutüs
Gerência Comercial: Claudio Lima
Gerência Marketing: Andréa Guatiello

Produtor Editorial: Gabriela Paiva, Caroline David
Tradução: Rafael de Oliveira
Copidesque: Tatiane Diniz
Revisão: Alessandro Thomé, Rafael Surgek
Diagramação: Joyce Matos

Rua Viúva Cláudio, 291 — Bairro Industrial do Jacaré
CEP: 20.970-031 — Rio de Janeiro (RJ)
Tels.: (21) 3278-8069 / 3278-8419
www.altabooks.com.br — altabooks@altabooks.com.br
Ouvidoria: ouvidoria@altabooks.com.br

Editora
afiliada à:

Este livro é dedicado a você,
por sua coragem em adquiri-lo.

SUMÁRIO

SUMÁRIO

AGRADECIMENTOS

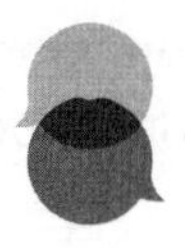

COMO UMA LEITORA ÁVIDA que passou uma parte embaraçosamente significativa de sua infância sozinha na biblioteca pública, sempre sonhei em escrever meu próprio livro. Esse sonho não teria sido possível sem algumas pessoas muito especiais e importantes, por isso quero agradecê-las de todo o coração.

Obrigada a Xander por ser o melhor parceiro possível na vida e neste livro; por nunca pestanejar quando lhe pedi para tentar mais uma experiência sexual estranha; por me manter alerta em nosso relacionamento e sempre me dar algo novo sobre o que escrever; por me fazer rir (geralmente dançando) mesmo quando o processo de escrever o livro ficou muito mais difícil do que eu jamais pensei que seria; por me inspirar com sua vulnerabilidade; e, claro, pelo seu dedo errante. Eu te amo.

Agradeço aos meus pais por serem corajosos o suficiente para sussurrarem a palavra "sexo" durante aquela fatídica viagem de carro e por agora serem tão abertos que muitas vezes sou eu quem fica vermelha. Eu amo vocês até a Lua e de volta.

Obrigado a todos nossos amigos e familiares por serem tão orgulhosos e solidários. Seu amor, suas risadas e seu encorajamento significam o mundo para mim.

Agradecimentos especiais à Richelle Fredson. Este livro não existiria sem seu brilhantismo. Você tem um talento especial para arrancar livros das pessoas, meu amigo! À Wendy Sherman por acreditar em nós desde o início e por ser um tubarão da melhor maneira possível. Para Michelle Herrera Mulligan: sua visão, orientação e consideração transformaram este livro em algo que nem imaginávamos ser possível. Obrigada à Sandi e à equipe da Hilsinger Mendelson. Obrigada a cada pessoa da Simon & Schuster que tocou neste livro. Todos vocês ajudaram a torná-lo melhor, e sou eternamente grata a vocês.

Obrigada à nossa equipe da V+X. Eu amo tanto cada um de vocês que faz meu coração doer. Obrigada por lerem os primeiros rascunhos, dar feedback, fazer ótimas perguntas e compartilhar suas próprias histórias. Obrigada por administrarem o negócio para que pudéssemos nos concentrar no livro. Obrigada por me deixarem chorar quando eu precisava chorar e por me fazerem rir quando eu precisava rir. Vocês são os melhores.

Obrigada à nossa comunidade por fazer parte deste processo a cada passo do caminho. Obrigada por responder às nossas enquetes, nos dar ideias para títulos de capítulos e compartilhar suas histórias mais íntimas.

E, finalmente, obrigada a todas as pessoas que já me fizeram perguntas sobre sexo. Significa muito saber que você confiou em mim para ser seu guia. Este livro é para você, e espero que traga mais orgasmos e mais amor à sua vida!

INTRODUÇÃO

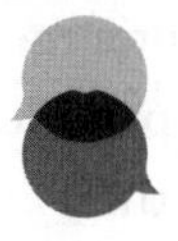

"EU NEM SEI O que dizer."

Minha primeira sessão de terapia de casal certamente não teve um bom começo. Foi preciso um esforço sobre-humano para convencer meu namorado, Xander, a ir e ser honesto; confesso que eu também não estava suspirando de alegria por estar lá. Nenhum de nós ansiava pelo reconhecimento dos problemas presentes na relação, e o preço — 200 dólares — não era um atrativo. Rapidamente, me peguei calculando — enquanto gaguejava diante de um estranho em São Francisco — que cada minuto de consulta era equivalente a 4 dólares. Naquele momento, então, me arrependi por não ter um roteiro *antes* de a consulta se iniciar.

Eu gostaria de conversar sobre nossa vida sexual. Porém, era difícil detalhar *o que* acontecia entre quatro paredes, posto que eu estava obcecada pela causa, por *como* nós havíamos chegado àquele lugar tão ruim.

No começo, tudo eram flores. Na noite em que nos conhecemos, passamos seis longas horas nos agarrando, e eu claramente estava disposta a experienciar mais seis. Após a primeira transa, o sexo se tornou um evento diário — às vezes, acontecia consecutivamente no dia. Xander ficava excitado só de me ver esticando os braços sobre a cabeça. Caso ele levantasse uma única sobrancelha para mim, eu já ficava toda arrepiada. Nossa química era tão inegável que eu tomei isso como um sinal claro do universo. Ele tinha que ser minha alma gêmea.

No entanto, após alguns anos, tudo havia mudado. Eu nem poderia me lembrar da última vez que nos beijamos com um décimo da paixão da primeira noite. O sexo já não ocorria com a mesma frequência, e quando acontecia, parecia... meio decepcionante? Eu almejava *mais* de Xander, mas não sabia dizer o que exatamente. Sentia-me cada vez mais tímida perto dele, como se nossa intimidade tivesse passado de um segredo sexy para um vergonhoso. Parecia um teste clandestino. Eu seria notada se saísse do chuveiro nua e toda molhada? Por quanto tempo não transaríamos se eu não tomasse a iniciativa? Antes, eu sentia como se tivesse ganhado na loteria das almas gêmeas, mas, em certos momentos, sobretudo os solitários e monótonos, me questionava se havia outro prêmio melhor por aí.

Embora fosse uma experiência profundamente dolorosa na época, não havia nada de extraordinário em nossa história. Na verdade, ela é extremamente comum. A maioria dos casais, em relacionamentos longos, dirá que a faísca sumiu há bastante tempo. Praticamente *aguardamos* pelo sumiço dela. Mas, ainda assim, nos sentimos confusos quando acontece.

Como — e por quê — o sexo fica tão complicado? Por que é tão difícil conversar sobre sexo, mesmo com a pessoa que você ama? E por que você sentiu necessidade de adquirir este livro, para início de conversa?

Por que as Pessoas Dizem que Falar sobre Sexo é Difícil

Perguntamos à nossa comunidade do Instagram: "O que impede você de falar sobre sexo em seu relacionamento?" Estas são apenas algumas das milhares de respostas que recebemos:

Não gostaria de magoá-la.

Sinto-me estúpido, tímido, acanhado, desajeitado e sem noção. Sexo soa como um tabu.

Teria que admitir que costumo fingir.

Meu parceiro diz que não deveríamos falar sobre isso, apenas deixar acontecer.

Tenho medo de ser mal interpretado.

Não quero que ela se sinta pressionada.

Sinto receio das possíveis reações.

Vergonha.

O momento nunca parece apropriado.

Receio de decepcioná-la.

Não gostaria de tornar as coisas estranhas.

Tenho receio de ser verdadeiramente visto.

Não saber o que desejo. Apenas sei o que *não* quero que meu parceiro faça.

Receio de ser rejeitado.

Receio de parecer carente ou egoísta.

Sinto-me envergonhado, embora minha parceira implore para eu ser mais aberto.

Detesto me sentir vulnerável.

A necessidade de proteger o ego dele. Não quero fazê-lo se sentir mal.

Receio de ser julgado.

Não falamos sobre, e é isso.

Provavelmente, a melhor pergunta para começar é: "Por que pensaríamos que falar sobre sexo seria *fácil*?"

Seja por questões de família, religião, amizade, cultura ou uma deliciosa combinação dos itens apresentados, você foi ensinado que o sexo é algo do qual se envergonhar. Que existe um conjunto específico de regras que se deve seguir — com consequências, caso não o faça. Que sexo é uma coisa que acontece no quarto, com portas fechadas, e não deve ser falado abertamente.

Se você teve sorte, sua "educação sexual" ocorreu na oitava série e envolveu o surto relacionado a verrugas genitais e gravidez na adolescência. Ninguém nunca o ensinou a pedir educadamente ao seu parceiro para bater em sua bunda ou apenas para parar de esfregar o seu clitóris como se estivesse tentando retirar uma mancha da sua camiseta favorita. Ou o que é um clitóris, em primeiro lugar.

Provavelmente, você não tem nenhum modelo positivo ou mesmo exemplos. Apesar de assistir a milhares de cenas de sexo na TV e no cinema (e possivelmente no pornô), aposto que você não consegue identificar um único momento em que os personagens realmente *falaram* de uma forma significativa sobre o que estavam fazendo. (Não, J.Lo está apenas instruindo Ben Affleck a "gobble gobble" [devorar devorar, em tradução livre] em *Contato de Risco*, então esse exemplo não conta.) Em vez disso, o sexo sempre parece algo que "simplesmente acontece".

Não é como se as coisas sobre as quais você precisa conversar fossem fáceis ou simples. Como você diz ao seu parceiro que a maneira como ele realiza um sexo oral faz seu estômago revirar — de um jeito ruim — sem saber qual técnica você quer que ele utilize? Como você deveria dizer à pessoa que mais ama neste mundo que você se sente tão pressionada pela maternidade que gritará se lhe tocarem?

Quando traço minha história com sexo e comunicação, faz todo o sentido que eu tenha ido ao consultório daquele terapeuta. Minha versão "da conversa" aconteceu na minivan verde-floresta da minha família após um jantar na casa da vovó. Eu vi minha mãe olhar para meu pai pouco antes de me fitar pelo espelho retrovisor. Ela praticamente sussurrou:

— Se tiver alguma dúvida sobre... você sabe... *sexo*... pode nos perguntar.

E eu tinha muitas. Eu havia, inclusive, acabado de apostar no parquinho com meu amigo Nick sobre o número de buracos que as mulheres têm "lá embaixo". (Apostei em dois com confiança, mas perdi 1 dólar para Nick no dia seguinte.) Eu gostaria de saber se um homem precisava usar a mão para colocar o pênis em uma mulher ou se o órgão era atraído como um ímã. Eu ainda visualizava o sexo como uma mulher deitando sobre um homem e tirando uma soneca. Eu simplesmente não entendia a supervalorização.

No entanto, mesmo sendo apenas uma criança desajeitada de 12 anos de idade, eu havia entendido o que meus pais realmente estavam dizendo:

— Por favor, pelo amor de Deus, não pergunte *nada* sobre sexo! — Eu podia sentir a vergonha e o embaraço deles, então acabei absorvendo as sensações.

Em vez de consultar meus pais, optei por outra fonte: revistas femininas. Examinando as páginas brilhantes, aprendi que a intimidade física é o que mantém os homens felizes, então deveria me certificar de parecer sempre pronta e disposta, mas não *muito* ansiosa, pois isso me faria parecer uma "vagabunda". Eu li que havia certas posições sexuais que eu precisava evitar para proteger meu parceiro de ver minha temida "protuberância abdominal". Também descobri que espirros são como miniorgasmos, então eu deveria colocar uma pitada de pimenta sob o nariz do parceiro para intensificar seu clímax. (Nota mental: esse é o *pior* conselho sexual que eu já li. Por favor, não salpique pimenta no nariz de seu parceiro durante o ato — nunca.) Eu tinha dúvidas sobre a dica de colocar uma rosquinha sobre o pênis de um homem e mordê-la sensualmente, mas quem era eu para duvidar dessas revistas? E o mais importante, aprendi que sexo não é algo a se conversar com seu parceiro. Eu deveria apenas surpreendê-lo com esses truques e essas técnicas criativas.

É desnecessário dizer que sofri minha cota de desafios quando me tornei sexualmente ativa. Fingi orgasmos por dez anos porque não conseguia conversar com meu parceiro sobre do que eu gostava. Fiz sexo sem vontade por receio de dizer: "Não, obrigada, amigão." Eu me vi no divã daquela terapeuta, perigosamente perto de perder o amor da minha vida por receio de ser honesta.

Durante esse processo, me senti profundamente sozinha, como se eu fosse a única pessoa lutando para ter uma ótima vida sexual — quem dirá falar sobre isso. Eis o que a vergonha faz: ela nos isola.

Anos mais tarde, após me tornar psicoterapeuta e trabalhar com milhares de pessoas, finalmente descobri o verdadeiro culpado por trás do hiato de minha vida sexual, de Xander — e da sua. A perda da faísca não é realmente sobre a perda da faísca. É sobre falta de *comunicação*. Décadas de trabalho no campo da terapia sexual me ensinaram que existem inúmeras e compreensíveis — e mais importante, corrigíveis — razões pelas quais o sexo começa a parecer tão complicado em um relacionamento. Ainda que estejamos lutando para falar sobre sexo, a falta de comunicação e até de reconhecimento básico lentamente envenenam nossa intimidade.

Xander e eu percorremos um longo caminho desde nosso começo difícil, e essa é a história que compartilharemos com você ao longo das páginas deste livro. Mas não se preocupe, darei uma prévia do que está por vir: nunca tive um relacionamento em que falasse sobre sexo tão aberta, honesta ou frequentemente como faço com Xander. Ademais, nenhum parceiro me proporcionou um sexo tão íntimo e satisfatório como meu atual. Não acredito que esses fatos sejam apenas coincidência.

É disso que trata *Sex Talks*: retirar o sexo das sombras, fornecer-lhe um passo a passo para as conversas mais cruciais e imprescindíveis a todo casal, dando-lhe a coragem e a inspiração necessárias para abrir a boca — e *falar*!

Na primeira parte do livro, você *se* conhecerá melhor, então, formularemos um Manual do Usuário, que você compartilhará mais tarde com seu parceiro. Na parte seguinte, abordaremos os cinco elementos de uma vida sexual verdadeiramente extraordinária: Reconhecimento, Conexão, Desejo, Prazer e Exploração. Após testar e refinar minhas técnicas de comunicação com milhares de pessoas, aprendi que essas são as cinco áreas com as quais os casais mais lutam. E, por fim, encerraremos com técnicas surpreendentes para manter a chama acesa pelo resto da vida.

Você aprenderá a pedir educadamente o tapa na bunda que sempre quis receber. Mas também descobrirá como criar a intimidade que sequer sonhou experienciar. Este livro não é mais do mesmo, não darei a você as mesmas velhas dicas de sexo recicladas. Nada de rosquinhas no pênis por aqui! Em vez disso, *Sex Talks* surge como um completo passo a passo, focado na mudança de paradigma, que lhe fornece uma informação crucial e, até então, não ensinada sobre sexo; e mergulha profundamente em algumas das mais complexas e prejudiciais dinâmicas que afligem os casais modernos. Você aprenderá a como compartilhar suas descobertas com seu parceiro de maneira gentil, mas eficaz, o que aumentará a intimidade e conduzirá à casa um do outro. Está disposto a descobrir que a melhor coisa que você pode fazer pela sua vida sexual não envolve tirar a roupa?

A Outra Metade, com Xander: Oi!

Ao longo de *Sex Talks*, participarei de discussões com o intuito de fornecer minha perspectiva e compartilhar algumas de minhas experiências, porque, quando se trata de comunicação e sexo, eu tenho uma jornada própria.

Quando Vanessa e eu nos conhecemos em 2007, pensei que suas aspirações de carreira eram muito fodas — convenhamos, quem não gostaria de dizer aos amigos que a parceira será uma terapeuta sexual? Foi divertido interagir intelectualmente com Vanessa acerca da terapia sexual como uma carreira, mas a ideia de focar o interior — olhando para meu relacionamento com Vanessa e para minha sexualidade — parecia assustadora e vulnerabilizante demais para um cara que "resolvia as próprias merdas" e "sabia o que estava fazendo entre quatro paredes" — ou seja, o jeito que eu gostaria de performar. Afinal, a terapia sexual parecia algo apenas para pessoas com "problemas reais".

Anos depois, no entanto, Vanessa e eu éramos essas pessoas com problemas muito reais. Eu estava trabalhando mais de sessenta horas por semana. E desejava desesperadamente reduzir tal carga, mas parecia que a única maneira de retribuir a empresa pelas duas rápidas promoções que acabara de receber era aceitar mais projetos. Nesse ínterim, uma combinação de péssima alimentação e a completa falta de atividade física começou a revelar uma figura no espelho que nem eu reconheci. No pouco tempo livre que tinha, meu único desejo era sentar no sofá e assistir TV. Para ser honesto, eu não notei o desaparecimento de meu desejo sexual até Vanessa começar a dar dicas de que havíamos deixado de ser sexualmente ativos. Parecia uma adaga no meu coração. Como se eu estivesse falhando "como homem" — um homem que deveria ter dado conta de tudo, sem pedir ajuda.

Depois de meses e meses enterrando minha cabeça na areia e tentando convencer a mim — e Vanessa — de que as coisas melhorariam sem realmente mudar, comecei a perceber que eu tinha uma escolha a fazer. Eu poderia continuar no caminho em que estava e, provavelmente, perder o amor da minha vida, ou poderia admitir que não tinha as respostas e pedir ajuda.

Então, engoli meu orgulho e comecei a terapia. Lenta, mas seguramente, aprendi a me conectar mais com meu corpo, minhas necessidades e minhas emoções. Para me permitir ser razoável com o desconforto de meus sentimentos, em vez de apenas empurrá-los goela abaixo. Para estabelecer e impor limites no trabalho e na vida pessoal, diminuindo, assim, o estresse. No fim das contas, abandonei uma carreira em tecnologia, que parecia perfeita no papel, mas me fez sentir miserável por dentro. E, finalmente, me juntei a Vanessa para me tornar COO do negócio de terapia sexual online que ela estava construindo.

Nos anos seguintes, Vanessa implorou para que eu me envolvesse mais nas redes sociais e nos cursos que vendíamos. Mas eu estava convencido de que não tinha nada de valor para compartilhar, que ninguém gostaria de ouvir minhas opiniões destreinadas sobre sexo e comunicação. Felizmente, ela não desistiu de mim e permaneceu me incentivando para compartilhar pequenas anedotas e experiências de nosso relacionamento. E o que lentamente percebi é que sou realmente qualificado para oferecer uma perspectiva diferente — a de um cara normal sem treinamento em psicoterapia. Um cara que trabalhou em seus próprios problemas com estereótipos de gênero e inseguranças e que desenvolveu emoções, relacionamentos e habilidades de comunicação que resultaram em um relacionamento e em uma vida sexual além dos meus sonhos mais loucos. Estou aqui para mostrar que você não precisa de uma pós-graduação ou de uma licença clínica para ter habilidades de comunicação extraordinárias; você só precisa ter uma mente aberta e vontade!

O que Está Reservado para Você

Eis o que desejo para você durante esta jornada:

- Sentir-se totalmente visto e compreendido. Tipo: "Puta merda, Vanessa, você lê mentes? Isso é *exatamente* o que eu tenho pensado/sentido/experienciado."
- Permitir-se deixar de lado qualquer vergonha que você possa ter sentido de suas dificuldades na cama. Eu quero que você saiba que cada pessoa e cada casal tem problemas com o sexo de uma forma ou de outra — Xander e eu inclusive!
- Permitir-se entender seus bloqueios e abordá-los com mais sensibilidade e compaixão.
- Aumentar sua confiança de forma autêntica.
- Rir. O sexo não precisa ser tão sério o tempo todo! As gargalhadas nos ajudam muito a obter mais segurança quando estamos sem roupa. (Em breve, compartilharemos com você algumas histórias ridículas!)
- Sentir-se esperançoso para construir uma vida sexual incrível e animado para experienciá-la.

Ao final de *Sex Talks*, você será capaz de conversar com calma e confiança sobre assuntos que teriam feito suas bochechas queimarem de vergonha. Mas — alerta de spoiler! — os benefícios vão muito além disso. Aprender a falar sobre sexo não afeta apenas sua vida sexual; também se estende a outras facetas de seus relacionamentos — românticos, familiares e platônicos! Você se conhecerá tão melhor que será capaz de se conectar com outros em um nível mais profundo; se sentirá expressando com confiança suas necessidades e fazendo pedidos, lidando com diferenças e limites como se frequentasse a terapia há décadas. E acreditará no seu âmago e no fato de que você merece amor, respeito, conexão e intimidade.

Xander e eu estaremos com você a cada passo do caminho, torcendo e o ajudando a perceber que é muito mais corajoso e capaz do que pensa! Juntos como um casal, estamos muito entusiasmados com essas cinco sex talks [conversas sobre sexo, em tradução livre], posto que vivemos as dores causadas pela falta de comunicação e os prazeres da grande comunicação. Estamos imensamente orgulhosos de você por dar o passo corajoso de pegar este livro. Sabemos que você é capaz de construir uma vida sexual verdadeiramente extraordinária e nos sentimos honrados e animados pela chance de mostrar *exatamente* como chegar lá.

Uma Observação sobre Inclusão

Ao escrever *Sex Talks*, nós dois tínhamos a intenção de ser tão inclusivos quanto possível, pois este livro é destinado a indivíduos e casais de todas as orientações, identidades e estruturas de relacionamento, sem mencionar cor de pele, forma do corpo e tamanho, deficiências, status socioeconômico e muito mais. Nós incluímos histórias de uma gama diversificada de pessoas e tentamos ao máximo evitar pronomes. Às vezes introduziremos dinâmicas específicas que podem ocorrer em relacionamentos entre homens e mulheres cisgênero (ou cis).

Quando dizemos "sexo", nos referimos ao sentido mais amplo da palavra: qualquer coisa que você faça com seu corpo que lhe forneça prazer. "Sexo" tem basicamente esse efeito em sua vida. Muitas vezes, "sexo" e "relação" são usados de forma intercambiável, o que é heteronormativo e inútil mesmo para pares homem-mulher. (Mais sobre isso na Conversa 4.)

A inclusão é um de nossos valores fundamentais — tanto como indivíduos quanto como empresa. Acreditamos firmemente que todos merecem sexo quente e amor profundo. Sabemos que nossas tentativas de inclusão nunca serão perfeitas, por isso estamos sempre nos esforçando para aprender mais e fazer melhor.

Também gostaríamos de reconhecer o imenso número de privilégios que experienciamos e o filtro que eles criaram na maneira como vemos o mundo. Somos cis, financeiramente estáveis e multiétnicos, apesar de muitas vezes sermos confundidos com brancos e não somos pessoas com deficiência. Xander é hetero e Vanessa também. Há muitos aspectos da experiência humana que nunca seremos capazes de compreender, apesar de nossas melhores intenções e de nossos esforços.

Embora nosso objetivo seja criar e compartilhar ferramentas que servirão para o maior número possível de pessoas, sabemos que muitas de nossas dicas não funcionarão para todos. Algumas ideias podem ser totalmente impossíveis para um bom número de pessoas. Mas nosso desejo é o de que você encontre, pelo menos, uma pepita de sabedoria neste livro que o ajude a ter a vida sexual que merece!

Sex Talks

Parte Um

TUDO SOBRE VOCÊ

CAPÍTULO 1

DESTRUINDO O MALDITO CONTO DE FADAS

– VOCÊ ACHA QUE há alguma esperança para nós? — A voz de Francesca falhou enquanto ela se esforçava para externar as palavras — Eu o amo tanto! Não consigo imaginar a vida sem ele. Mas também não posso continuar assim.

Francesca é uma de minhas melhores e mais antigas amigas, e Jake, seu marido, é uma verdadeira joia de ser humano. Ambos são calorosos, generosos, inteligentes e regularmente me levam à beira do xixi de tanto rir. A história de amor deles é clássica. Um amigo em comum possibilitou a relação — em uma terra antes dos aplicativos de namoro, como Francesca gosta de dizer —, e seu interminável encontro às cegas em uma pequena *trattoria* italiana só acabou quando a equipe educadamente os expulsou. Francesca e Jake graciosamente ultrapassaram cada marco: tornando-se comprometidos, noivando e depois casando, e tendo dois filhos lindos e travessos.

As coisas pareciam perfeitas do lado de fora, mas, ao olhar de perto, era possível ver sinais de rachaduras na fachada. Francesca tinha um certo jeito de realizar tarefas domésticas e ficava muito irritada quando Jake bagunçava a despensa ou dobrava as toalhas "que nem a cara dele". A tendência de Jake era a de se retirar rumo ao porão para assistir ao seu amado Packers e se perder por longas horas em seu escritório de advocacia. As noites de encontros barulhentas que antes apreciavam se tornaram cada vez mais raras, especialmente após o nascimento dos filhos.

A vida sexual de Francesca e Jake também ficou mais complicada. No início do relacionamento, eles passavam o café da manhã inteiro dissecando cada detalhe de suas escapadas apaixonadas entre quatro paredes. Porém, com o tempo, a vanglória de Francesca se transformou em desabafo. Ela passou a revelar que raramente iniciava o sexo. Embora se considerasse feminista, tinha a sensação incômoda de que a iniciativa deveria partir do homem. Sem o conhecimento de Jake, Francesca estava fingindo orgasmos com crescente frequência ao longo dos anos. Seu desempenho se tornou indiferente, a ponto de ela se sentir ressentida com ele por sair de cima dela logo após de gozar.

— Às vezes, nem me preocupo em fingir um orgasmo — disse ela —, pois parece que ele pensa que quando *ele* termina, *nós* terminamos.

Separadamente, Jake me confidenciou que Francesca às vezes parecia desinteressada e distante durante o sexo, o que fazia ele perder a ereção, e ficava ansioso quando começavam a tirar a roupa na vez seguinte de transar, imaginando se seria capaz de ficar ereto.

A frequência sexual deles caiu para talvez um quarto do que era no início do relacionamento, e sua satisfação estava no nível mais baixo de todos.

Um furacão de estresse de categoria 5 empurrou tudo para a superfície. Em uma semana, a filha quebrou a perna durante o treino de ginástica, o telhado teve um vazamento enorme, e Jake foi preterido para a promoção que estava almejando. A tensão foi palpável por dias, e na noite de sexta-feira, Francesca e Jake estavam ansiosos pelo momento em que poderiam finalmente relaxar. Depois que as crianças dormiram, eles se serviram taças de vinho, se acomodaram na cama e colocaram um filme. Francesca estava começando a cair no sono quando Jake começou a esfregar suas costas. Ela ficou tensa imediatamente, pois sabia o que a "massagem" significava — Jake não conseguia notar que o momento era ridiculamente ruim? Francesca, então, reclamou:

— J, estou *exausta*. — Jake rapidamente foi para seu lado da cama, suspirando vigorosamente. Seu desapontamento óbvio atingiu Francesca de uma forma que ela nunca havia vivenciado.

— Como você pode pensar em sexo em um momento como este? — reclamou Francesca.

— Porque nem me lembro da última vez que transamos! — retrucou Jake.

A briga deixara Francesca agitada em nossa caminhada na manhã seguinte.

— Eu realmente não sei o que fazer — disse Francesca. — Quero dizer, ele está certo. Eu também não me lembro de nossa última transa. — Ela respirou fundo, então, a voz ficou suave e quieta. — Não deveria ser tão difícil, deveria?

— Devemos realmente nos aprofundar no assunto? — perguntei. — Ou você só queria desabafar?

— Preciso de você no modo terapeuta sexual completo — respondeu ela, esfregando as bolsas sob os olhos. — Ajude-me a consertar isso, por favor.

Entendendo Por que o Sexo Fica Tão Complicado

Qual é o primeiro passo para Francesca, para mim e para você? Entendendo isso, a versão de conto de fadas do sexo (e dos relacionamentos) que todos temos em mente se torna apenas o que de fato é — um conto de fadas. Eu gosto de chamá-lo de o *Maldito* Conto de Fadas. Assim como a televisão e os filmes nos levam a acreditar que teremos um encontro fofo com nosso único e verdadeiro amor, superaremos uma adversidade leve e viveremos felizes para sempre, também nos levam a "comprar" uma versão excessivamente simplificada de como seria nossa vida sexual com o dito amor verdadeiro. O sexo de Hollywood sempre se desenrola espontaneamente e sem esforço, a comunicação aparentemente não é necessária. A química é tão intensa que você pode praticamente senti-la através da tela. Os casais sempre gozam no mesmo instante, na boa e velha posição papai e mamãe, e todos parecem incrivelmente satisfeitos. Quando peço às pessoas que descrevam sua vida sexual ideal, a resposta mais comum que ouço é "natural". *Ansiamos* por aquela sensação de facilidade que testemunhamos na tela inúmeras vezes.

No entanto, não é assim que a coisa se desenrola em nosso próprio relacionamento. E isso nos deixa confusos, assustados e até irritados. Francesca me disse:

— Eu acho que sou ingênua, por isso não percebi o quanto precisava me esforçar para manter as relações de trabalho e o sexo. Nossa conexão era tão forte no começo que presumi que sempre seria assim. Quando a faísca desaparece, você quase se ressente pelo fato de ter que trabalhar nisso, porque nos filmes tudo parece muito fácil.

Sei por experiência própria que essa transição de um conto de fadas para um completo desastre pode ser incrivelmente assustadora, então direcionei Francesca à realidade reforçando as razões específicas pelas quais chegamos nessa situação. E lembrando que há males que vêm para o bem e que a culpa não é só dela.

Culpe Seu Cérebro

Começaremos esta seção com um dos principais motivos para a química com seu parceiro parecer mais forte no início do relacionamento: a química, no sentido literal. Em seus primeiros meses juntos, os neurotransmissores em seu cérebro enlouquecem. Os níveis de serotonina são semelhantes aos de alguém que tem transtorno obsessivo-compulsivo, e os níveis de dopamina são similares estar chapado de cocaína. É *bem* intenso!

Mas essa fase pode durar apenas de um a três anos, no máximo. Nesse ponto, seus transmissores de alta octanagem anteriormente no pico — serotonina, dopamina e norepinefrina — são substituídos por ocitocina e vasopressina, que são projetados para nos ajudar a relaxar e criar vínculos. Migramos, então, para a criação de um apego mais profundo ao nosso parceiro e construímos uma base forte, segura e duradoura.

A química do cérebro não é tudo, mas é útil saber que seu cérebro é *fisicamente incapaz* de manter o mesmo nível de desejo no longo prazo. Se, como Francesca, você se sentir triste e com medo de passar a imagem de alguém difícil de atrair e excitar, pare de se julgar. Perder o apetite sexual é realmente mais "natural" do que sentir isso constantemente.

O Desligamento do Estresse

Assim que mencionei a palavra "estresse", Francesca revirou os olhos.

— Eu sei, estou estressada demais. Mas isso é apenas a vida.

Como a maioria de nós, Francesca se acostumou a fazer malabarismos com suas infinitas responsabilidades e a se sentir cada vez mais pressionada. Tornou-se seu modo padrão de funcionamento — a ponto de, nos raros momentos de disponibilidade, ainda se sentir ansiosa.

A maioria das pessoas não percebe que o estresse é o assassino número um do desejo sexual. Quando você está estressado, seu corpo pensa que está sob ataque. Ele entra em modo de luta ou fuga, decidindo se fica e briga ou dá o fora de lá. Durante esses momentos, seu sistema libera um hormônio chamado cortisol, que desliga funções desnecessárias para que você possa concentrar toda sua energia em se proteger. A libido é uma das primeiras coisas a desaparecer.

Pense em nossos ancestrais — se um homem das cavernas estivesse sendo perseguido por um mamute-lanoso, por que ele precisaria ter uma ereção bem naquele momento? Qualquer distração o afetaria, quem dirá um tesão crescendo entre suas pernas! O cortisol é útil se você estiver em perigo por um período, mas quando seu corpo está *constantemente* nesse estado de alta tensão, ele garantirá que seu desejo sexual faça uma longa viagem e esqueça o caminho de volta.

Quando Dois Se Tornam Três, Quatro ou Cinco

Quando você tem filhos, seu foco muda. Francesca e Jake costumavam viver juntos em seu próprio mundinho e, ao passo que seus filhos foram uma adição feliz, eles também mudaram drasticamente o equilíbrio das coisas. Francesca e Jake não são mais o foco principal um do outro, e sua lista de responsabilidades explodiu. Como diz Francesca, "Jake começou a parecer mais um item na lista de pessoas ou coisas a fazer". Francesca também chama carinhosamente seus filhos de "os maiores empata-foda de todos os tempos". As crianças estão sempre por perto, elas conseguem entrar discretamente na cama de Francesca e Jake na maioria das noites, e Francesca geralmente fica nervosa com a possibilidade de eles ouvirem o sexo ou invadirem o quarto no pior momento possível. Mesmo quando o casal está sozinho, minha amiga precisa se esforçar para relaxar. Ela me disse:

— É como quando você começa a trabalhar em casa. Às vezes é difícil separar seu tempo de trabalho do tempo de lazer... exceto sendo pai ou mãe, porque aí você simplesmente não faz *logoff*. Realmente não há um lugar sequer na minha casa em que eu consiga me esquecer de que tenho filhos. Pelo menos, no trabalho, seu chefe não irá acordá-lo no meio da noite após sonhar com monstros!

John Gottman, pesquisador de relacionamentos, descobriu que 67% dos casais relata que sua satisfação conjugal despencou após a chegada dos filhos.[1] Mas, como a maioria dos pais, Francesca e Jake estão exaustos, ocupados e sobrecarregados o suficiente para não pensarem muito em reparar o relacionamento. Francesca me disse:

— É mais fácil deixar as coisas rolarem do que resolvê-las. Eu ando tão cansada que uma conversa difícil é a última coisa que quero ter... até perceber que estou no modo de sobrevivência e sem saber como seguir em frente com alguém que é colega de quarto em alguns momentos e pai dos meus filhos em outros.

A Dor da Rejeição

No início de um relacionamento, parece fácil dizer sim para tudo. Você concorda com todas as ideias de encontros noturnos, mesmo aquelas um pouco fora da sua zona de conforto. Você aceita cada convite para sexo realizado por seu parceiro. Parece que uma energia boa e um ímpeto o impulsionam.

Isso tudo é interrompido de maneira abrupta quando a palavra "não" adentra seu vocabulário de relacionamento. Quero ser perfeitamente clara ao dizer que você sempre pode dizer não — a qualquer coisa, por qualquer motivo.

A rejeição é uma parte normal e saudável de todo relacionamento, mas o problema é que nenhum de nós está preparado para isso. Ouvir a palavra "não" de nosso parceiro, especialmente quando se trata de sexo, normalmente acarreta considerável embaraço. Eu tenho memórias gravadas em meu cérebro de Xander recusando sexo; os sentimentos de vergonha e até de humilhação me dominaram por completo. A rejeição é tão terrível que a maioria das pessoas faz de tudo para evitá-la. Se seu parceiro o rejeitar, é provável que seu instinto seja o de parar de tomar a iniciativa. Mas se ninguém o fizer, o que você acha que acontecerá com sua vida sexual?

Problemas de Desempenho

Nosso corpo não é uma máquina, então nem sempre corresponderá às nossas vontades. É normal sentir uma vulva seca, um pênis mole ou um orgasmo que é muito rápido ou muito demorado — lembrando que o estresse pode intensificar essas questões. Mas os problemas de desempenho definitivamente não fazem parte do Maldito Conto de Fadas, então isso nos deixa com a sensação de que é mais uma das inúmeras coisas das quais não podemos falar abertamente.

Grandes Expectativas: Perfeccionismo Sexual

As expectativas de sexo do Maldito Conto de Fadas nos afetam em um nível de relacionamento, mas também individual. Na versão hollywoodiana do sexo, todo mundo sabe o que está fazendo e fica sexy fazendo. Ninguém nunca teve que pedir instruções sobre como fazer sexo oral na época da universidade. Ninguém nunca teve uma espinha na bunda ou pedaços de papel higiênico presos nos lábios. Ninguém nunca teve que pensar em sua lista de compras enquanto estava se acabando com seu parceito. Isso nos deixa com a sensação de que temos que ser superpolidos no quarto — um fenômeno que chamo de perfeccionismo sexual. É o desejo de controlar todos os aspectos de uma interação para que você pareça impecável para seu parceiro e para si mesmo.

Se você não pode falar sobre sexo em seu relacionamento, saiba que o perfeccionismo sexual o está controlando perigosamente. Enquanto passeávamos com nossos cachorros na praia, Xander me contou sobre como isso aconteceu com ele no início de nosso relacionamento:

— Eu não me sentia confortável falando sobre sexo, então as apostas pareciam muito mais altas. Eu senti que tinha que ser perfeito no sexo para que nunca houvesse qualquer coisa para você dizer sobre isso. Mas ninguém me ensinou o que significa ser "bom de cama", então recorri a filmes e à pornografia.

O perfeccionismo sexual não deixa espaço para as complexidades do ser humano e nos impõe que a intimidade física precisa se adequar a um conjunto de padrões exigentes. Aqui estão algumas das maneiras pelas quais meus clientes descreveram suas expectativas em relação ao sexo:

- "Eu deveria ser capaz de me excitar espontânea e facilmente."
- "Eu deveria ter um corpo gostoso o suficiente para parecer incrível em todas as posições."
- "Eu deveria ser confiante, selvagem e desinibido."
- "Eu deveria viver exatamente o que planejo."
- "Eu deveria ter orgasmos simultâneos todas as vezes."
- "Eu deveria satisfazer meu parceiro e ser a melhor que ele já teve."

(Dica profissional: sempre que você se ouvir dizendo a palavra "deveria", saiba que provavelmente está entrando no território do perfeccionismo. Tive um ótimo professor na graduação que costumava me dizer: "Vanessa, você *deveria* parar de se culpar.")

Para Francesca, o perfeccionismo se apresenta nos momentos em que não consegue tomar a iniciativa. Ela até tentou ser mais assertiva com um parceiro anterior, mas ele riu dela e a chamou de estranha. A partir de então, hesita em começar o sexo, inclusive com Jake. Além de seu medo de não ser sexy o suficiente com sua técnica, ela se preocupa com o quão rejeitada se sentiria caso Jake dissesse que não estava no clima.

— Já tenho noção suficiente da minha barriga pós-partos, a famosa pochete de mãe. Então, se ele dissesse não para mim, eu levaria isso para o lado pessoal. Como se fosse a confirmação de que ele não sente atração por mim e de que gostaria que eu tivesse meu antigo corpo de volta.

Minha história é diferente dessa de Francesca, mas posso fazer uma ponte. Eu passei anos perseguindo minha versão individual do Maldito Conto de Fadas. Eu queria ser perfeitamente sexy e confiante, seduzir meu parceiro só com um olhar ou toque. Foquei tanto a experiência do meu parceiro que ignorei a minha, tentando dar-lhe a impressão de que estávamos "no mesmo clima" durante o sexo. Eu fingi prazer, fingi orgasmo, fingi praticamente tudo. Tudo a serviço do perfeccionismo sexual.

Mas meu desempenho não foi bom para ninguém, e duvido que o seu seja. O perfeccionismo sexual leva a um sexo cheio de estranheza, pressão e pouco prazer e intimidade. Ele até destrói seu desejo sexual: por que você desejaria uma experiência tão indutora de ansiedade?

Mas talvez o pior efeito colateral do perfeccionismo sexual seja que ele o aprisiona. Você está insatisfeito com sua vida sexual, que não é um conto de fadas, entediado por repetir exatamente a mesma rotina, mas também é muito autoconsciente para sugerir ou começar algo diferente. Todos queremos nos classificar como "bom de cama", então nos apegamos ao que sabemos por medo de que, se tentarmos algo novo, não dará certo. O mal conhecido é melhor que o desconhecido, certo?

Mas, neste livro, estou pedindo a você — e a seu parceiro — para sair da zona de conforto, ser vulnerável e correr alguns riscos. Temos que trabalhar juntos para superar seu perfeccionismo sexual.

A Outra Metade, com Xander: Normalizando as Imperfeições

A maioria das pessoas acha que Vanessa e eu temos uma vida sexual perfeita. Pensa que estamos sempre com tesão, constantemente tentando coisas novas e tendo orgasmos devastadores em toda relação sexual. Às vezes, tudo se encaixa, e temos resultados verdadeiramente excepcionais, mas em diversos momentos, o sexo está longe do ideal.

Na verdade, relatarei como estava minha vida sexual com a Vanessa na semana passada. Eu tomei a iniciativa de questionar casualmente: "Quer fazer isso?" (Nota para si mesmo: pare de perguntar isso!) Vanessa me olhou de soslaio em resposta, então ficou bem claro que ela teria apreciado um convite mais entusiástico. Assim que começamos, meu pênis não estava tão firme quanto costuma ficar, então, eu me vi preocupado em simplesmente perder a ereção. E, em paralelo, Vanessa não estava tão molhada quando começamos a transar, o que me distraiu, já que comecei a me perguntar se deveria pegar o lubrificante na mesinha de cabeceira. Uma vez passamos por uma situação estranha ao falar de sacanagem, pois quando eu não entendi bem algo que Vanessa disse, ela respondeu com um alto: "O quê?!" No geral, houve momentos em que as coisas pareciam muito boas e momentos em que as coisas pareciam um pouco chatas ou erradas. Meu orgasmo foi bom, mas eu definitivamente já tive melhores. Deixamos alguns fluidos corporais nos lençóis lavados pouco tempo antes. E depois, Vanessa queria levantar e fazer algo comigo, mas eu estava cansado e só queria ficar na cama por alguns minutos para me recompor.

Apesar de tudo, tanto Vanessa quanto eu gostamos da experiência, porque nossas expectativas de sexo não são muito altas. Nenhum de nós precisa ou almeja uma perfeição inabalável em cada e a todo momento. Claro, se algum de nós estiver tendo uma experiência negativa ou desagradável, agimos e mudamos as coisas ou simplesmente pedimos um ao outro. Mas se estamos apenas experienciando pequenos altos e baixos, deixamos para lá e definitivamente não insistimos nisso depois. E é esse acordo que nos permite aproveitar melhor a experiência.

É assim que o sexo no mundo real se parece. Não é fácil. Não é espontâneo. Envolve zero leitura da mente. É estranho, confuso e, francamente, meio bizarro. Nós peidamos. Há flatos vaginais. Às vezes, até batemos cabeça quando trocamos de posição. E está tudo bem! Sério.

Além disso, se experienciássemos um sexo "perfeito" todas as vezes, isso se tornaria "normal" e não haveria momentos excepcionais para apreciar!

Liberando a Pressão

Depois que Francesca e eu conversamos sobre o Maldito Conto de Fadas e o perfeccionismo sexual, ela me questionou:

— Então, devo apenas me resignar a uma vida inteira de sexo chato? Ou sem sexo? Por um lado, sinto que tenho zero energia para isso agora. Mas, por outro, eu me odeio por aceitar, e é horrível pensar em apenas jogar a toalha em relação à nossa vida sexual.

— Estou dizendo a você que não será perfeito, *não* que será terrível! — respondi. — Temos que derrubar todas as expectativas de merda que você foi ensinada a ter quando o assunto é sexo. Para, *então*, reconstruirmos você, mas, desta vez, com uma perspectiva e abordagem mais saudáveis. O sexo pode ser apaixonado, prazeroso e satisfatório. Porém, parecerá diferente do Maldito Conto de Fadas.

Francesca assentiu.

— Ok, então vamos descobrir como fazer isso.

O perfeccionismo sexual é muito pessoal, então, a abordagem que funciona melhor para uma pessoa não funcionará para outra. Veja adiante minhas técnicas favoritas e escolha aquelas que despertam sua curiosidade. Comece com um tópico de cada vez e volte quando se sentir pronto para outro. Repetição é a chave para desmantelar o perfeccionismo sexual, então esta será uma jornada ao longo da vida para a maioria de nós.

Sinta Seus Sentimentos

Francesca chamou minha atenção quando disse "Eu me odeio por aceitar", então eu comecei me pautando nisso.

— Eu sei que a situação entre você e Jake está causando um turbilhão de emoções em você agora. Você está confusa, triste, chateada, sem esperança, ansiosa, e assim vai. E eu ouvi você se culpar por sentir todas essas emoções. Então, você não apenas está lidando com os próprios sentimentos, que são desafiadores o suficiente, mas também está acumulando *sentimentos* sobre sentimentos. E isso é demais.

Francesca riu.

— Conte-me mais sobre isso.

— Quero ajudá-la a quebrar esse ciclo, de modo que você se ofereça a permissão para sentir o que quer que esteja sentindo. Sempre que perceber que está tendo um pensamento ou sentindo uma emoção sobre sua vida sexual, diga a si mesma: "Ok, estou ansiosa ou frustrada, ou triste, e tudo bem. Eu não preciso me criticar por isso." A melhor maneira de guiar seus sentimentos é simplesmente notá-los e deixá-los virem à tona. Aquilo a que resistimos persiste! Quando aceitamos nossas próprias emoções e experiências, elas realmente se dissipam muito mais rápido. Essa é a base da inteligência emocional. Você acha que pode tentar isso?

— Claro — diz ela. — Parece melhor do que como estou lidando com as coisas atualmente. Apenas fingirei que você está lá comigo me dizendo: "Ches, está tudo bem sentir o que você está sentindo."

Reproduza a Fita

Aqui está uma pergunta preocupante para se fazer: como será sua vida sexual se você continuar tendo uma abordagem perfeccionista do sexo? Isso pode soar dramático, mas como você se sentirá se estiver em seu leito de morte, olhando para trás e vendo que, por uma vida inteira, se recusou a tentar novas técnicas, se perdeu em autocrítica e nunca experimentou verdadeira a intimidade com seu parceiro?

Examine Suas Expectativas

Faça uma lista contendo exatamente o que você acha que deve fazer no quarto. Em seguida, dê uma boa olhada nisso e pergunte a si mesmo se essas expectativas são razoáveis. Você diria ao seu melhor amigo que ele precisa viver de acordo com essas mesmas diretrizes? Às vezes, olhar objetivamente as expectativas que você impõe a si mesmo ajuda a perceber quão ridiculamente altos estão seus padrões.

Eu fiz esse exercício com meu cliente Taron, um homem cis queer ainda na fase de lua de mel com um novo parceiro. Taron estava sofrendo de uma terrível ansiedade de desempenho em torno de sua ereção. Ele escreveu em sua lista: "Fique duro assim que eu tomar a iniciativa." Então, eu o questionei:

— Você acha que deveria ficar ereto com estimulação zero? Você deve ficar duro no instante em que perguntar ao seu parceiro: "Ei, querido, quer ir para o quarto?" Nem você nem seu parceiro precisam tocar, beijar, lamber ou estimular o pênis de *qualquer* forma? — Seu rosto empalideceu.

— Droga! — disse ele. — Quando você coloca dessa maneira, soa ridículo.

Identifique o Verdadeiro Vilão

Se você é um perfeccionista, seu cérebro provavelmente vomita pensamentos insultantes e controladores em você durante o dia. Esses julgamentos podem ser tão frequentes e intensos que você acredita que é responsável pela aparição deles. Mas, na verdade, está ouvindo a voz de seu crítico interno, que é apenas uma parte muito pequena sua. Caso nomeie esse vilão, ou até mesmo crie um personagem para ele, pode se distanciar desses pensamentos duros. Quando ouvir seu crítico interno tagarelando com você, retruque.

Francesca adorou essa ferramenta em particular e decidiu nomear seu crítico interno de Barb. Na vez seguinte em que pegou Barb dizendo que ela não poderia iniciar o sexo, Francesca disse a si mesma:

— Ok, Barb, eu sei que você está preocupada em parecer um idiota, mas Jake nunca riu de mim e está sempre me dizendo que quer se sentir desejado por mim.

Quando percebia pensamentos negativos vindo à tona durante o sexo, ela pensava: *Ouça, Barb, sei que você tem algo contra minha pochete quando estou por cima, mas não vou deixar você ditar como será minha vida sexual.*

Trace um Plano

Petra, minha cliente, queria tentar a sentada, mas estava muito intimidada. Relatou-me que não sabia como fazer direito e estava com medo de que seu namorado, Wesley, tirasse sarro se ela não mexesse os quadris "no sentido correto".

Wesley estava lá na sessão, então me virei para ele.

— Você quer tentar a sentada? — questionei.

— Sim, senhora! — respondeu ele, com um grande sorriso no rosto.

— Você jura solenemente que não rirá de Petra, mesmo que ela sente da pior maneira possível?

— Com certeza!

Às vezes, pode ser tão simples quanto isso. Traga seus medos à luz do dia e trace uma estratégia para lidar com o pior cenário.

Abra-se para Seu Parceiro

Mesmo que ainda não estejamos na seção do livro em que você está tendo conversas estruturadas com seu parceiro, ainda é um bom momento para pensar sobre como pode eventualmente conversar com ele sobre seus medos. Poderia compartilhar sobre a versão de sexo imposta pelo Maldito Conto de Fadas que você está tentando desmontar? O perfeccionismo sexual contra o qual está lutando? Poderia se abrir sobre seus medos ou suas ansiedades? E poderia criar um espaço seguro para ele compartilhar as próprias lutas com você? Porque eu posso praticamente garantir que não está só.

Se você permitir que isso aconteça, essa pode ser uma grande experiência de união para ambos. Eis o que é a verdadeira intimidade — deixar nosso parceiro ver nosso mundo interno, mesmo quando não é uma imagem bonita. Abaixe a guarda, pois não se trata de um estranho.

Algumas Dicas:

- Foda-se o Maldito Conto de Fadas. Sexo no mundo real não se parece em nada com o que assistimos na TV, no cinema ou no pornô.
- O perfeccionismo sexual está destruindo sua vida sexual. É desnecessário pressionar a si ou ao seu parceiro, pois isso só arruína seu desejo sexual e o impede que rompa o ciclo.
- Você nunca sentirá que sabe tudo, ou exatamente o que está fazendo. A estranheza é o preço que se paga para ingressar em uma vida sexual escaldante.

CAPÍTULO 2

CRIANDO SEU MANUAL DO USUÁRIO

AALIYAH SE JOGOU NO meu sofá, suspirando alto enquanto passava os dedos sobre suas tranças.

— Estava contando os dias para esta sessão — disse ela. — Tenho muito para lhe contar.

— Sério? Conte-me — respondi.

— A manchete: NME é *intensa*. — Aaliyah pratica a não monogamia ética. Ela e seu namorado, Sebastian, recentemente abriram seu relacionamento e, por isso, passaram alguns meses em terapia de casal resolvendo seus limites em torno de quanta intimidade eles se sentem confortáveis em compartilhar com outras pessoas. Aaliyah conheceu Bryce em um aplicativo de namoro desenvolvido para perfis que buscam relacionamentos abertos, e, há algumas semanas, começaram a fazer sexo. Eis algumas das questões discutidas na terapia. O ponto é que, de repente, Aaliyah e Sebastian passaram a sentir que as coisas estão mais complicadas, exatamente porque Aaliyah está se envolvendo intimamente com outro homem, Bryce.

— Tudo com Bryce parece muito diferente do que vivo com Sebastian — Aaliyah continuou.

Esse é um daqueles momentos da sessão em que sei que tudo o que preciso fazer para ser uma boa terapeuta é incentivá-la a continuar falando. Então, aplicando uma típica estratégica terapêutica, murmuro o famoso: "Hmm...?"

Aaliyah morde a isca.

— Quero dizer, obviamente seria; Bryce é Bryce, e Sebastian é Sebastian. Mas isso está me empurrando para um looping. Tipo, com Bryce, o oral é incrível, e olha que eu nunca gostei disso com Sebastian. Eu não acho que Bryce está realizando algo de outro mundo lá embaixo, então como posso aproveitar mais? E, sinceramente, eu acho que Sebastian pode sentir que não estou a fim de fazer sexo com ele agora, mas a reação dele é ficar me perguntando o que eu quero enquanto estamos transando, o que me deixa louca, já que não sei o que dizer a ele. *Não sei* por que parece tão diferente.

Nesse momento, eu abri a boca, mas Aaliyah não parecia pronta para me ouvir dizer qualquer coisa.

— E também estou sentindo muito tesão por Bryce, a ponto de questionar se já experienciei algo assim com Sebastian. Eu sei, eis a Energia do Relacionamento Novo, mas parece que há mais do que isso. Como se isso me fizesse questionar minha química com Sebastian. Eu simplesmente não me canso do Bryce. Céus, é tão mais difícil ficar excitada com Sebastian... o que parte meu coração, porque eu o amo.

A energia na sala mudou. Aaliyah desacelerou para recuperar o fôlego, e foi aí que as lágrimas vieram.

— E essa nem é a pior parte. Eu sinto que *sou* uma pessoa diferente com cada um deles. A mulher que sou com Sebastian não é a mulher que se apresenta a Bryce. É como se eu realmente não soubesse mais quem eu sou. — Ela, então, pegou um lenço. — Eu deveria ter agendado uma sessão dupla, não é? — perguntou ela sarcasticamente.

Sua situação pode ou não envolver vários parceiros, mas estou disposta a apostar que é possível se identificar com o fio central que atravessa a história de Aaliyah: a sensação de ser uma estranha para si mesma, sexualmente falando. É possível se sentir confusa sobre o que precisa experienciar entre quatro paredes, ou por que suas necessidades parecem mudar a toda hora. Ou pode parecer que você não tem ideia do que deseja.

À medida que você e seu parceiro trabalham nas cinco *sex talks*, você aprenderá muito mais sobre si mesma. Para desenrolar tais tópicos com seu parceiro, me ofereço para ajudá-la a construir uma base de autoconsciência sexual. Existem dois itens específicos das cinco conversas que são especialmente úteis para explorar por conta própria inicialmente: o que você precisa para ficar excitada e o que você precisa para se divertir sozinha.

Quero reconhecer que, se foi você quem adquiriu este livro, e está o lendo sozinho, pode ser frustrante ou mesmo assustador direcionar a lente para si mesma. Talvez esteja, há anos, tentando garantir que seu parceiro seja mais aberto para conversas de teor sexual, mas ele insiste em se esquivar, como Houdini, da conversa todas as vezes. Este livro pode até ser seu último esforço para salvar seu relacionamento antes de jogar a toalha. Pode ser tentador culpar seu parceiro e se concentrar em todas as maneiras pelas quais ele os inseriu nessa bagunça. Mas nada em um relacionamento é apenas "culpa" de alguém. E até se seu parceiro fosse magicamente culpado por tudo, e mesmo se você fosse acabar tomando a decisão terrivelmente dolorosa de terminar o relacionamento, ainda valeria a pena ingressar nessa exploração pessoal.

Além disso, esse processo de autodescoberta será mais fácil do que você pensa. Aqui está o que Aaliyah e você precisam ouvir: você já sabe mais sobre seus desejos e suas necessidades do que imagina.

"Eu" *versus* "Nós": O Segredo para Entender Sua Libido

Quando peço às pessoas que me contem sua maior frustração com a vida sexual, uma das respostas mais comuns é a baixa libido. A maioria das pessoas tem em mente a ideia de quantas vezes e com que intensidade deve desejar o sexo, mas sente que não corresponde às próprias expectativas. Quando questionamos nosso público do Instagram se almejava sentir um maior desejo sexual, 77% dos entrevistados disseram que sim. (Você me verá fazendo referência às nossas enquetes casuais do Instagram ao longo do livro. Embora elas certamente não sejam científicas, nós regularmente obtemos de 20 a 50 mil respostas, fornecendo alguns pontos de dados interessantes.) Depois de ver essa enquete, várias pessoas nos enviaram uma mensagem dizendo: "Eu *quero* desejar mais sexo, mas não consigo nem chegar lá, literalmente."

Lidar com o baixo desejo sexual pode ser emocionalmente doloroso. Pode-se temer que algo esteja errado com você se seu desejo sexual nunca foi consideravelmente intenso. Por outro lado, se ele diminuiu ao longo do tempo, é possível temer que nunca será capaz de recuperá-lo. Ou você pode externalizá-lo, como Aaliyah, imaginando se não está no relacionamento certo ou com o parceiro ideal. (Mais sobre isso na Parte 2.) Eu lidei pessoalmente com fases de baixa libido, que me fizeram sentir como uma casca de mim mesma, como se toda minha vitalidade e feminilidade tivessem sido drenadas. Queria entender por que eu tinha tão pouco desejo sexual, mas parecia um quebra-cabeça que eu não conseguia nem começar a resolver. Até pensar nisso me deixava exausta.

Felizmente, agora temos muitas ferramentas para nos ajudar a entender como o desejo sexual realmente funciona e do que ele precisa para continuar zumbindo. Começando com "gosto de pensar sobre o desejo em termos da dinâmica "'Eu'" *versus* "'Nós'". Alguns aspectos do impulso sexual acontecem internamente (o "Eu"), e alguns podem se formar entre você e seu parceiro (o "Nós"). Falaremos sobre o "Nós" quando chegarmos às cinco grandes conversas. Neste capítulo, focaremos o "Eu".

Identificando Seu Tipo de Impulso Sexual

Você sabia que existem dois tipos completamente diferentes de desejo sexual? Trata-se de uma das pesquisas mais fascinantes que surgiram no campo da terapia sexual nos últimos anos. Tenho que dar o crédito a quem merece — Emily Nagoski — por detalhar isso em seu fantástico livro *Muito Prazer*. Se você deseja uma vida sexual ativa, é fundamental que identifique seu tipo. E, caramba, estou animada para compartilhar isso com você. Sempre que falo sobre os tipos de desejo sexual no Instagram, sou bombardeada com directs emocionantes de pessoas dizendo coisas como: "Devo lhe dizer que as informações sobre o tipo de desejo sexual simplesmente explodiram minha mente. Por muito tempo, pensei que havia algum problema, mas agora percebo que não entendo como meu desejo sexual funciona."

Existem duas maneiras de ficarmos excitados e prontos para o sexo: em nossa mente (desejo mental) e em nosso corpo (excitação física). Desejo mental é quando o sexo parece bom. Para pessoas com pênis, excitação física significa ter ereção e testículos contraídos e levantados. Para pessoas com vagina, significa ter lubrificação. Para todos, significa mamilos ficando duros, aumento da frequência cardíaca, respiração mais profunda e sangue correndo para os órgãos genitais.

A maioria das pessoas considera desejo e excitação a mesma coisa, e que ambos devem ocorrer ao mesmo tempo. De repente, do nada, você deve se sentir interessada em sexo, e seu corpo deve estar perfeitamente pronto para tê-lo naquele instante. Mas, na realidade, o desejo mental e a excitação física acontecem separadamente, e seu tipo de desejo sexual depende de onde você se sente, inicialmente, interessada em ficar íntima — em sua mente ou em seu corpo.

Se você é do tipo Espontâneo, sente primeiro o desejo mental, depois a excitação física.

Se você é do tipo Responsivo, sente primeiro a excitação física, depois o desejo mental.

O desejo espontâneo ocorre quando você está apenas vivendo seu dia e, de repente, percebe que está mentalmente bem-humorado. Quando os personagens em sua série favorita fazem um sexo apaixonado e improvisado contra a parede ou no banheiro do restaurante porque não podem esperar nem mais um segundo, isso é o desejo Espontâneo em jogo. Você provavelmente é do tipo Espontâneo se:

- Sente desejo sexual em momentos aparentemente aleatórios ao longo do dia. (No meio de uma reunião de trabalho, enquanto varre o gramado ou até no banheiro!)
- Às vezes, sente vontade de fazer sexo antes de seu corpo responder — como quando está de bom humor, mas não tem ereção, não está lubrificada ou não teve nenhuma outra resposta física.

- Normalmente, é quem inicia o sexo em seu relacionamento.
- Parece querer sexo com mais frequência do que seu parceiro. (a palavra-chave é "parece". Mais sobre isso em um minuto.)
- Pode se sentir excitada em diferentes situações. (Quando seus sogros acabaram de partir? Sem problemas!)

O desejo responsivo é exatamente o oposto; é quando você fica mentalmente ativo em resposta a algum tipo de estímulo físico. Pode estar assistindo a uma cena de sexo quente em um filme ou beijando seu parceiro e percebe que está começando a formigar entre as pernas. Às vezes, você não se sente mentalmente interessado em sexo até que já tenha feito e pronto! Você pode ter um desejo sexual Responsivo se:

- Raramente pensa em sexo.
- O sexo não parece tentador até que você esteja começando ou no meio dele.
- Às vezes, no final do sexo, pensa: "Foi divertido. Por que não quero isso com mais frequência?"
- Raramente inicia relações sexuais com seu parceiro.
- Parece desejar sexo com menos frequência do que seu parceiro.
- Parece que a situação precisa estar "certa" para que fique excitada. (O quarto tem que estar arrumado, as crianças têm que estar dormindo e você tem que ter acabado de sair do banho.)

Aqui está outra maneira de resumir os dois tipos:

DESEJO ESPONTÂNEO: sentir-se excitado e começar a fazer sexo.

DESEJO RESPONSIVO: começar a fazer sexo e depois se sentir excitado.

Cada pessoa pode experimentar ambos os tipos de desejo, mas a maioria de nós tende a estar mais em um campo do que no outro. Em geral, os homens tendem a experimentar o desejo Espontâneo com mais frequência, enquanto as mulheres tendem a experimentar o desejo Responsivo mais frequentemente.[1]

A maioria das pessoas tende a pensar que o desejo Espontâneo é melhor porque é assim que vemos em Hollywood. Se você não sente esse desejo mental do nada, provavelmente pensa que algo está errado com você. Mas a realidade é que nenhum tipo de desejo é melhor e nem pior que o outro; são apenas diferentes.

A vantagem de ter um desejo Espontâneo é que pode ser muito divertido fazer o sexo surgir aleatoriamente em sua mente. Temos tanta porcaria vagando por nossa mente diariamente, que pode ser excitante ter um pensamento sexual no lugar! A vantagem de ter um desejo Responsivo se dá pelo fato de que ele convida você a estar muito mais conectada com seu corpo, pois é o que se precisa focar inicialmente.

Cada um dos dois tipos de desejo sexual também tem seus próprios desafios. Na minha experiência clínica, pessoas com desejo sexual Espontâneo passam por mais problemas de desempenho do que as do tipo Responsivo. Se você é do tipo Espontâneo, pode sentir o interesse mental em sexo, mas seu corpo nem sempre responde. Você ficou excitado(a), seu parceiro(a) também está, mas, ainda assim, parece tão mole quanto um pepino-do-mar ou seca como um deserto. Para a maioria das pessoas, essa é uma experiência profundamente humilhante. (*Não deveria* ser, mas, muitas vezes, é.) E seu parceiro pode levar para o lado pessoal, se preocupando com a possibilidade de ser um sinal de que você não sente atração por ele.

Se você é do tipo que tem impulso sexual Responsivo, tem dificuldades, principalmente decorrentes do fato de que a maioria das pessoas não percebe que esse tipo de desejo existe. Provavelmente você e seu parceiro acreditam que você raramente — ou mesmo nunca — quer sexo. Mas isso não é verdade! Seu nível de desejo não é baixo; é preciso apenas se sentir fisicamente excitada *primeiro*, e então seu desejo mental fará o resto. Seu desejo se manifestará quando você lhe der um estímulo. Portanto, você precisa reformular suas expectativas sobre a ordem dos eventos quando estiver fazendo sexo com seu parceiro. Permita-se focar o físico primeiro (de uma forma que pareça segura; mais sobre isso mais tarde), então veja se isso incentiva você a querer mais.

Façamos uma pausa.

- Que tipo de desejo sexual você acha que tem?
- Que tipo você acha que seu parceiro tem?
- Como ambos os tipos afetaram seu relacionamento?

Em uma sessão com Aaliyah, descobrimos que ela e Sebastian são, principalmente, tipos Responsivos, enquanto Bryce é um Espontâneo testado e comprovado. Aaliyah e Bryce tinham a Energia do Relacionamento Novo a seu favor, mas o desejo Espontâneo de Bryce certamente colaborou para tornar sua vida sexual extremamente excitante. Bryce tomava a iniciativa, já que seu impulso espontâneo o fazia pensar nisso com mais frequência. Ele acendia o desejo responsivo de Aaliyah, dando-lhe massagens ou uns amassos por longos períodos de tempo. Sebastian e Aaliyah, com suas identidades, muitas vezes esperavam que o outro tomasse a iniciativa. Muitas vezes, o sexo pode parecer um impasse, com ambos esperando que o parceiro assuma a liderança e comece a festa. Aaliyah temia que sua vida sexual em declínio com Sebastian fosse um sinal de que eles não se encaixavam muito bem, especialmente em comparação com Bryce. Mas, uma vez que ela entendeu o papel que seus tipos de desejo sexual estavam desempenhando, teve seu momento "caramba".

Descobrindo o que Te... Brocha

Assim que Aaliyah entendeu o problema responsivo com Sebastian, imediatamente perguntou:

— Então, como faço para sentir mais tesão por Sebastian?

É a pergunta que a maioria das pessoas faz quando está lutando com o baixo impulso sexual. Todos queremos descobrir aquele truque simples que magicamente nos excita. Existe pílula mágica? Suplementos? Ostras? Chocolate? Ou meu favorito: "Vi um influenciador no Instagram compartilhando sobre um cristal que você coloca debaixo do travesseiro à noite... Isso realmente funciona?" (A resposta para todas essas questões é um sonoro não!)

Darei dicas práticas para você experienciar a excitação. Mas há algo mais para explorarmos primeiro. É possível perceber que, no início da minha carreira de terapia sexual, ofereci a meus clientes muitos conselhos para aumentar seus impulsos sexuais, mas eles continuaram voltando semana após semana me dizendo que nada estava funcionando.

— Eu apenas me sinto como se estivesse batendo em uma parede de tijolos — reclamou um de meus clientes. E foi quando me dei conta: temos que tirar nossa libido da marcha à ré antes de engatar a primeira, assim como você precisa sair da garagem manobrando antes de seguir pela rua. Comecei a testar essa teoria com meus clientes, e ela se provou muito mais bem-sucedida.

Saindo da Marcha à Ré

Pense em um momento recente em que seu parceiro iniciou o sexo, mas você não estava de bom humor. Tente se lembrar do máximo de detalhes daquele momento. Então, pense sobre estas questões:

- Houve alguma coisa sobre essa situação específica que fez você se desinteressar por sexo?
- Houve alguma coisa que você fez (proposital ou acidentalmente) que te brochou?
- Houve alguma coisa que seu parceiro fez (proposital ou acidentalmente) que colocou você em marcha à ré?

Considere as coisas que aconteceram no momento e a dinâmica que surgiu muito antes de o sexo ser iniciado. Na Parte 2, darei a você uma reformulação poderosa para o momento em que o sexo realmente começa. Dica: não é quando a roupa é retirada e nem mesmo quando o sexo é iniciado.

Aqui estão algumas possibilidades:

Eu estava cansado.

Eu estava embriagado.

Eu estava cheio.

Eu estava preocupada com a minha aparência.

Eu estava com medo de sentir dor durante o sexo.

Meu parceiro iniciou o sexo de uma forma que eu não gostei.

Eu me senti estressada ou pressionada.

Eu estava preocupada com meu desempenho.

Eu estava infeliz com meu parceiro.

Eu estava preocupada com gravidez ou ISTs.

Estive doente.

Eu tive um gatilho das memórias do abuso sexual que sofri.

Eu estava deprimida ou ansiosa.

Eu estava lidando com uma lesão.

Eu estava focada em outras coisas, como as crianças ou minha lista de tarefas.

Eu senti culpa ou vergonha de sexo.

Eu sabia que não gostaria do sexo que teríamos.

Eu não sabia como pedir ao meu parceiro o que eu queria ou sequer sabia o que eu queria.

Não havia privacidade suficiente.

Não houve tempo suficiente.

Repita esse exercício nas próximas vezes em que não estiver com disposição e veja quais temas começam a surgir.

Finalmente, dê uma olhada em suas respostas e pense sobre estas questões:

- Quais são as três dinâmicas mais frequentes que normalmente colocam você em marcha à ré?
- Quais são as três coisas mais poderosas que você ou seu parceiro podem fazer para evitar que entre em marcha à ré?

Dor Sexual e Sua Libido

De acordo com a edição de abril de 2015 do *Journal of Sexual Medicine*, 30% das mulheres sentiram dor durante a última relação sexual.[2] Sim, você leu certo: 30%!

A dor não é desagradável apenas no momento, como também depois, quando aniquila seu desejo sexual. Nosso corpo é projetado para evitar a dor. Você já se perguntou por que não se sente loucamente excitada pela ideia de colocar a mão em um fogão quente ou de se jogar escada abaixo? Claro que não! Então por que pensaria que com o sexo seria diferente? Parece óbvio quando eu coloco assim, mas muitas mulheres não realizam tal conexão.

Se você está lutando contra sexo doloroso, aqui estão algumas mudanças que pode tentar:

- Use lubrificante sempre.
- Tire, pelo menos, quinze minutos para se aquecer e ficar desperta antes de tentar qualquer tipo de penetração.
- Vá devagar com qualquer movimento de entrada e saída, especialmente no início.
- Experimente diferentes posições e ângulos para ver o que parece mais confortável para seu corpo.
- Faça check-ups regulares com seu obstetra ou ginecologista.
- Consulte um especialista em dor pélvica ou fisioterapeuta do assoalho pélvico se você suspeitar de um problema maior.
- *Não* se force a suportar um sexo doloroso! Você criará uma relação dissociativa com seu corpo e pode até criar ressentimento em relação ao seu parceiro.

A dinâmica de marcha à ré de Aaliyah se tornou clara para ela rapidamente.

— É sempre quando é tarde da noite e estou exausta. Não acontecerá depois de uma grande refeição ou quando eu estiver vestindo minha camisola esfarrapada para dormir, porque nunca me sinto sexy nela. Se Sebastian estiver peidando, já garantirá um não imediato meu. Então, uma estratégia fácil seria fazer sexo no início do dia, comprar pijamas mais bonitos e pedir a Sebastian para apertar sua bunda.

No final da sessão, ela reflete:

— Isso *é* muito mais complicado do que Sebastian simplesmente não ser o meu parceiro ideal. É irritante perceber que muito disso é culpa minha, mas acho que também estou meio feliz por você estar me empurrando para esta exploração. *Estou* me conhecendo melhor.

Agora que você saiu da marcha à ré, falaremos sobre como mergulhar no desejo.

Descobrindo o que Te Deixa Excitado

Peço a Aaliyah para pensar sobre um momento recente com Sebastian em que ela se *sentiu* de bom humor e considerou a situação, as suas próprias ações e as de Sebastian. As respostas não vêm tão rapidamente para Aaliyah quanto vieram com a dinâmica de marcha à ré, o que é comum. Para a maioria das pessoas, é muito mais fácil pensar em seus *desestimulantes* (ai, os peidos!) do que em seus *estimulantes*.

Então, atribuí a ela um exercício de rastreamento e pedi que ela passasse duas semanas prestando mais atenção a qualquer coisa que, mesmo remotamente, a empurrasse em direção ao desejo. Disse a ela para pensar em cada um de seus cinco sentidos. Que tipos de visões, sons, cheiros, gostos e toques a excitam?

Também pedi a Aaliyah para imaginar que lhe ofereceram 100 mil dólares para escrever um romance erótico. Ela não precisaria realmente escrever, mas eu gostaria que ela sonhasse acordada com qual seria o arco de sua história e com que cenas de sexo individuais imaginaria. (Há algo em imaginar receber dinheiro, pois isso torna o exercício muito mais poderoso para meus clientes!)

Por fim, avisei a Aaliyah que as dinâmicas de desejo dela ficarão totalmente desorganizadas no que diz respeito ao esforço exigido. Algumas mudanças parecerão simples e imediatas, como fazer sexo antes de comer. (Compartilharei a regra "A Foda vem Antes", que mudará o jogo mais tarde!) E algumas dinâmicas consumirão mais tempo e energia para serem resolvidas, como trabalhar para melhorar sua imagem corporal ou seu processamento de culpa religiosa.

— Seu impulso sexual é um projeto para toda a vida, então, não desanime! — disse a ela. — Qualquer esforço que você fizer para minimizar sua dinâmica de marcha à ré e maximizar seus desejos causará impacto.

Acessando o Desejo

Pense em um momento recente em que você *sentiu* vontade de fazer sexo. Tente se lembrar do máximo de detalhes que puder. Aqui estão algumas questões a considerar:

- Houve algo sobre a situação que o ajudou a se interessar por sexo?
- Houve algo que você fez (proposital ou acidentalmente) que lhe excitou?
- Houve algo que seu parceiro fez (proposital ou acidentalmente) que despertou desejo em você?
- Que tipos de visões, sons, cheiros, gostos e toques o excitam?

Mais uma vez, pense sobre a dinâmica que aconteceu no momento e muito antes de o sexo começar.

Aqui estão algumas possibilidades:

- Eu tinha energia.
- Eu me senti confiante.
- Meu parceiro fez sua parte justa de trabalho para nossa casa/família.
- Eu gostei do jeito que meu parceiro iniciou ou da maneira que eu iniciei.
- Eu gostaria de me conectar com meu parceiro.
- Meu parceiro e eu nos conectamos emocionalmente antes de fisicamente.
- A atmosfera parecia sexy.
- Tivemos tempo para fazer sexo.
- Eu passei um tempo sozinho antes.
- Eu dormi bem na noite anterior.
- Eu me sentia bem com meu corpo.
- Tínhamos privacidade.
- Eu me senti confiante de que teríamos um bom sexo.
- Eu me senti desejada pelo meu parceiro.
- Passamos muito tempo nos beijando, tocando ou tendo preliminares.

Acompanhe-se nas próximas semanas e anote tudo o que a aproxima do desejo.

Então, considere estas questões:

- Quais são as três dinâmicas mais frequentes que normalmente despertam desejo em você? (Por exemplo, "sentir-se conectada ao longo do dia", "passar algum tempo sozinha" e "passar muito tempo beijando".)
- Quais são as três coisas mais poderosas que você ou seu parceiro podem fazer para despertar desejo com mais frequência?
- Imagine que você recebe uma oferta de 100 mil dólares para escrever um romance erótico. Qual seria o enredo?

O Poder da Antecipação

Se você é como Aaliyah, provavelmente está se sentindo muito frustrada, porque aumentar sua libido não é tão fácil quanto tomar uma daquelas pílulas sexuais cafonas que sempre vê no posto de gasolina. Então, permita-me tentar animá-la com uma simples prática para aumentar seu desejo sexual: tenha expectativas de um sexo incrível.

Para explicar, preciso falar sobre a dopamina, então me permita ser uma nerd da ciência por um segundo. A dopamina é o hormônio que nos ajuda a sentir prazer. Curiosamente, a pesquisa descobriu que a *antecipação* do prazer aumenta o nível de dopamina no cérebro ainda mais do que o ato de *experienciar* o prazer.

E a dopamina não apenas faz você se sentir bem, mas também estar motivada. A dopamina antecipatória sinaliza ao cérebro que vale a pena realizar uma atividade. Antecipar que algo será realmente agradável faz você se sentir muito mais motivada para fazê-lo!

Só de imaginar que você terá um ótimo sexo já ocasionará um aumento significativo em seu desejo de fazê-lo. Se você almeja entrar na *vibe*, visualize-se tendo um ótimo sexo com seu parceiro. A chave é ser o mais detalhada e específica possível, e, para isso, você precisará gastar algum tempo pensando sobre o que "bom sexo" significa para você. (Que é um exercício fantasticamente útil!) Aqui estão algumas questões para se pensar:

- Quais são algumas de suas memórias sexuais mais quentes com seu parceiro?
- Que atividades sexuais específicas lhe dão mais prazer?
- Quais são suas práticas favoritas durante o sexo?
- E quais são as práticas favoritas de seu parceiro durante o sexo?
- Qual é a sensação física de um ótimo sexo?
- Qual é a sensação emocional?
- Como sua vida melhora quando você faz sexo bom?

Essa técnica impressionou Aaliyah.

— Caramba! Isso me fez perceber que passo o dia inteiro esperando estar com Bryce, mas Sebastian não me desperta a mesma ansiedade. Eu *costumava* pensar em Sebastian o tempo todo quando começamos a namorar, mas agora isso não acontece mais.

As perguntas anteriores a ajudarão na transição para a segunda parte do Manual do Usuário...

Descobrindo o que Lhe Traz Prazer

Se você é como a maioria das pessoas, tem dificuldade em identificar aquilo de que gosta entre quatro paredes. Se seu parceiro já sussurrou "O que você quer?" em seu ouvido durante o sexo, você, provavelmente, travou. Como Aaliyah, a maioria de nós não gosta dessa pergunta. Parece ampla demais e impossível de responder. Como deveríamos responder a uma pergunta que solicita um plano detalhado de quinze passos que garantem que chegaremos ao orgasmo dentro de sessenta segundos, sem sequer saber quais são as opções?! Pode ser mais uma maneira de se sentir uma estranha para si mesma.

Mas o sexo deve ser prazeroso, então quero ajudá-la a descobrir o que faz você revirar os olhos, retorcer os pés e gemer de prazer!

Concentre-se na Sua Experiência

Para entender do que gosta, você deve ser capaz de prestar atenção na sua experiência. A maioria de nós se distrai durante o sexo, assim, acabamos não identificando se gostamos ou não de algo, a menos que seja em um extremo do espectro. ("Puta merda, minha alma acabou de sair do meu corpo" ou "Isso foi tão agradável quanto uma limpeza dental".) Mas há tantas nuances para as quais podemos estar abertos... então, as dividiremos em categorias a considerar durante o sexo. Eu criei um pequeno acrônimo bacana que você pode usar para se lembrar delas durante o ato — PLEASE [Por favor, em tradução livre].

- ***Position* [*Posição*].** Em que posição estão? Você está confortável? Gostaria de ajustar seus membros de alguma forma? Se for uma posição sexual, vocês estão encaixados nos ângulos certos?

- *Length* [*Ritmo*]. Com que rapidez ou lentidão as coisas estão acontecendo? Esse ritmo agrada você?
- *Environment* [*Ambiente*]. O ambiente ao seu redor parece excitante? Você está bem localizado? Existem distrações?
- *Activity* [*Atividade*]. Que coisa específica vocês estão fazendo juntos? Você gosta dessa atividade? Há algo diferente que você gostaria de fazer?
- *Stimulation* [*Estímulo*]. Onde e como seu parceiro está tocando você? Você gosta de ser tocada nesse ponto? Como está a pressão? E quanto à velocidade?
- *Energy* [*Energia*]. O clima parece agradável? Que tipo de energia você e seu parceiro estão trazendo para a experiência? Qual é a energia de vocês dois?

Tudo Conta

O prazer não precisa ser elaborado. Aaliyah gosta de beijos suaves, arranhões nas costas, e que Sebastian diga "Você é tão boa nisso!" quando ela se concentra nele.

A Outra Metade, com Xander: Procure Inspiração no Passado

Sua história sexual está cheia de pistas sobre o que você quer e do que gosta entre quatro paredes. Aqui estão alguns pontos para começar a "investigar":

- Suas primeiras lembranças ou fantasias sobre sexo. O que você acreditava que o "sexo" era? O que atraía você? Houve algo que o confundiu ou assustou? Havia algo em que você não conseguia parar de pensar? Mesmo que suas respostas a essas perguntas pareçam bobas agora, saiba que você pode incorporar algumas dessas ideias na cama.
- Suas experiências com masturbação. O que você pensa sobre isso quando se toca?

- Suas memórias sexuais favoritas com seu parceiro atual ou com os anteriores. O que, especificamente, tornou o sexo tão bom nesses momentos específicos? Você continuou fazendo as coisas que tornaram essas memórias tão maravilhosas? Ou há coisas que você não fez desde então? Como você poderia começar a (re)incorporar algumas dessas coisas em sua vida sexual?
- Experiências insatisfatórias. Eu sei bem como pode ser tentador desejar esquecê-las, mas lembre-se de que essas experiências podem ser tão informativas quanto boas. Você tem alguma lembrança de experienciar um sexo particularmente ruim? Ou mesmo medíocre? O que você acha que garantiu tal classificação? E, o mais importante, essas atividades ou dinâmicas insatisfatórias compõem regularmente a sua vida sexual atual?

Masturbe-se

Sou uma grande defensora da masturbação. É a melhor forma de conhecer seu corpo e descobrir do que gosta. A masturbação pode ajudá-la a aprender a estar mais presente em seu corpo, como se excitar e como se desligar. Além de diminuir a vergonha e o constrangimento sexual, promove confiança com seu corpo e altera seu relacionamento com o prazer. Você pode literalmente escrever seu Manual do Usuário com as próprias mãos!

A maioria das pessoas ouve a palavra "masturbação" e imediatamente pensa na ação de tocar órgãos genitais. Mas tenho uma definição mais ampla: penso nisso como qualquer tipo de toque prazeroso que você oferece ao seu próprio corpo. A masturbação pode explorar outras áreas sensíveis do seu corpo também, não apenas o que está entre suas pernas.

Mantenha-se Disponível

Seus gostos e desgostos entre quatro paredes estão em constante evolução, por causa de suas experiências, de seus relacionamentos novos ou transformados e de seu próprio desenvolvimento pessoal.

Meses depois, após transar com um novo parceiro, Aaliyah se jogou no meu sofá e exclamou:

— Sua garota adora ser amarrada! Quem diria?!

Você nunca saberá todos os detalhes do que a motiva na cama, e tudo bem. Parte do que torna o sexo tão divertido é que há sempre algo novo para explorar e aprender! Então, deixe algumas páginas abertas no final do seu Manual do Usuário, está bem?

Algumas Dicas:

- Antes de falar sobre sexo com seu parceiro, você precisa começar a redigir seu Manual Sexual do Usuário.
- Seu impulso sexual é afetado pelas dinâmicas "Eu" e "Nós".
- O desejo mental e a excitação física funcionam independentemente um do outro, então, é importante saber se você é do tipo Espontâneo ou Responsivo.
- É mais valioso identificar o que *brocha* você antes de explorar o que o ***excita***.
- O que você gosta entre quatro paredes estará sempre evoluindo, mas comece a prestar mais atenção.

CAPÍTULO 3

DEFININDO AS REGRAS DO RELACIONAMENTO

O ASSUNTO DO E-MAIL no topo de minha caixa de entrada eram cinco emoticons de sirene. A mensagem dizia: "Meu nome é Sunil. Eu sou um indígena norte-americano explorando minha sexualidade pela primeira vez aos 36 anos. Cresci em uma cultura onde a homossexualidade era estritamente proibida — meus pais me deserdariam se soubessem o que eu tenho feito —, mas sempre soube que eu estava interessado em homens. Comecei a sair com alguém que me desperta bastante interesse e que me incentiva a explorar o sexo anal. Talvez eu seja estranho, mas em minhas fantasias, eu só imaginava pênis. Masturbações manuais, sexo oral, mas nunca anal. O problema é que eu gosto muito desse cara, sei que ele gosta muito de anal e eu tenho essa coisa de querer agradar as pessoas..."

A segurança é um dos fundamentos mais importantes de uma vida sexual saudável, mas é raramente comentada. Para ter um ótimo sexo, você precisa conhecer e aplicar seus limites — além de ter parceiros que os respeitem. Não há como dizer apenas sim a alguém, a menos que se sinta totalmente confortável em dizer não também (você está recebendo uma dica de qual será meu conselho para Sunil.)

O desafio é que a maioria de nós não tem relacionamentos saudáveis com nossos próprios limites. Muitos de nós, como Sunil, tem apenas uma vaga noção de nossos limites. Ou nos sentimos envergonhados por querer dizer não a atividades específicas porque nosso parceiro quer sempre um sim ou porque sentimos que devemos ser "mais livres" ou "menos puritanos". (Essa é uma mensagem que recebo muito quando falo sobre meus próprios limites pessoais. As pessoas pensam que, como uma terapeuta sexual, eu deveria estar fazendo sexo selvagem, onde tudo e qualquer coisa é possível.) Nosso relacionamento complicado com nossos "sins" e "nãos" dificulta a compreensão de nosso próprio Manual do Usuário, e ainda mais a comunicação franca com nosso parceiro; mais uma razão para conhecer melhor nossos limites o quanto antes.

Do que Estamos Falando Aqui?

Falando de forma ampla, os limites são as coisas de que precisamos para nos sentirmos confortáveis e seguros no mundo e em nossos relacionamentos. Eles são nosso modo de separar nossas necessidades daquelas dos outros e definir o que é saudável e insalubre para nós. Seus limites sexuais são as coisas que você impõe a você, ao seu parceiro e à sua vida sexual para sentir segurança e satisfação. Eles podem incluir palavras, ações, energias, atos sexuais específicos e muito mais. Eu estabeleci três grandes categorias de limites sexuais:

- Coisas que não parecem sexy ou prazerosas para você.
- Coisas que não parecem seguras para você.
- Coisas que vão contra seus valores.

Por exemplo, digamos que você simplesmente nunca se interessou em tentar a posição de quatro. Ou você é um sobrevivente de abuso sexual e sabe que conversas sexuais obscenas assustam você. Ou você valoriza a liberdade e, por isso, não gostaria de experienciar um relacionamento monogâmico. Todos esses são limites perfeitamente válidos para se ter — e para expressar ao seu parceiro.

No entanto, limites nem sempre são fáceis de definir, pois estão constantemente mudando e evoluindo, e, às vezes, você não sabe que tem um limite até que um fato ocorra e, consequentemente, lhe mostre. Certa vez, fui a um encontro aberta à ideia de dormir com o cara. Eu tive minha parcela de sexo casual antes, quando estava muito atraída por essa pessoa. Mas assim que começamos a nos beijar, as coisas simplesmente pareceram estranhas. Eu era incapaz de identificar o porquê, e o sentimento não era tão forte, então continuei um pouco. Apenas alguns minutos depois, surpreendi a nós dois, pulando e dizendo a ele que precisava sair. Mas eu sabia que tinha feito a escolha certa quando senti uma enorme sensação de alívio enquanto me afastava.

Identificando Seus Limites

Vou conduzi-lo através do processo de criação de uma lista de diretrizes sexuais. Esse será um documento vivo para você, algo para o qual retornar frequentemente para editar ou adicionar. Você fará um exercício semelhante com seu parceiro sobre suas curiosidades sexuais na Conversa 5, mas primeiro quero apresentar-lhe esta versão, para que você possa aperfeiçoar seu Manual do Usuário.

A maioria das pessoas pensa em limites como coisas para as quais queremos dizer "não", mas eu gostaria de incluir "sim" e até "talvez" também em nossa lista. Eu uso um sinal vermelho (aquele não veemente), uma amarela (talvez) e um verde (aquele sim animado). Gosto de incluir sinais verdes porque definir seus parâmetros não significa focar apenas os aspectos negativos ou indesejados de sua vida sexual. É muito bom ser capaz de dizer sim a algo com confiança! E eu amo o território mais sombrio do "talvez" porque ele nos desperta curiosidade sobre nossos limites e pensamentos mais sutis. Sexo casual era um talvez para mim durante meus dias de namoro. Dependia da pessoa, da situação, do meu estado de espírito e de inúmeras outras variáveis.

Escreva tudo o que vier à mente em qualquer uma das categorias, não importa quão pequeno ou insignificante possa parecer. Por exemplo, eu tinha uma cliente que não queria ser chamada de "mamãe" em nenhum tipo de contexto sexual. Era apenas uma única palavra, mas nós a adicionamos aos sinais vermelhos dela. Para coisas sobre as quais você não tem certeza, tente se visualizar fazendo isso, com o máximo de detalhes possível, e observe o que surge para você. Se precisar de ideias específicas para começar, pule para o exercício na Conversa 5.

Sinal Vermelho:

____

____

____

Sinal Amarelo:

____

____

____

Sinal Verde:

____

____

____

É Realmente um Limite?

Deixe-me ser perfeitamente clara: você pode dizer não a qualquer tipo de atividade sexual, por qualquer razão. Não há estrelas de ouro concedidas a quem tem zero regras no quarto. Mas, às vezes, as coisas que consideramos como nossos limites não são sobre nossa segurança ou sobre valores; são reflexos de como fomos ensinados a sentir embaraço ou vergonha de sexo. A história de Sunil é um ótimo exemplo. Ele tem o direito de dizer que não quer sexo anal. No entanto, acho que vale a pena explorar de onde vem esse limite. Ele mencionou que a homossexualidade não é permitida em sua família, então, provavelmente, essa vergonha cultural é a razão pela qual ele não está se permitindo explorar a porta dos fundos. Nosso cérebro pode trabalhar horas extras apresentando justificativas quando estamos em um território complicado como este; Sunil não é o primeiro homem com quem falei que encontrou maneiras de racionalizar os trabalhos manuais e sexuais, mas considerou o sexo anal "muito gay". Por outro lado, também mencionou que gosta de agradar as pessoas e se preocupa em perder seu novo namorado se ele não permitir o anal. Se eu estivesse trabalhando com Sunil, gostaria de garantir que ele se sinta à vontade para dizer não ao seu novo parceiro. Vê como os limites podem se complicar rapidamente?

Aqui está outro exemplo. Talvez você seja uma dona de vulva que nunca quis deixar seu parceiro cair de boca em você por ter crescido ouvindo muitas piadas sobre atum e cortinas de rosbife. Não se trata de sexo oral não parecer seguro para você, nem de ir contra seus valores. Isso é sobre ser ensinado a ter vergonha de seu corpo. É um desconforto externo, não interno.

Também é importante observar a diferença entre limites e preferências. Eu pessoalmente não amo vibradores. Para mim, a sensação parece muito, muito rápida, e não acho particularmente agradável ou satisfatório ter meus orgasmos induzidos por brinquedos. Mas isso não significa inerentemente que eu tenha um limite contra o uso de brinquedos entre quatro paredes.

Aproveite este momento para ficar curioso sobre seus limites. Utilize cada um de seus sinais vermelhos para se questionar sobre os tópicos a seguir:

- "Há algum motivo baseado em segurança ou valor pelo qual eu disse não para isso?" (Se puder identificar qualquer uma dessas dinâmicas, sinta-se livre para pular as demais perguntas.)
- "Por qual motivo estou sendo reativo a essa atividade?"
- "É bom para mim dizer não a isso?"
- "Eu quero manter esse limite?"

O objetivo aqui não é eliminar todos seus limites, mas, sim, se sentir mais forte sobre eles. Dar-se essa permissão para analisar seus limites de forma contínua será muito poderoso para você e irá prepará-lo para ter conversas mais significativas com seu parceiro também.

Lidando com o Trauma

Maria não podia acreditar em sua sorte quando Jax concordou em ir ao baile com ela. Ela era uma estudante comum do segundo ano com um pequeno grupo de amigos da "Lista B" da ordem social de sua escola. Jax era um veterano, rico, popular, que foi para a escola estadual renomada como bolsista por ser jogador de futebol. Maria não poderia imaginar um universo onde Jax a teria convidado para o baile, mas sua namorada igualmente rica e bonita, Laurel, o pegou a traindo na semana anterior, deixando Jax sem tempo e sem um bom backup de opções. Maria tinha ensinado espanhol a ele durante o ano, então eles formaram uma conexão transacional. Quando Jax apareceu em sua última aula reclamando melancolicamente que teria que ir ao baile sozinho como um perdedor, Maria se chocou ao deixar escapar:

— Eu vou com você!

O baile foi um sonho. Jax e seus amigos a ignoraram, mas ela estava muito emocionada apenas por estar lá — e por ser vista com eles. Jax deu a ela alguns goles dos cantis que levara escondido e até a deixou ir a uma festa privada após o baile.

Mas apenas algumas horas depois, o mundo de Maria foi destruído quando Jax a estuprou.

O abuso sexual é assustadoramente comum. Uma em cada cinco mulheres e um em cada quatorze homens sofreu tentativas ou estupro consumado ao longo da vida. Quase metade de todas as mulheres sofrerá alguma forma de violência sexual.[1] Para pessoas trans e não binárias, esses números podem ser ainda maiores.[2] Se você faz parte desse grupo, em primeiro lugar, só quero dizer que sinto muito. Você passou por algo que nenhum ser humano deveria ter que suportar. A experiência real de ser abusado é horrível e, infelizmente, pode causar impactos duradouros em sua vida sexual. Você não merecia e não merece nada disso, e eu sinto muito que você tenha que conviver com esse fardo.

Dito isso, quero garantir que ainda possa ter uma vida sexual saudável, bem como feliz, depois de sofrer abuso. Eu recomendo que você busque terapia pessoal para ajudá-lo a processar os efeitos do abuso e a se reconectar com seu corpo e sua sexualidade. Esta seção não pretende ser uma substituição para a psicoterapia, mas como o abuso é muito prevalente, quero usar a história de Maria para destacar algumas das maneiras pelas quais ele pode afetar sua vida sexual na esperança de que, pelo menos, você se sinta menos sozinha.

Maria se tornou minha cliente dez anos depois de ter sido abusada. Ela é noiva de Jesse, um homem gentil, sensível e paciente. Maria contou a Jesse sobre o abuso, então, eles choraram juntos. Ele disse a ela que nunca, nunca iria machucá-la assim, e ela acreditou. Não conseguiam entender por que tem sido tão desafiador ter uma ótima vida sexual juntos. Como muitos sobreviventes, Maria atenua e minimiza seu abuso.

— Foi há muito tempo — disse ela —, e eu sei que inúmeras mulheres tiveram experiências piores do que a minha. Eu superei isso, então não entendo por que Jesse e eu ainda estamos tendo dificuldades.

A primeira questão que discutimos foi o fato de que Maria evita a intimidade física. Como tantos sobreviventes de abuso sexual, ela não estava particularmente interessada em sexo. Expliquei, então, à Maria que a baixa libido pode ser um mecanismo de defesa. Sua primeira experiência com sexo foi traumática, então seu corpo entendeu que sexo não é seguro, desejável e indolor. Mesmo que seu cérebro entenda que Jesse e Jax não são a mesma pessoa, seu corpo desligou seu desejo sexual em uma tentativa de protegê-la de ser ferida novamente.

O intervalo da história sexual de Maria entre Jax e Jesse fez as coisas parecerem mais complicadas para ela. Ela teve uma série de encontros sexuais casuais, muitas vezes com parceiros que lhe mostraram muito pouco respeito, e já até tomou algumas decisões arriscadas das quais hoje se envergonha.

— Por que eu busquei tanto sexo com homens que não se importam comigo? E por que eu não quero ter relação sexual com um homem que me ama e me trata bem? — questionou ela.

Mesmo o começo do relacionamento de Maria e Jesse agora parece desconcertante. Maria parecia selvagem e desinibida nos primeiros meses, e o sexo era frequente. Até as coisas ficarem sérias entre eles e Maria começar a recuar, deixando Jesse se perguntando onde sua namorada gata e sexy fora parar.

Quando entramos na parte mais profunda da história, Maria confessou que se culpa pelo estupro. Eu disse a ela que ninguém merece ser abusado, mas ela me apresentou duas "provas": sua tomada de decisão sexual pós-estupro e o fato de ela ter ficado naturalmente lubrificada durante o ataque.

Esse é um dos efeitos colaterais mais confusos e dolorosos do abuso sexual, por isso quero explicá-lo cuidadosamente. No capítulo anterior, eu disse a você que há uma diferença entre desejo mental (querer sexo) e excitação física (seu corpo se preparando para o sexo). Existe um termo para quando seu cérebro e seu corpo não estão na mesma página: não concordância. Um dos exemplos mais extremos de não concordância pode acontecer durante o abuso. Embora cada fibra do seu ser não *queira* a experiência de ser agredida, seu corpo ainda pode *responder*. A mulher pode ficar lubrificada. O homem pode ficar ereto. Pessoas de todos os sexos podem até ter orgasmo. Eu quero ser extremamente clara: ter uma reação não concordante não significa que seu corpo "queria" fazer sexo. Significa apenas que estava respondendo a estímulos. Pense sobre comer um limão ou picles. Sua boca naturalmente começará a produzir saliva. Você pode tentar muito manter a boca seca, mas não conseguirá. Nosso corpo simplesmente responde a estímulos.

A maioria das pessoas que passaram por um abuso sexual nunca aprende sobre a não concordância, o que leva a uma relação de desconfiança com seu corpo. Como Maria, você pode se culpar pelo abuso. Ou pode sentir que seu corpo traiu você. Se você teve uma reação física ao seu trauma, quero que entenda que isso é comum e de forma alguma significa que você quis ou gostou do abuso. Seu corpo não é seu inimigo.

Maria e Jesse fazem sexo ocasionalmente, quando Maria é dominada pela culpa de estar tanto tempo sem transar com ele. Certa vez, disse a Jesse:

— Você pode fazer o que quiser.

Ele se sente dividido porque deseja que ela esteja presente e animada com a intimidade física, mas também está tão desesperado para se conectar com ela que, às vezes, está disposto a se contentar com restos.

Quando eles fazem sexo, Maria exibe um dos sinais clássicos do abuso sexual: dissociação. Isso ocorre quando você vivencia uma desconexão entre seu cérebro e seu corpo, como se estivessem operando de forma independente. Todos nós experimentamos a dissociação em formas brandas no cotidiano. Você já teve a experiência de entrar na garagem, mas não se lembrar de dirigir para casa? Seu corpo foi capaz de seguir sua rota habitual, mesmo com seu cérebro disperso.

Quando expliquei a dissociação para Maria, ela percebeu que dissociou durante o estupro. Ela descreveu como seu espírito abandonou seu corpo.

— Foi como se eu estivesse fora do meu corpo, flutuando, me observando durante o abuso.

Essa dissociação a envergonha, então, gentilmente intervim, dizendo a ela que a dissociação é um mecanismo de defesa incrível.

— Seu espírito sabia que não era seguro estar em seu corpo durante o abuso, então foi embora. Estar mental e emocionalmente presente serviria apenas para tornar a experiência muito mais dolorosa. Você foi forçada a estar lá fisicamente, mas, pelo menos, o seu espírito estava ausente, o que a poupou de um pouco de dor.

Infelizmente, a dissociação pode persistir por muito tempo após o término do abuso. Seu cérebro recebe a mensagem de que não é seguro estar em seu corpo durante o sexo, por isso apenas continua se ausentando sempre que as coisas parecem estar indo naquela direção. Você pode achar muito difícil estar presente no decorrer do ato, mesmo estando com um parceiro de confiança. Maria sabe que quase sempre está ausente durante o sexo. Jesse me disse que também sabe.

Mesmo a intimidade física não sexual pode ser um desafio para Maria e Jesse. Como muitos sobreviventes, Maria fica nervosa com o contato físico. Jesse relata:

— Parece que ela nunca abaixa a guarda e está sempre desconfiada, mesmo quando estou apenas tentando abraçá-la.

Dói quando ele estende a mão para tocá-la e a sente tensa. Expliquei a ambos que o cérebro de Maria racionalmente entende que ela não está mais sendo abusada, mas seu corpo ainda carrega o trauma. Seu corpo é hipervigilante, está constantemente atento ao perigo. Então, ajudei Maria a identificar palavras, ações, sons, gestos e até mesmo cheiros que podem levá-la a um estado de agitação intenso, e logo elaboramos um plano de ação para evitar, minimizar ou navegar por sua hipervigilância. À medida que começamos a progredir, ela me disse:

— Eu não sabia quanta energia gastava ficando alerta o tempo todo. Estou exausta.

Como mencionei, este capítulo não pretende servir como um substituto para a terapia. Você merece ter um espaço seguro e um guia confiável para seu processo de cicatrização. Mas espero que ouvir a história de Maria o ajude a entender algumas das experiências ou reações que pode ter tido desde o abuso, e que isso a encoraje a buscar apoio. (Se você estiver procurando por mais recursos, oferecemos um curso gratuito para pessoas que sofreram abuso sexual. Acesse o link vmtherapy.com/book [conteúdo em inglês].)

A Outra Metade, com Xander: Sendo um Bom Parceiro para Alguém que Sofreu Abuso

Se você mesmo não foi vítima, nunca será capaz de entender *completamente* aquilo pelo que seu parceiro está passando. É normal se sentir confuso ou perdido sobre a melhor forma de apoiá-lo, por isso, aqui estão algumas dicas:

- Deixe seu parceiro saber que você está disponível para ouvir a história dele. "Disponível" é a palavra-chave aqui: disponibilize-se para ouvir, mas não o pressione a compartilhar imediatamente se isso o deixar desconfortável.
- Informe-se sobre os impactos do abuso sexual. Estar bem informado o tornará um melhor parceiro e ouvinte.
- Conheça os limites de seu parceiro e trate-os com o máximo cuidado e respeito. Você pode trabalhar na identificação e discutir seus próprios limites para que seu parceiro não precise sentir que é o único com "regras".
- É possível que seu parceiro continue se lembrando do abuso periodicamente. Você pode ser uma fonte contínua de apoio se permanecer ouvindo os relatos, deixando-o sentir o que tiver de sen-

tir, reiterando que vocês estão no mesmo time e que está atenta a qualquer necessidade dele.

- Continue dizendo ao seu parceiro que você o ama, valoriza e respeita. Sentir-se como um "bem danificado" é comum para um sobrevivente.
- Incentive seu parceiro a obter o máximo de apoio possível, seja por meio de psicoterapia, terapia sexual, grupo de apoio, linha de emergência ou conversas com entes queridos de confiança. Ofereça-se para fazer parte do processo de cura, de qualquer maneira que seja benéfica. Apenas lembre-se de que, em última análise, cabe a ele delimitar como se recupera e se cura.

Desempacotando Sua Bagagem Sexual

É provável que, ao começar a ter *sex talks* com seu parceiro, suas crenças limitantes sobre sexo atrapalhem o processo. Por exemplo, se você considera que a temática sexual é um tabu, ler este livro com seu parceiro seria difícil — assim como "a conversa" que tive com meus pais na nossa minivan. Para maximizar suas chances de ter conversas bem-sucedidas no futuro, começaremos a enfrentar suas crenças juntos.

Por meio de um exercício que desenvolvi, a Take This Back Technique [Técnica do Leve Isso de Volta, em tradução livre], irei orientá-la. É um processo simples e, embora não seja um substituto para a terapia pessoal, pode ser uma ótima maneira de começar a desmantelar seus bloqueios.

Faça uma lista de quaisquer crenças negativas, limitantes ou indesejadas que você tenha sobre sexo. Introduza cada tópico com a frase: "Há uma parte minha que acredita..." Por exemplo: "Há uma parte minha que pensa que meu corpo não merece atenção" ou "Há uma parte minha que acredita que pedir algo simplesmente porque desejo soará como um insulto ao meu parceiro". Não importa quão forte seu bloqueio possa parecer, você não o sente em cada fibra do seu ser. Eu gosto de formular crenças dessa maneira porque as torna mais gerenciáveis. É semelhante ao exercício de crítica interna que compartilhei no capítulo anterior. Nosso objetivo é ajudá-la a perceber que você não é seus bloqueios.

Há uma parte minha que acredita:

____

____

____

Há uma parte minha que pensa:

____

____

____

Há uma parte minha que sente:

____

____

____

Há uma parte minha que teme:

____

____

____

Reserve um tempo para identificar onde cada uma dessas crenças se originou. A primeira vez que você ouviu isso foi por meio de seus pais? Sua religião ensinou isso a você? E quanto à sua cultura? E seus amigos da escola?

Acredito que essas ideias vieram de:

____

____

____

Esta etapa ajudará você a perceber que todas as besteiras que nos ensinaram sobre sexo são superficiais. Nenhum de nós nasceu com embaraço inerente ou vergonha de sexo!

A religião é uma fonte comum de bloqueios sexuais, uma vez que muitos ensinamentos religiosos de cunho sexual são cheios de vergonha, rígidos, evitativos e, muitas vezes, contraditórios. Francesca uma vez compartilhou comigo:

— Minha religião diz que não posso fazer sexo antes do casamento, alegando que se trata de algo "impuro" e "indesejável". Seguindo a lógica, assim que me tornasse esposa, seria responsável por agradar meu marido 24 horas por dia. Mas não posso simplesmente apertar um botão. E é difícil desenvolver um relacionamento saudável com o sexo se você passou a vida ouvindo que se trata de algo pecaminoso, a raiz de todos os males.

Trabalhe com um bloqueio de cada vez, visualize quem possa ter ensinado tais crenças a você e se imagine devolvendo essa bagagem ao responsável. Diga à pessoa ou entidade a quem o está entregando:

— Não quero mais carregar esse fardo. Não é meu e não está me servindo. Eu gostaria que você pegasse de volta.

Seus bloqueios não desaparecerão no instante em que abdicar deles — não desejo que esse processo pareça tão simples quanto "virar uma chave" —, mas essa ação irá ajudá-la recuperar o controle. E, claro, a terapia pode ser extremamente benéfica para ajudá-lo a desenredar crenças mais profundas.

Criando Seus Próprios Termos

Para encerrar este capítulo, elabore uma lista de objetivos para sua vida sexual. É fácil se sentir oprimido pelos bloqueios e pelas crenças limitantes que nos sobrecarregam e esquecer que há muitas coisas incríveis e positivas para experienciar! Viver um relacionamento saudável com sua sexualidade não se trata apenas de superar obstáculos; também é sobre definir e reivindicar seus objetivos. Por exemplo, talvez você queira iniciar o sexo com confiança, aprender a ter orgasmo ou tomar a iniciativa para algo a mais. Quanto mais específico e detalhado você for com seus objetivos, melhor!

É possível até tirar proveito de seus bloqueios: Examine cada pensamento limitante e escreva no que você *quer* acreditar.

Encorajo você a deixar seu parceiro participar de seu processo. A coisa louca das crenças limitantes é que elas frequentemente são compartilhadas. A maioria de nós tende a sentir como se estivesse sendo esmagado pelo peso da própria bagagem, nutrida pela nossa solidão, mas as chances são de que seu parceiro carregue a mesma bagagem — um conjunto correspondente de bagagem, você pode dizer! — Há uma oportunidade de relacionar a porcaria que vocês dois estão carregando. Além disso, esses tipos de crenças tendem a perder o poder sobre nós uma vez que os trazemos à luz do dia.

Seus Objetivos Sexuais

____

____

____

____

____

____

____

____

____

____

Agora que definiu seus limites, suas crenças e seus objetivos, você está no controle de sua vida sexual. Comece a decidir como pensa e se sente sobre o sexo, o que você faz e com quem escolhe se compartilhar.

Algumas Dicas:

- Você pode impor limites a coisas que não soam sexy ou seguras para você ou que vão contra seus valores. Mas atente-se aos limites que são resultado da vergonha internalizada, e não diretrizes autênticas.
- O abuso sexual pode ter impactos duradouros, incluindo baixo desejo sexual, hipervigilância, tomada de decisão insegura, má imagem corporal e dissociação, mas é possível criar uma vida sexual saudável após a agressão.
- Todos carregamos crenças negativas, limitadas e indesejadas sobre sexo, e é nossa responsabilidade desempacotá-las individualmente.
- Estabelecer metas específicas e detalhadas para sua vida sexual é uma das melhores maneiras de recuperar o controle e ser feliz.

CAPÍTULO 4

CONSTRUINDO A FUNDAÇÃO PARA SUAS *SEX TALKS*

NA PRÓXIMA SEÇÃO, VOCÊ desenvolverá suas futuras *sex talks*. Obviamente, essas conversas exigirão uma comunicação aberta e honesta. Infelizmente, a maioria de nós vai meio mal nesse lance de se comunicar. Por isso, definiremos algumas regras básicas. Nove, para ser específica. Imagine isso como seu curso intensivo em comunicação.

As Regras de Ouro das Cinco *Sex Talks*

1: NOMEIE SUAS INTENÇÕES.

As pessoas ficam muito nervosas com a comunicação, especialmente quando envolve sexo. Essa sensação nos leva a ensaiar conversas em nossa cabeça, imaginando dezenas de cenários horríveis de como tudo pode dar errado. Mas aqui está do que você precisa se lembrar: você tem intenções e objetivos bons impulsionando seu desejo de se comunicar. Não é como se você tivesse pego este livro pensando *espero que Vanessa me ensine as melhores maneiras de quebrar a confiança de meu parceiro e destruir nosso relacionamento*. Lembre-se de suas boas intenções frequentemente, especialmente antes de abordar seu parceiro. Respire fundo e diga a si mesma: "Estou iniciando esta conversa porque amo meu parceiro e sei que somos capazes de ter uma vida sexual escaldante." Oferecer-se tal estímulo pode aliviar sua ansiedade e ajudá-la a ter conversas mais difíceis.

Definir intenções com seu parceiro antes de começar uma discussão também pode ser útil. Xander e eu começamos qualquer conversa séria perguntando um ao outro: "Qual é a sua intenção com essa conversa?" Desse modo, vocês se preparam para alcançar o objetivo antes mesmo de a discussão iniciar. Mesmo que as coisas pareçam estranhas ou desconfortáveis, torna-se perceptível que vocês estão trabalhando juntos para alcançar um relacionamento mais íntimo. Tenha em mente que suas intenções não precisam ser complicadas. Elas podem ser tão simples quanto: "Gostaríamos de ter uma conversa calma e amorosa."

2: CONSIDEREM-SE UMA EQUIPE.

Uma das melhores coisas que você pode fazer pelo seu relacionamento é considerar você e seu parceiro companheiros de equipe, que trabalham juntos em prol da vida sexual descrita em seus sonhos mais loucos. Nenhum parceiro é a criança-problema. Vocês são dois indivíduos que trouxeram para o relacionamento histórias, complicações e necessidades em constante evolução, e, diante disso, sua tarefa é colocar tudo sobre a mesa e dizer: "Ok, como podemos entender isso juntos?" Ao ler o restante deste livro, faça uma abordagem do tipo "O que é meu é seu e o que é seu é meu" e pense sobre como as peças do quebra-cabeça se encaixam.

Dê ao seu companheiro de equipe o benefício da dúvida durante suas *sex talks*. Caso as coisas esquentem, você pode facilmente sentir que seu parceiro está intencionalmente tentando feri-la ou aborrecê-la. E ele provavelmente pensará o mesmo de você! Desafie-se a pensar sobre as boas intenções que seu parceiro já demonstrou ter. (Por isso é tão importante expor suas intenções antes de apenas desenvolver o assunto.) Pergunte-se: "Que sensação boa meu parceiro sentiria por meio dessas palavras ou ações?" — Questione-se mesmo se ele estiver fazendo coisas de maneira inábil.

3: INTRODUÇÃO SUAVE.

Estudos descobriram que a maneira como você inicia uma conversa prevê como ela será encerrada. Na verdade, John Gottman, especialista em relacionamento, é famoso por sua capacidade de prever a probabilidade de divórcio de um casal observando apenas os primeiros três minutos de uma discussão conflituosa.[1] A maneira como você inicia as conversas é *bem* importante!

Sempre que for iniciar uma *conversa picante*, certifique-se de que as condições sejam favoráveis. Não tente falar com seu parceiro quando ele estiver preparando o jantar, quando faltarem dez minutos para chegar a uma consulta médica ou quando ele estiver visivelmente estressado com o prazo de um trabalho iminente. O mesmo vale para você. Há um acrônimo útil que você pode usar aqui: HALT [Parar]. Se você se sentir *hungry* [faminto], *angry* [com raiva], *lonely* [solitário] ou *tired* [cansado, todos em tradução livre], reserve um momento para experienciar essas sensações antes de falar com seu parceiro. Só inicie conversas quando ambos tiverem espaço e energia para tê-las. Por exemplo, eu tenho o péssimo hábito de reclamar com Xander quando não estamos no nosso melhor dia. Imagine a cena... estamos correndo porta afora para levar os pugs ao veterinário, até que, de repente, eu o repreendo por deixar seus acessórios de barba na pia. É, claramente, uma discussão fadada ao fracasso. Não há como ele refletir ou escutar meu pedido, e tal situação nos frustrará. (Nota para si: pare de fazer isso.)

Outra maneira de introduzir *sex talks* suavemente é rotulando sua bagagem. Reconheça os desafios que você ou seu parceiro enfrentaram ou estão enfrentando para alcançar um relacionamento saudável e íntimo. Por exemplo: "Sei que fomos criados como católicos e, por isso, enxergamos o sexo como um tabu." Isso os lembrará de que suas dificuldades não denotam falhas, que existem razões compreensíveis pelas quais vocês estão lutando e que vocês são uma equipe.

Aqui está um truque engraçado para você usar a fim de suavizar sua entrega. Imagine-se falando com um amigo, em vez de seu parceiro. A maioria de nós ouve nossos amigos mais próximos e tem menos expectativas e mais paciência com eles. Nós tendemos a lhes dar o benefício da dúvida e não sentimos tanto interesse pelo que eles dizem ou fazem. Imagine um de seus melhores amigos na sua frente enquanto você e seu parceiro conversam e observe sua comunicação se transformar. Esse é um truque divertido para se entreter e é surpreendentemente eficaz no momento!

Aqui estão algumas outras maneiras de conseguir uma introdução suave:

- Mantenha seu tom calmo e uniforme.
- Esteja ciente de suas expressões faciais e de sua linguagem corporal e tente transmitir tranquilidade.
- Se você estiver aberta a isso, dê as mãos ou toque no seu parceiro enquanto fala. Um pouco de contato físico os ajudará a se lembrar do amor que sentem um pelo outro.
- Certifique-se de que suas primeiras frases sejam particularmente gentis e abertas.

4: USE A LINGUAGEM DO "EU".

Provavelmente, você já ouviu isso; é antigo, mas é bom. Em vez de dizer "Você fez isso" ou "Você fez aquilo", reforce suas reações e experiências pessoais usando "eu", "me" e "meu". Então, em vez de dizer "Você nunca quer passar um tempo comigo", tente "tenho me sentido sozinha ultimamente, mas o que quero é me sentir mais conectada a você". Caso se sinta presa, aqui está uma estrutura fácil de utilizar: "Eu sinto *X* e preciso de *Y*." Observe como isso funcionou no exemplo exposto — me sinto *sozinha* e preciso de mais *conexão*.

Usar a linguagem do "eu" elimina a defesa no passe. Se você disser ao seu parceiro "Você fez isso", aparentará um ataque direcionado, e é provável que isso desencadeie uma resposta argumentativa, como: "Não, eu não fiz!" Porém, caso você discorra sobre uma experiência sua, provavelmente a chance de ele ser reativo será menor.

Isso também ajuda a identificar os sentimentos que estão surgindo. Você precisa entender o que sente quando se chateia, e não os detalhes do que aconteceu. Eis um ótimo exemplo: caso você diga "Já faz meses que você não toma a iniciativa do sexo", provavelmente seu parceiro responderá algo como: "Claro que iniciei! Há três semanas, eu o fiz." E, assim, a conversa se transformará em um debate sobre há quantas semanas ele não toma a iniciativa. "Não, já faz meses." "Não, a última vez foi antes da festa de aniversário de Rudy, que ocorreu *este* mês." Mas e quanto ao que você *sente* sobre tomar a iniciativa? Você sente tristeza? Solidão? Ressentimento? Todas essas emoções se perdem. E sabe qual é a pior parte disso tudo? Você nunca concordará com a lógica. E se convencerá de sua linha do tempo, bem como seu parceiro se convencerá da dele. E elas nunca combinarão. No fim das contas, são os sentimentos que importam, e é exatamente por isso que usar a linguagem do "eu" ajudará você a acessar essa camada mais profunda.

5: **VÁ DEVAGAR.**

Esta regra de ouro tem dois significados: vá devagar e resolva uma coisa de cada vez!

A maioria de nós tende a acelerar quando está nervosa ou chateada. Seu parceiro sente que você está ficando mais intensa e, então, em resposta, fica mais intenso. Antes que você perceba, experienciará uma conversa em um ritmo vertiginoso. Mas ir rápido cria muitos problemas:

- É muito mais provável que você interprete as palavras de seu parceiro como negativas, mesmo que não sejam.
- É muito menos provável que você realmente o ouça.
- É muito menos provável que você se expresse adequadamente. Quando estamos acelerados, tropeçamos em nossos pensamentos e nossas palavras.

Então, desacelere o ritmo! Às vezes até digo aos meus clientes: "Converse a 50% de sua velocidade normal." Outro truque prático é respirar fundo antes de externalizar qualquer coisa. Isso naturalmente retarda o seu ritmo e a ajuda a relaxar.

6: O QUE SEMPRE FAZER PARA NUNCA BRIGAR.

Estou brincando! "Sempre" e "nunca" são duas das palavras menos úteis para casais. Devemos esclarecer uma coisa primeiro: na vida, é extremamente raro que algo aconteça *sempre* ou que *nunca* aconteça. Não é apenas uma linguagem precisa. Além disso, essas duas palavrinhas colocarão imediatamente seu parceiro na defensiva e o farão se sentir preso. Se ele "sempre" ou "nunca" faz algo, então você está essencialmente dizendo que ele é incapaz de fazer qualquer coisa diferente.

Essas palavras também estabelecem um padrão pateticamente baixo para melhorias. Suponhamos que você diga ao seu parceiro: "Você nunca me elogia." Tudo o que seu parceiro precisa fazer é lhe fazer um elogio para provar que você está errada. Será que você não consegue imaginá-lo dizendo com esperteza: "Viu, eu te disse"? Então você trará as duas palavrinhas raras de volta ao argumento sobre logística. Por isso, faça um favor a si mesma e elimine essas duas palavras de seu vocabulário.

7: ABRA ESPAÇO PARA NOVOS COMPORTAMENTOS.

Você quer que seu parceiro mude? Então precisa abrir espaço à mudança! Rashida arrastou seu marido Anthony para uma sessão de casal porque ela queria que ele fosse mais agressivo e dominante entre quatro paredes.

— Mas ele nunca fará isso — disse ela. — Ele é muito tímido.

Anthony estava sentado ao lado dela no sofá, olhando fixamente para os pés. Querem ouvir o choque do século? Ele não mudou nada. Rashida sabotou qualquer possibilidade de realizar seu próprio desejo.

8: CALE-SE E OUÇA.

Você sabe que precisa deixar seu parceiro falar também, certo? Suas tarefas como ouvinte são: dar o seu melhor para entendê-lo e ajudá-lo a se sentir visto. Saia de si mesmo por um minuto e ponha-se no lugar do seu parceiro. Dê a ele toda sua atenção (nada de ser multitarefa!). Faça contato visual. Direcione seu corpo a ele.

Há um pequeno truque o qual você aprenderá em qualquer aula de psicologia: ouça. Após seu parceiro terminar de falar, tente apenas resumir o que ele disse, mas com suas palavras. Comece com: "Então, o que estou ouvindo é..." ou "O que isso soou para mim é..." Pergunte se você compreendeu corretamente. Se seu parceiro disser "Não exatamente", peça-lhe que esclareça o que ele tentou lhe explicar. Isso deixa claro para seu parceiro que é importante para você realmente entender o que ele está tentando dizer, e isso eliminará mal-entendidos antes que eles se transformem em grandes brigas. Devo avisá-la de que essa técnica parecerá superdesajeitada no começo, mas vale a pena.

9: SEJA COMPASSIVA.

Você me verá repetindo isso diversas vezes: quando o assunto é sexo, todos têm bagagem. Você tem suas coisas, seu parceiro tem as dele, Xander e eu temos as nossas. Se seu parceiro estiver com dificuldades, tente ser empática e reconheça que ele lida com as próprias feridas internas sobre sexo. A melhor maneira de colocar uma conversa descarrilada de volta nos trilhos é se lembrando de que vocês estão fazendo o melhor que podem. Com a prática, ficará mais fácil, prometo!

A Outra Metade, com Xander: *Hacks* de Comunicação

Aqui estão alguns truques de comunicação que tiveram grande impacto em minha vida:

Não faça perguntas que não sejam perguntas.

No início de nosso relacionamento, Vanessa e eu muitas vezes lutávamos para perguntar o que realmente queríamos, por isso, acabávamos escondendo necessidades e pedidos em questões mais logísticas, veladas. Se eu estivesse trabalhando até tarde e Vanessa estivesse se sentindo sozinha, ela provavelmente me perguntaria: "Você já está acabando?" ou "Você vai voltar logo pra casa?" Pensando se tratar de uma simples pergunta, eu responderia algo direto, como: "Não, eu preciso de mais algumas horas para finalizar este projeto." E, assim, Vanessa se isolaria para ficar com seus sentimentos feridos, porque o que ela realmente gostaria de perguntar era: "Pode passar algum tempo comigo? Sinto sua falta."

Desde então, aprendemos que ocultar solicitações em perguntas veladas serve apenas para conduzir o parceiro ao fracasso. Ele achará que deve apenas responder a uma pergunta objetiva, não abordar a necessidade emocional oculta atrás dela. Em vez disso, pare um segundo para pensar sobre qual necessidade ou solicitação você realmente tem e peça diretamente. No exemplo de Vanessa e no meu, ela poderia só me dizer que estava se sentindo sozinha, e, embora eu ainda tenha explicado que havia muito trabalho para simplesmente só voltar para casa imediatamente, eu teria, pelo menos, a chance de expressar o quanto senti saudade dela também e meu desejo de passar um tempo com ela!

Não antecipe o que seu parceiro dirá.

Sou um processador verbal, bem como um falador mais lento. Vanessa, por sua vez, é uma verdadeira saltadora, pula minhas falas para tirar as próprias conclusões sobre o que pensa que eu pretendo dizer. Então, nas discussões, ela me responde com base no cenário que ela inventou em sua mente. Não posso dizer quantas vezes eu tive que lhe dizer: "Querida, não é isso o que eu estava prestes a dizer." Essa dinâmica pode ser inofensiva em discussões cotidianas, mas, em qualquer tipo de conversa séria, ter o parceiro interrompendo e supondo algo pode rapidamente transformar o cenário já não tão favorável em uma briga.

Não planeje sua resposta enquanto seu parceiro está falando.

Sei, por experiência própria, como é tentador pensar no que dizer ou como se defender quando seu parceiro está falando. Especialmente se você acha que tem uma boa ideia do que ele está prestes a dizer! Mas, em vez disso, lembre-se de que você não lê mentes e pratique sua escuta ativa para que você possa *realmente* tentar entender o que seu parceiro está dizendo ou como ele está se sentindo. Se estiver realmente ouvindo e não planejando sua resposta, provavelmente não responderá ao seu parceiro no milissegundo em que ele parar de falar. E tudo bem! Apenas diga ao seu parceiro você está levando alguns segundos para organizar seus pensamentos.

Como Funciona a Próxima Seção

É hora de entrar no coração de *Sex Talks: Cinco conversas francas para transformar sua vida amorosa*. A próxima seção é dividida em capítulos com base nos desafios mais comuns que os casais enfrentam. Abordaremos:

1. Reconhecimento, também conhecido como "Sexo é uma coisa, e nós a fazemos".
2. Conexão, também conhecida como "O que precisamos para nos sentirmos próximos?"
3. Desejo, também conhecido como "O que cada um de nós precisa para ficar excitado?"
4. Prazer, também conhecido como "O que cada um de nós precisa para se sentir bem?"
5. Exploração, também conhecida como "O que devemos tentar?"

O objetivo é que você e seu parceiro tenham todas as cinco conversas. Nesse processo, você provavelmente descobrirá que há uma área específica que causa mais tensão em seu relacionamento. Por exemplo, Xander e eu temos mais dificuldades com a Conexão. Quando não estamos passando um tempo de qualidade juntos ou tendo conversas significativas, gastamos nossa energia entre quatro paredes também. Se você está curiosa para identificar o ponto fraco de seu relacionamento, há um quiz no final do livro. Dito isso, minha recomendação é passarem pelas conversas na ordem em que estão apresentadas.

Incluí uma seção no final de cada capítulo chamada "Evitando Armadilhas Comuns". Eu testei todas essas técnicas de comunicação em milhares de clientes, por isso consegui identificar de que formas que os casais podem tropeçar e os armei com dicas para se prepararem.

As Três Promessas

Para aproveitar ao máximo esta jornada, quero que você faça três promessas para si e para seu parceiro:

- “Prometo dar o meu melhor, mesmo quando estiver com medo, ansiosa, autoconsciente ou envergonhada.”
- “Prometo lhe dar o benefício da dúvida, acreditando que você está dando o seu melhor também, mesmo que suas palavras ou ações às vezes me machuquem.”
- “Prometo me lembrar de que uma vida sexual picante e saudável é um objetivo pelo qual vale a pena trabalhar e que estamos no mesmo time na tentativa de chegar lá.”

Pronta? Vamos lá!

Parte Dois

AS CINCO SEX TALKS

CAPÍTULO 5

A PRIMEIRA CONVERSA: *Reconhecimento*

Também conhecido como
"Sexo é uma coisa, e nós a fazemos"

HAVIA UM DEDO NA minha bunda.

E eu não tinha certeza de como me sentia sobre isso.

Senti a mão dele serpenteando por ali. Eu experienciei o momento com o qual muitas mulheres estão familiarizadas, aquele em que há um membro entre nossas pernas.

— Ok, vamos lá... Espere um segundo... você está passando do meu ponto G... Ai, não! Volte antes que seja tarde demais!... Espere, *está fazendo de propósito*?!

Essa foi a minha primeira incursão na brincadeira anal e, para ser honesta, foi muito bom. Como foi a primeira vez que fiquei com esse cara, eu não tinha certeza se me sentia pronta para explorar o grande desconhecido, também chamado de meu cu, com ele.

E, no entanto, eu não disse nada. Eu me senti envergonhada mesmo reconhecendo que tenho um cu, já que considero coisas anais um tabu. Eu não gostaria de simplesmente interromper o ato com:

— Com licença, senhor, você poderia tirar o seu dedo do meu cu para que possamos ter uma conversa rápida sobre isso primeiro?

Eu não gostaria que ele me visse como puritana ou que isso soasse como uma ofensa à sua habilidade sexual. Eu não estava certa do que diria, mesmo que me *sentisse* confortável para abrir a boca.

— Ei, cara, eu meio que gosto disso, mas também gostaria que você tivesse avisado antes. Mas, hum, não pare!

Percebi naquele momento que a raridade com que falamos sobre sexo é muito estranha. Mesmo com as pessoas com quem estamos *transando*.

O homem em questão e eu nem conversamos sobre esse evento, até que, após muitos anos, quando eu estava escrevendo este mesmo livro....

— Você está falando de *mim*? — questionou Xander, enquanto examinava um rascunho inicial deste capítulo. Havia uma confusão genuína em sua voz.

— Dã! — respondi.

— Não me lembro de ter colocado um dedo na sua bunda — disse ele, lenta e pensativamente. Eu podia vê-lo repetindo mentalmente nossa história sexual, examinando-a em busca de pistas anais.

— Você definitivamente colocou — insisti.

— Que esquisito — respondeu ele. — Acho que sim.

Não pude deixar de cair na gargalhada.

— Como não falamos sobre isso por *catorze anos*?

Caro leitor, essa completa e absoluta falta de comunicação *não* é o que quero que você imite. Em vez disso, aqui está um exemplo de como é a comunicação sexual nova e aperfeiçoada que eu e Xander temos:

— Sabe no que comecei a pensar aleatoriamente hoje? — questionei Xander. — Nosso almoço de aniversário na África do Sul.

Para qualquer outra pessoa, essa conversa teria parecido inocente. Mas Xander me lançou um olhar de soslaio e um sorriso malicioso porque ele conhecia toda a história. Era 2019, e comemorávamos nosso aniversário de oito anos de casamento fazendo uma viagem épica para a África do Sul. Estávamos em um safari no grande dia, e a pousada em que nos hospedamos providenciou um almoço privado em uma casa da árvore de verdade, com vista para um bebedouro de elefantes. Àquela altura, essa já era a celebração de aniversário mais exagerada que já tivemos, mas após terminar o almoço, começamos a olhar para a área de descanso na casa da árvore. Havia toda uma configuração de almofadas com travesseiros e cobertores. Tipo, eles estavam pedindo para as pessoas transarem lá, certo? Então, fizemos o que parecia lógico e transamos no lugar mais selvagem que já havíamos testado — em uma árvore, bem no meio da mata africana, ao som dos bramidos dos elefantes.

É *assim* que recomendo começar a falar sobre sexo. Não replicando nossa experiência de safari africano (embora eu recomende isso também!), mas fazendo referência a uma das memórias mais divertidas que os dois compartilham sobre sua vida sexual. Essa não é uma das melhores partes de estar em um relacionamento — ter piadas internas e segredos? Então, por que não os usar como pretexto para começar a conversa?

Talvez você imagine que eu começaria este capítulo dizendo para você confessar suas fantasias mais loucas ou seus maiores segredos sexuais. Mas, para tantos casais, falar sobre sexo exige *reconhecer* que ele existe e que vocês o praticam. A maioria de nós não fala sobre o tema com muita frequência — ou nem fala — mesmo com a pessoa que regularmente nos vê nus. É o elefante grande e sexy (ha!) à espreita no canto do nosso quarto.

Olivia, membro de nossa comunidade no Instagram, nos disse:

— Meu marido se recusa a falar sobre sexo porque não acredita que isso seja normal entre casais. Ele tem dificuldade em aceitar que o sexo exige esforço em um relacionamento de longo prazo e que isso não acontece espontaneamente. Quando eu falo sobre isso, ele responde como se fosse um confronto ou como se estivéssemos discutindo.

Analisemos Jenny e Robert, um casal na casa dos 20 anos. Sua vida sexual tem se resumido a umazinha por mês, quando os dois estão bêbados após um encontro noturno. Jenny quer falar sobre isso, mas toda vez que ela introduz o assunto, Robert para imediatamente. É provável que eles façam cada vez menos sexo nos próximos meses. Em um e-mail para mim, Jenny escreveu: "Como chegamos a um ponto em que literalmente não conseguimos nem dizer a palavra 'sexo'? Soa como um gatilho para ele."

O sexo é um ato incrivelmente íntimo, e nem mesmo reconhecer sua existência pode parecer chocante. Você já entrou em um lugar e havia alguém se recusando a reconhecer sua presença? O reconhecimento parece algo simples, mas não o ter pode ser extremamente doloroso. Poderia se imaginar fazendo isso com qualquer outro aspecto de seu relacionamento? Como seria se você e seu parceiro nunca, nunca falassem sobre seus filhos ou suas finanças?

Além disso, se você não está falando abertamente sobre sexo, pequenos mal-entendidos podem se transformar em grandes problemas. Alina, uma mulher da nossa comunidade no Instagram, nos procurou para compartilhar sua experiência sobre sexo durante a menstruação depois que falamos sobre isso em nossos stories. Seu marido se recusou a transar com ela durante o decorrer de seu ciclo menstrual. Alina, então, nos disse:

— Pensei que ele estava enojado, e isso estava me fazendo sentir vergonha de meu corpo. Eu me senti indesejada, indesejável e estava ressentida com ele por me rejeitar.

Mas nossa história a encorajou, e ela decidiu questionar diretamente por que ele não queria fazer sexo durante o período menstrual. Ele respondeu:

— Quando vejo o sangue, sinto receio de estar machucando você.

Ele não considerava o corpo dela nojento, só sentia medo de lhe fazer mal.

É provável que a conversa de Reconhecimento seja o ponto de partida necessário para sua aventura *Sex Talks*, e é por isso que introduzo essa conversa primeiro. Mas se você ainda não tem certeza se deveria ou não começar por aqui, minha pergunta é: você já teve uma conversa descontraída e produtiva sobre sexo com seu parceiro?

Essa conversa de reconhecimento seria sobre colocar as coisas boas em pauta primeiro. Isso não é apenas mais fácil e muito mais divertido, mas também mais eficaz. Devemos nos concentrar em ser leves, positivos e não orientados a resultados. Não devemos criticar ou reclamar. Não tentaremos resolver nenhum problema. Devemos apenas ficar *confortáveis*. Isso ajudará você e seu parceiro a construírem confiança e uma base sólida de comunicação sexual.

Então, iremos levá-la ao ponto onde você pode sugerir uma posição sexual tão facilmente quanto seria sugerir a encomenda de comida mexicana para o jantar. ("Você sabe o que cairia bem esta noite? Uma cavalgada invertida!") Assim que você conseguir se sentir mais à vontade para falar sobre sexo de forma positiva ou neutra, se sentirá mais confiante em trazer à tona as coisas mais complicadas nos capítulos posteriores.

"Eu nunca disse isso em voz alta!"

No segundo em que Rowena se sentou em meu sofá, seus olhos começam a analisar a sala, como um passeio de 360 graus. Parecia que ela estava planejando uma fuga rápida.

— Não acredito que estou aqui — disse ela, quase sussurrando.

Eu soube pelo e-mail inicial que Rowena gostaria de falar sobre orgasmo. Ela nunca teve um, mas estava fingindo com seu marido, Hakeem, com quem está junto há três anos.

— Qual é a sensação de estar aqui? — questionei.

Quando um cliente está tão nervoso quanto Rowena, você deve deixá-lo definir o ritmo da sessão. Ela começou a chorar imediatamente.

— Estou destruída — disse ela enquanto as lágrimas lentamente desciam por seu rosto. — Por favor, me diga como posso me consertar para que eu possa ser boa para meu marido. Eu não quero que ele descubra o meu segredo.

Não acho que Rowena seja um bem danificado, então não irei ajudá-la a se "consertar" de forma oculta. Em vez disso, irei ensiná-la a falar sobre prazer com Hakeem. Mas sei que, no caso de Rowena — como é o caso da maioria de meus clientes —, temos que primeiro fazê-la se sentir confortável com a ideia de falar sobre sexo por si mesma, para que então possa se imaginar conversando com Hakeem. Estar destruída não é motivo para seguir escondendo a verdade dele. Ela só precisa fortalecer a autoconfiança.

No final da nossa sessão, eu a conduzi por um exercício visando o tal fortalecimento. Pedi a ela que escolhesse uma palavra que tenha dificuldade em dizer. Ela, então, levantou as sobrancelhas e disse:

— Sexo! Até mesmo a palavra parece super assustadora. Nós nunca a dizemos na minha cultura.

Pedi a ela que dissesse "sexo" em voz alta, repetidamente, frisando que a repetição é uma das mais poderosas ferramentas de fortalecimento de confiança. Depois, ela começou a rir.

— Ok, está parecendo mais fácil agora — disse ela.

Eu a guiei a um espelho e pedi que se olhasse enquanto dizia a palavra. (Disse a ela que fazer contato visual consigo mesma passaria um pouco da vulnerabilidade que ela poderia sentir quando finalmente falasse com Hakeem.) Após uma dúzia de repetições, ela respirou profundamente. Criamos uma lista de outras palavras que a deixam desconfortável, e, então, a liberei, com instruções para repetir sozinha.

Caso você esteja nervosa demais para falar com seu parceiro, eu a encorajo a tentar esse exercício. Enquanto está fazendo isso, gaste algum tempo entendendo o sentido das palavras que lhe deixam mais confortável. A linguagem é muito pessoal, e está tudo bem se tiver preferências. Por exemplo, um membro de nossa comunidade no Instagram me disse:

— Desprezo a palavra "boceta". Sei que parece uma palavra libertadora para alguns, mas me dá arrepios. Há um tempo, eu estava me forçando a usá-la, como se me sentir confortável com ela fosse um sinal de que eu era "sexualmente progressista". Mas aprendi com você que está tudo bem escolher minhas palavras.

Vendo Seu Parceiro com Outros Olhos

Antes de chegarmos à conversa completa de Reconhecimento, há uma preparação que desejo que você siga: comece a elogiar seu parceiro. Quando foi a última vez que você deu a ele um feedback específico e positivo? Meu palpite é o de que já faz muito tempo, então consertaremos isso elaborando um plano.

Comece os elogios dizendo ao seu parceiro como você se sente atraída por ele. Mantenha seus comentários leves, divertidos e sedutores. Mesmo que seu parceiro sinta dificuldade em aceitar um elogio, seu esforço será registrado. Tudo bem se seu parceiro não retribuir os elogios por agora; o objetivo é apenas abrir a porta da conversa. Dê ao seu parceiro um elogio por dia durante uma semana. Aqui estão alguns exemplos que você pode usar como inspiração:

"Olha só esses músculos no seu braço! Venha me abraçar com eles."

"Nossa, você é lindo. Não consigo tirar os olhos de você."

"Nossa, você está muito gato hoje."

"Essa camisa cai tão bem em você! Realça a cor dos seus olhos."

"Você sabia que ainda me sinto tão atraída por você quanto no dia em que nos conhecemos?"

Caso fazer elogios seja difícil para você, use a criatividade e foque as pequenas coisas. Atração é sobre prestar atenção. Seu parceiro tem mãos legais? Um sorriso meigo? Covinhas fofas logo acima da bunda? É normal que a atração desapareça em um relacionamento — especialmente se as coisas estiverem tensas —, mas também é normal que aumente naturalmente à medida que você segue o passo a passo oferecido neste livro. Por enquanto, procure ativamente as coisas que você aprecia.

Depois que você se sentir mais à vontade para elogiar, será hora de reconhecer oficialmente sua vida sexual. Oferecerei a você uma dose dupla de "Escolha seus caminhos de aventura", com base na crença de que é você quem está iniciando a conversa ou de que você e seu parceiro estão lendo este livro juntos. Caso estejam lendo juntos, pule para a página 76.

Vamos Fazer Isso

Começando por Conta Própria

Aproxime-se de seu parceiro quando ele estiver de bom humor, a vibe for calma e você estiver fora do quarto. Aqui estão minhas duas introduções favoritas:

OPÇÃO 1: O MÉTODO SAFARI AFRICANO

"Sabe no que comecei a pensar aleatoriamente hoje?" E, então, diga uma ou duas frases rápidas sobre sua memória sexual favorita com seu parceiro.

OPÇÃO 2: O MÉTODO DA BATATA QUENTE

Caso se sinta nervosa por introduzir sua memória, você pode colocar a responsabilidade sobre os ombros de seu parceiro com este leve "toque": "Qual é sua memória sexual favorita comigo?" Caso esteja preocupada em pegar seu parceiro desprevenido, suavize a abordagem dizendo algo como: "Sei que isso não é algo sobre o qual costumamos falar, mas surgiu uma pergunta engraçada em minha mente hoje, e eu queria perguntar a você. Qual é sua memória sexual favorita comigo?" Certifique-se de ter sua resposta na ponta da língua também.

Quando vejo um novo casal em meu consultório, uma das primeiras coisas que digo é: "Fale-me sobre o melhor sexo que vocês tiveram." Ainda que o casal esteja em uma situação difícil, relembrando seus momentos íntimos favoritos, quase sempre iluminam a energia da sala. Eles costumam dar um ao outro olhares de cumplicidade ou pequenas risadinhas, e eu posso ver a pergunta em seu rosto: "Nós *realmente* vamos contar isso a ela?" Esse pontapé ajuda os casais a se sentirem esperançosos porque os lembra de que eles são apaixonados e divertidos.

Depois de compartilhar uma lembrança engraçada, mude de assunto e fale sobre outra coisa. Se seu parceiro pressiona você sobre por que tocou no assunto, diga algo leve como: "Um pensamento aleatório, só isso!"

EXPERIMENTE ONLINE

Se a ideia de falar sobre sexo cara a cara estiver deixando as palmas de suas mãos suadas, envie um daqueles introdutores de conversa para seu parceiro via e-mail ou texto. Eu quero que você chegue ao ponto em que se sente confortável com conversas cara a cara, mas mensagens de texto podem ser um início excelente para fortalecer sua confiança e coragem.

OFEREÇA ELOGIOS

Um ou dois dias depois da primeira conversa, volte e demonstre ao seu parceiro que você gostou de falar sobre sexo. Certifique-se de elogiá-lo bastante. Diga algo como: "Percebi que fiz uma pergunta bem inesperada sobre nossa vida sexual outro dia, mas gostei de falar com você sobre isso! Isso me fez sentir próxima a você. Obrigada por estar disposto a ter essa conversa comigo." Você está começando a criar uma ligação entre intimidade física e emocional e está mostrando ao seu parceiro que a comunicação desempenha um grande papel em ajudá-la a se sentir próxima.

Se aquela conversa inicial foi difícil para um de vocês ou ambos, tudo bem! Adicione algo como: "Quero que nós dois nos sintamos confortáveis ao falar sobre sexo, mas, nossa, é muito difícil, né? Estou orgulhosa por estarmos dispostos a continuar tentando, mesmo que seja um desafio."

CONTINUE COM OS ELOGIOS (E A PRESSÃO BAIXA)

Uma vez que você teve uma boa (ou mesmo neutra) conversa sobre os momentos íntimos de vocês, pode ser tentada a pular para as coisas que está querendo contar ao seu parceiro há tempos. Por exemplo: "Ok, eu disse que ele tem uma bunda bonita. Agora é hora de ele ouvir o quão irritante é o fato de ele gozar tão rápido."

Não vá lá ainda! Se o sexo não é um tópico regular de conversa em seu relacionamento, seu parceiro ainda pode estar um pouco desconfiado, esperando que algo dê errado. Você não quer que ele ache que você estava apenas assoprando para morder logo em seguida, com críticas ou reclamações.

Foi exatamente o que aconteceu com Tiana, minha cliente. Apesar de minhas instruções, ela não pôde se conter. Depois de elogiar o corpo curvilíneo de sua parceira, Kelly, Tiana deixou escapar:

— Eu só gostaria que você me deixasse vê-la nua com mais frequência. Eu sinto que você está sempre se escondendo de mim para que eu não tome a iniciativa de fazer algo mais.

Kelly acusou Tiana de ser manipuladora com seus elogios e ignorou-a por semanas.

Em vez disso, o que você fará é dar ao seu parceiro outro elogio! É melhor se for algo específico relacionado ao que ele fez recentemente, mas você também pode buscar memórias mais antigas. Aqui estão alguns exemplos:

"Desde que conversamos sobre memórias sexuais na semana passada, continuo pensando sobre todas essas experiências incríveis que compartilhamos juntos. Tenho certeza de que tivemos sorte por ter tanta química logo de cara."

"Adorei que você levou alguns segundos extras para me dar um beijo de despedida ontem."

"Gostei que você iniciou o sexo outro dia. Foi legal me sentir desejada."

"Eu simplesmente adoro olhar para o seu corpo!"

Esta etapa *não* deve ser usada para iniciar a intimidade. Você ainda está acostumando seu parceiro com a ideia de falar mais sobre sexo abertamente e não quer fazê-lo sentir como se as únicas vezes que você fala sobre sexo fossem condicionadas a tirar a roupa.

Repita este passo quantas vezes forem necessárias, até que a vida sexual de vocês comece a parecer um assunto muito mais confortável. Até lá, não tenha medo de manter os elogios fluindo. Não há nada como mostrar muito apreço.

A Outra Metade, com Xander: A Conversa Sobre um Novo Começo

Para muitas pessoas, os passos que Vanessa acabou de descrever podem parecer muito desafiadores. Infelizmente, como a maioria das pessoas tem muita vergonha de sexo, só cria coragem para falar sobre isso quando problemas e ressentimentos transbordam e coisas como "Você nunca me quer" ou "Eu odeio o jeito como você beija" são externalizadas. Como resultado, sua primeira — e possivelmente única — experiência de comunicação sexual acaba focando os *problemas* na vida sexual, em vez de as oportunidades. E isso é um grande erro, pois se direcionar a dificuldades tende a levar a brigas e mágoas, que só o desencorajarão ainda mais a falar sobre sexo novamente. Depois de tudo, por que desejaria falar sobre algo se apenas o que você faz é lutar contra isso?

Caso o sexo tenha sido um assunto controverso no passado, você pode desejar o que gostamos de chamar de "Conversa sobre um novo começo". Essa é sua oportunidade de ter uma conversa curta e direta na qual você pode simplesmente:

- Reconhecer o passado e tomar posse de sua carga de responsabilidade. Por exemplo: "Sei que falar sobre sexo tem sido um desafio para mim/nós" ou "Sinto muito, eu não estava aberta para falar sobre sexo". Você pode até usar o *Sex Talks* com um trunfo e dizer algo como: "Sei que ainda tenho muito a aprender, por isso, comprei este livro para me ajudar a me comunicar melhor."
- Esqueça o que passou. Diga ao seu parceiro que você quer deixar o passado no passado e recomeçar.
- Declare seus novos objetivos. Por exemplo: "Quero que cheguemos a um ponto em que nos sentimos à vontade para falar abertamente sobre sexo e, assim, possamos experimentar intimidade um com o outro."

Vanessa e eu tivemos várias conversas sobre um novo começo. Embora eu me sentisse à vontade para falar sobre sexo de uma perspectiva acadêmica com Vanessa, me assustou muito discutir os detalhes de nossa vida sexual, especialmente se meu corpo não "funcionasse" exatamente como eu queria. Após entrar em um *headspace* particularmente negativo após uma série de ereções perdidas, eu iniciei minha conversa sobre um novo começo dizendo: "Sei que me desliguei no passado e me senti desconfortável falando sobre o que está acontecendo quando tenho problemas de desempenho, mas tenho percebido que quero sentir que estamos no mesmo time."

A conversa sobre um novo começo não é sobre litigar o passado ou fazer um grande pedido de desculpas; o objetivo é reconhecer a realidade de sua situação e se redirecionar para um futuro mais positivo. Você pode até começar isso via texto, só para fazer a bola rolar. Pode levar algum tempo para seu parceiro aceitar a ideia de que o sexo está de volta à mesa como um dos assuntos, mas você pode demonstrar boa vontade reconhecendo suas falhas.

Vamos Fazer Isso

Se Vocês Estiverem Conversando

Se você e seu parceiro estiverem lendo este livro juntos, pule algumas etapas e vá direto para as perguntas divertidas! Aqui estão algumas das minhas introduções favoritas. Você pode respondê-las de uma vez ou as espalhar e responder uma por vez como um minirritual de conexão:

"Qual é sua memória sexual favorita comigo e por que ela se destaca das outras?"

"No que você foi ensinado a acreditar sobre sexo?", seguido de "O que você gostaria de ter aprendido?"

"O que um 'bom sexo' significa para você?"

"Qual é sua parte favorita no sexo?"

"O que significa intimidade para você?"

Se Tudo Der Errado, Culpe-nos!

Se você estiver nervosa por falar sobre sua vida sexual como casal, uma opção é começar a falar sobre sexo *sem relacionar* isso ao seu relacionamento. Aqui está o truque: siga-nos no Instagram e peça ao seu parceiro para fazer o mesmo. Todos os dias, Xander e eu conversamos sobre coisas aleatórias, desde pedidos de desculpas a fantasias para um cronograma sexual em nossos stories. Também respondemos a toneladas de perguntas de nossa comunidade (se você nos enviar um DM, podemos até respondê-lo!). Você pode assistir aos nossos stories sozinha ou com seu parceiro e depois conversar sobre nosso assunto do dia. Não importa se o tema não tem nada a ver com você ou seu relacionamento; é apenas uma maneira de introduzir a conversa.

Diariamente, recebemos feedbacks de casais em nossa comunidade sobre como discutir o tema de nossos posts e stories foi a melhor maneira de eles se sentirem confortáveis em falar sobre sexo. Isso porque, muitas vezes, parece mais fácil discutir um conceito em um sentido mais geral, ou um problema que outro casal está tendo, em vez de mirar imediatamente em sua própria experiência e na potencial bagagem emocional ou na história que a acompanha. Após se sentir confortável fazendo isso por um tempo, parecerá muito mais fácil conversar sobre sua vida sexual.

O Pós-Jogo

Agora que você teve experiências falando sobre sua vida sexual sem relacionar com o ato em si, aumentaremos a aposta e começaremos a conversar enquanto isso está bem fresco na sua mente.

Você já assistiu ao encerramento pós-jogo de um evento esportivo? O grupo de comentaristas se reúne e oferece seu ponto de vista sobre o que acabou de acontecer. Você também pode fazer isso após o sexo — só que sem todo os gráficos cafonas e as repetições. Existem alguns benefícios importantes em falar sobre sexo logo após fazê-lo:

- É o mais propício. Você não precisa começar a conversa do nada.

- Você acabou de ter uma experiência específica para discutir e usar como exemplo.
- Vocês estão se sentindo conectados um ao outro.
- Você não está operando sob a pressão que a maioria dos casais sente antes e durante o sexo.

Para seu primeiro pós-jogo, concentre-se nos elogios. Diga ao seu parceiro que ele beija bem ou que seu corpo é fantástico. Traga à tona os momentos marcantes. Por exemplo: "Sabe aquela coisa que você fez, com as duas mãos em mim ao mesmo tempo? Eu adorei *muito* aquilo."

Para o segundo pós-jogo, tente solicitar uma repetição futura. Por exemplo: "Gostei quando você me agarrou e me jogou na cama. Você pode fazer isso de novo numa próxima oportunidade?" Essa é uma ótima maneira de facilitar as solicitações de seu parceiro. (Entrarei em mais detalhes sobre os pedidos em outra *sex talks*. Considere esta um *teaser*.) Fica leve e divertido, já que você está ancorando seus pedidos em feedbacks positivos e elogios, mas ainda está fazendo uma pergunta específica.

Quando estiver se sentindo mais confiante, você pode usar o pós-jogo para perguntar algo novo. A chave aqui é continuar o ancorando com um elogio. Por exemplo: "Gostei muito de você me dizendo como sou gostosa. O que você acha de tentar falar ainda mais sacanagem da próxima vez?"

A única coisa a manter fora de seu pós-jogo são as críticas. Não desejamos o equivalente sexual a "Branson impediu meu gozo nos segundos finais!" É um momento muito delicado para trazer qualquer coisa remotamente crítica. Em vez disso, concentre-se no que você gostou e no que deseja tentar.

A Transformação do Reconhecimento

Quer saber o mais legal do Reconhecimento por meio de uma *sex talk*? Isso eventualmente se transforma em flerte! Não se trata de uma conversa única; os benefícios se estendem por muito mais tempo.

Muitos casais me perguntam como podem recapturar a magia de seus primeiros dias e, então, ficam particularmente nostálgicos com todo o flerte e brincadeiras que costumavam fazer. Bem, vocês não podem flertar um com o outro se não puderem sequer reconhecer que você espera um jogo de palavras obsceno! "Ei, amor, quer... descer e assistir *The Office* de novo?" Nenhuma provocação à vista, certo?

Porque Xander e eu agora estamos tão abertos e reconhecendo nossa vida sexual que começamos a provocações divertidas e sedutoras em nossa vida diária. Podemos encontrar uma maneira de transformar qualquer coisa em uma insinuação sexual. Nem precisa fazer sentido. Esta manhã, após uma menção aleatória do jogo Yahtzee, eu disse sedutoramente a Xander:

— Vou jogar *seus* dados mais tarde.

Certamente não foi a coisa mais sexy que eu já disse a ele, mas nos fez rir e criou um pequeno momento de intimidade. Além de nos fazer pensar sobre termos intimidade mais tarde. (Não se preocupe, nenhum dado real sofreu danos.)

Aqui estão outras maneiras de transformar o Reconhecimento em flerte:

- Continuem elogiando um ao outro.
- Faça referência a experiências positivas, como: "Eu me diverti muito com você ontem à noite" ou "Não consigo tirar da cabeça o que você fez".
- Faça comentários ou piadas sugestivas.
- Fale positivamente sobre seu parceiro na frente de outras pessoas.
- Deixem bilhetinhos um para o outro. Apenas algo simples — uma ou duas frases.
- Ou envie mensagens doces como textos.
- Emita um "fiu fiu" ou um "psiu" para ele.

Evitando Armadilhas Comuns

Todas as técnicas em *Sex Talks* foram testadas com meus clientes e nossa comunidade, então estou bem ciente de alguns dos desafios que podem surgir. Nesta seção (que você encontrará no final de cada uma das cinco *sex talks*), compartilharei as histórias que ouvi sobre coisas que deram errado e como você pode proteger a si mesma e ao seu relacionamento de caírem nas mesmas armadilhas.

"Estamos no meio de um grande período de seca. É muito estranho tentar falar sobre sexo, já que não fazemos há seis meses."

A primeira coisa que digo a quem menciona a expressão "período de seca" é que é perfeitamente normal passar por isso. Quando realizamos uma pesquisa casual no Instagram, impressionantes 93% de nossos seguidores disseram que tiveram um período de seca em seu relacionamento. Quer seja causado por parto, doença, lesão, circunstâncias da vida, um problema interpessoal ou qualquer outra coisa, por favor, nunca se sinta envergonhada por estar em um.

Não há uma maneira "sem constrangimento" de voltar à ativa após um período de seca. É como quando você se exercita em uma academia pela primeira vez em meses, ou quando conduz sua primeira reunião após a licença-maternidade: sentir-se perdida é de praxe. Mas falar sobre isso primeiro, e reconhecer o constrangimento, pode ajudar vocês dois a se sentirem no mesmo time.

Em termos de comunicação, você tem que arrancar o curativo. Quanto mais tempo ficar sem falar sobre sexo, mais difícil será iniciar uma conversa.

Diga ao seu parceiro: "Sei que nossa vida sexual não está onde gostaríamos. Não sei para você, mas, para mim, é estranho falar sobre isso. Eu quero conversar porque te amo e me preocupo com nossa intimidade. Não estou dizendo que precisamos pular na cama, mas poderíamos falar sobre como reconstruir lentamente nossa conexão?"

"O sexo nunca foi bom em nosso relacionamento, mesmo no começo. Como começo a conversa de Reconhecimento se eu não tiver nenhuma boa memória para compartilhar?"

Acredito firmemente que a química pode ser criada. Trabalhei com muitos casais que nunca tiveram uma "fase de lua de mel". Tudo bem se vocês não tiveram experiências de cair o queixo e abalar a terra. É só o caso de procurar pequenas coisas, como a maneira que seu parceiro acaricia suas costas ou como você se sente bem quando está perto dele. Se até isso for um desafio, apoie-se nas técnicas "Culpe-nos" e "Pós-Jogo". Na quarta *sex talk*, faremos vocês criarem melhores memórias.

"Tentei iniciar casualmente a conversa com meu parceiro algumas vezes. Ele ficou desconfiado e questionou: 'Por que você fica trazendo isso à tona?' Eu perdi a cabeça e disse: 'Não tem motivo.'"

Seu parceiro provavelmente notará que você está falando sobre sexo, especialmente se não for um assunto regular. Tudo bem! O objetivo aqui não é fazê-lo falar sobre sexo sem que perceba o que está fazendo. Se seu parceiro costuma ficar na defensiva, diga algo como: "Estou percebendo que não costumamos falar sobre sexo, mesmo sendo um assunto normal e uma parte saudável de nosso relacionamento. Eu não tenho nada específico para falar, mas gostaria de me sentir confortável tendo isso como assunto."

"Minha esposa não quer falar sobre nossa vida sexual. Quando tentei, ela disse: 'Não deveríamos ter que falar sobre isso; deveria ser apenas natural.'"

Isso é a vergonha e o perfeccionismo falando. A maioria de nós se sente tão envergonhada e estranha quando se trata de sexo que não quer reconhecer sua existência. E a pressão para fazer o famoso sexo perfeito e sem esforço faz sentir como se falar sobre isso depois denotasse um problema. Eu sei que pode ser frustrante receber esse tipo de resposta de quem se ama, mas tente demonstrar empatia. Imagine quanta pressão o outro carrega e quão mal ele deve estar.

Pegue seu parceiro em um momento de silêncio e diga o seguinte:

— Eu ouvi você dizer que não deveríamos falar sobre nossa vida sexual. Quero que saiba que vejo essa comunicação como uma forma de construir intimidade. Isso me faz sentir mais próxima a você. Não se trata de reclamar ou resolver problemas; isso é apenas sobre ser capaz de reconhecer esse ato tão especial que fazemos. Falamos sobre todos os outros aspectos de nosso relacionamento, e quero que conversemos sobre isso também.

Algumas dicas:

- A maioria de nós não fala sobre sexo com muita frequência — ou nem fala — mesmo com a pessoa que regularmente nos vê nus. E essa falta de reconhecimento está prejudicando seriamente nossa intimidade.
- Elogios e enaltecimento são a melhor maneira de começar a falar sobre sexo mais abertamente.
- Após isso, compartilhem suas memórias sexuais favoritas.
- O pós-jogo é uma maneira de baixo risco de se sentir confortável falando sobre sexo.
- Em longo prazo, a conversa de reconhecimento se transforma em flerte.

Agora que você finalmente nomeou o elefante na sala e construiu um fundamento sólido e positivo da comunicação sexual, passaremos para a próxima grande *sex talk*!

CAPÍTULO 6

A SEGUNDA CONVERSA: *Conexão*

Também conhecida como "Do que precisamos para nos sentirmos próximos?"

FOI UMA DAQUELAS NOITES em que nós dois estávamos tentando fingir que estávamos dormindo, mas sabíamos que a outra pessoa estava bem acordada. Ocupávamos o nosso lado da cama, porém, fitávamos direções opostas. O silêncio absoluto reinava na sala, mas o ar estava cheio de coisas não ditas.

Por que Xander não quer fazer sexo comigo? — pensei, fumegando.

Xander e eu estávamos no meio de uma temporada particularmente movimentada da vida. Nada muito intenso ou incomum, apenas um clássico momento em que ambos tivemos agendas lotadas. Estávamos trabalhando até muito mais tarde do que normalmente fazíamos e tínhamos planos quase todas as noites. A única coisa que fazíamos sobre a cama era dormir — e passar raiva. A certa altura, honestamente, não conseguia me lembrar da última vez em que havíamos feito sexo. Quanto mais tempo sem transar, menos conectada com Xander eu me sentia. A ideia de abraçar ou beijar no sofá, mas não fazer sexo depois, parecia uma baita provocação, então me afastei dele mais e mais. Isso chegou ao ponto em que eu podia me sentir ansiando por seu toque quando trombávamos na cozinha, mas eu segurava meus braços atrás das costas, assim, não o tocaria.

O medo e a frustração aumentavam na mesma proporção que nossa desconexão. *Anda logo, me fode agora!* Era o que eu pensava diariamente. Mas eu não queria ser a pessoa a dar aquele primeiro passo. Eu queria me sentir *desejada*. Eu queria que ele me *provasse* que se tratava apenas de um período estranho e imprevisível e que eu não tinha com o que me preocupar, tipo, a faísca desaparecendo. Eu não estava apenas com tesão; eu estava visivelmente assustada, frustrada e com raiva. E não tinha me ocorrido que fazer sexo com alguém que estava furioso com você poderia não parecer particularmente tentador para Xander — ou para qualquer outra pessoa, a propósito.

No início de um relacionamento, os casais geralmente se sentem atraídos um pelo outro como ímãs. A proximidade parece muito fácil e natural. É uma coisa clássica de conto de fadas; você ouvirá novos casais exclamarem coisas como: "Somos praticamente a mesma pessoa!" e "É como se fôssemos feitos um para o outro".

Mas, com o passar do tempo, a intimidade parece cada vez mais complexa, e essa mudança é acompanhada por um tremendo sentimento de dor e perda. Por que é tão difícil se manter conectado com a pessoa que você ama?

Na Parte 1, falei sobre se tornar um estranho para si mesmo e perder a compreensão daquilo de que você precisa e deseja. Veja como saber se você e seu parceiro devem começar sua aventura *sex talks* com a Conversa de Conexão: vocês se tornaram estranhos *um para o outro*?

A desconexão pode assumir diferentes formas: pouca ou nenhuma qualidade de tempo, um quarto morto, silêncio, discussões frequentes ou uma sensação de solidão. Mas o tema central que permeia todas essas dinâmicas é esse sentimento de ter perdido contato com seu amor.

Tendemos a pensar em um relacionamento como duas pessoas se fundindo em uma. A terapeuta que habita em mim quer avisá-la de que essa não é uma forma saudável de intimidade, mas a menina de 13 anos dentro de mim se lembra de cantar "2 Become 1", das Spice Girls, e pensar que era o conceito mais romântico de todos os tempos. Você saberá que precisa ter a Conversa de Conexão caso sinta que, definitivamente, ambos se transformaram em pessoas que se sentem a anos-luz de distância uma da outra.

— Eu pensei que estar em um relacionamento significava nunca mais me sentir sozinha, mas me sinto mais sozinha agora, casada, do que quando era solteira.

Minha amiga Emmy está passando por um período especialmente desconectado com seu marido, Theo, com quem está junto há dez anos — Theo é um amigo meu da faculdade, então eu o conheci antes de ele conhecer Emmy. Lembro-me de seu ânimo vertiginoso, quase infantil, quando começaram a namorar. Emmy e eu nos tornamos amigas rapidamente, e, à medida que nossa conexão individual se aprofundou, ela começou a confiar mais em mim.

— Ontem à noite, tivemos um grande encontro, mas foi preciso muito esforço para marcá-lo. Theo está trabalhando como se não houvesse amanhã, não temos uma babá confiável... fora um milhão de outras coisas com as quais não vou aborrecer você. Nós planejamos isso com um mês de antecedência, e parecia que todas as estrelas tinham que estar alinhadas, até no momento em que saímos de casa. E então chegamos ao restaurante, pedimos comida... e eu literalmente não consegui pensar em uma única coisa interessante para dizer a ele. — Emmy começa a soluçar. — Quando estávamos namorando, conversávamos sem parar. Parecia impossível ficarmos sem assunto. Eu me lembro de ter encontros noturnos naquela época, olhava em volta para os casais tristes que não se falavam e me sentia horrorizada por eles. Agora nos *tornamos* um desses casais.

Para Emmy e Theo, as coisas previsíveis atrapalharam sua intimidade emocional e física: filhos (incluindo um com graves problemas de saúde), empregos exigentes, estresse financeiro e uma completa e absoluta falta de tempo livre. Mas vai muito além disso. Mesmo quando eles lutam contra os desafios logísticos e arranjam tempo um para o outro — como seu infeliz encontro noturno —, são atingidos no rosto pela intensidade de sua desconexão.

— Sabe quando as pessoas falam coisas como "colegas de quarto, em vez de parceiros" e "dois estranhos que se cruzaram por acaso"? — Emmy me questionou. — Isso nem chega perto de descrever como me sinto. Nos dias bons, olho para ele e penso: esqueça o amor. *Eu* ainda *gosto* dele? Em dias ruins, eu me pergunto: *quem é esse estranho em minha casa, brincando com meus filhos, invadindo minha geladeira, usando minha loção para as mãos preferida?*

O problema, certamente, é que nenhum de nós tem a menor ideia de como falar um com o outro sobre essas dinâmicas incrivelmente complexas. Para Xander e eu, nossa conexão parecia muito fácil e sem esforço, até não parecer mais. Não *precisávamos* conversar sobre nossa intimidade, e isso parecia um bom sinal! Mas, uma vez que entramos em uma situação difícil um com o outro, não tínhamos nenhum ritual de conexão ou uma base de comunicação à qual recorrer.

Anos depois, fiquei chocada ao descobrir que Xander esteve tão infeliz quanto eu durante aquele período de nosso relacionamento, mas por um motivo muito diferente. E isso se tornou a chave para reconstruirmos nossa conexão e encontrarmos nosso caminho de volta um para o outro.

O Enigma Físico-Emocional

Existem dois tipos de pessoas no mundo: aquelas que precisam se sentir emocionalmente conectadas para fazer sexo e aquelas que precisam fazer sexo para se sentirem conectadas. Em uma cruel reviravolta do destino, a maioria dos casais é formada por uma pessoa de cada um desses tipos. Aquilo de que precisamos é o contrário daquilo de que nosso parceiro precisa, por isso muitos casais se sentem incrivelmente presos.

Isso é exatamente o que está acontecendo com Emmy e Theo. Tomando chá matcha em uma cafeteria movimentada, ela sussurra para mim:

— Esse filho da puta realmente tentou transar comigo na noite passada! Ainda estou me recuperando daquele encontro-noturno-infernal de alguns dias atrás, e ele realmente acha que pode simplesmente rastejar para a cama e esperar que eu abra minhas pernas para ele? Cara, eu disse a ele: "Você está brincando?" — Ela fez uma pausa para tomar um gole, com raiva. —

Ele me olhou com esses olhos tristes, olhos de cachorrinho, como se não pudesse entender por que eu não queria transar. Então eu disse a ele: "Não acredito que tenho que explicar isso, mas não quero fazer sexo contigo, a menos que eu me sinta *conectada* a você!"

— Qual foi a resposta dele? — questionei, embora eu já soubesse.

— Ele disse: "Mas a maneira como me sinto conectado a você é fazendo sexo!"

Depois de algumas idas e vindas, Emmy clamando por conexão emocional e Theo pedindo contato físico, a conversa empacou, deixando ambos sem esperança.

O enigma físico-emocional é uma dinâmica incrivelmente importante para entendermos sobre nós, nosso parceiro e nosso relacionamento, então desvendaremos o que realmente está acontecendo.

Já mencionei a faísca algumas vezes, e é algo que nós temos ouvido mais e mais, certo? A realidade é que não é bem uma faísca, mas duas chamas gêmeas: intimidade emocional e intimidade física. Uma não pode sobreviver sem a outra em um relacionamento de longo prazo.

Dessa forma, as Conversas 2 e 3 são capítulos irmãos; esta é sobre intimidade emocional, e a próxima é sobre intimidade física. Se não forem atendidos, a conexão e o desejo tendem a explodir ao mesmo tempo em um relacionamento. É uma situação do tipo a do ovo e da galinha, mas meu palpite é o de que a conexão é a primeira a desaparecer, e é por isso que estou começando com ela. (Há uma segunda razão pela qual minha recomendação é priorizar a intimidade emocional, e eu a compartilharei em um minuto.)

Nos relacionamentos entre mulheres e homens cis, muitas vezes — mas nem sempre —, a mulher é quem precisa se sentir conectada primeiro. Fizemos uma enquete casual e disponibilizamos ao nosso público do Instagram; nela, descobrimos que 86% das mulheres deseja conexão emocional antes da conexão física, enquanto 77% dos homens deseja a conexão física primeiro. Também perguntamos ao nosso público se essa dinâmica causa uma tensão significativa em seu relacionamento, e 75% respondeu que sim.

Foi só anos depois que Xander e eu finalmente entendemos o que realmente estava acontecendo entre nós naquele período de "anda logo, me fode agora". No processo de contar a Xander sobre um dos casais com quem eu estava trabalhando (Ava e Liam — falarei mais sobre eles daqui a pouco), inseri palavras no enigma físico-emocional pela primeira vez.

— Ela deseja se sentir conectada emocionalmente primeiro, mas ele quer se sentir fisicamente conectado primeiro — disse eu. — E nenhum deles está reconhecendo que, no final do dia, ambos estão falando sobre conexão.

— É exatamente assim que é para mim! — Xander gritou. — Exceto que eu sou como a mulher!

As lâmpadas acenderam. Xander quer conexão antes do sexo, mas eu preciso de sexo para me sentir conectada. Durante nossa temporada desafiadora, Xander se sentiu tão emocionalmente desconectado de mim que não conseguia imaginar a ideia de estar íntimo fisicamente. E a falta de intimidade física criou ainda mais distância emocional para mim — a ponto de eu não conseguir imaginar qualquer outra maneira de me reconectar a ele. Mas não tínhamos a maneira apropriada para explicar um ao outro o que procurávamos! Na época, eu estava presa em minha cabeça pensando: *Por que você não quer fazer sexo comigo?* Eu estava vidrada no que estava acontecendo para Xander, em vez de entender minhas necessidades e as compartilhar com ele. E Xander estava tão obcecado pela minha aparente falta de interesse em nosso relacionamento romântico que havia negligenciado suas necessidades emocionais. Cada um de nós havia se tornado estranho para si, o que nos levou a nos tornar estranhos um ao outro. Mas inserir palavras ao enigma físico-emocional nos possibilitou encontrar nosso caminho de volta um ao outro.

O que É Intimidade Emocional, Afinal?

Sempre que falamos de intimidade emocional no Instagram, recebemos mensagens como: "Meu marido tem a maturidade emocional de uma lata de feijão. Como posso descrever intimidade para ele?" Todo mundo tem uma definição diferente, e essas definições podem diferir com base em contextos culturais, mas, em geral, intimidade emocional é um sentimento de proximidade. Vocês se importam um com o outro e estão dispostos a usar palavras e ações para ajudar seu parceiro a se sentir compreendido, respeitado e visto. Há a confiança básica de que seu parceiro pode ser um recipiente seguro para armazenar seus sentimentos e desafios. Você sente que pode abaixar sua guarda, ser vulnerável e mostrar seu verdadeiro eu.

Sexo É Realmente Só Sobre Sexo?

Pessoal que bota a conexão emocional na frente, uma palavrinha. É fácil para você reduzir o sexo a pouco mais do que um ato físico, mas para as necessidades físicas de seu parceiro, isso pode soar como um aborrecimento ou um fardo. Talvez, nos momentos em que seu parceiro quer intimidade, você sinta que ele está apenas com tesão e precisa liberá-lo, e que você é a escarradeira, o que pode ser bem verdade se você for uma mulher cis em um relacionamento com um homem cis, já que existem tantos estereótipos de homens desejando sexo independentemente das circunstâncias.

Mas não é isso o que realmente está acontecendo com seu parceiro! Mesmo que pareça louco por sexo, ele ainda quer se sentir emocionalmente conectado a você. A razão pela qual os homens costumam querer intimidade física primeiro tem muito a ver com a socialização. Simplificando, as mulheres recebem permissão social para serem criaturas emocionais, enquanto os homens são ensinados a não ter sentimentos. Muitos de meus clientes homens, mesmo aqueles que são mais evoluídos do que essa socialização da era do homem das cavernas, compartilharam comigo que a única maneira de se sentirem à vontade para buscar conexão é por meio do sexo. A maioria dos homens simplesmente não tem a capacidade de dizer: "Quero me sentir próximo a você agora." Eu sei que pode ser difícil de acreditar, especialmente quando seu parceiro está nu e balançando o pênis como um helicóptero, mas ele está procurando intimidade emocional tanto quanto uma experiência física.

A primeira vez que percebi isso foi quando trabalhei com Liam e Ava, um casal de 30 e tantos anos. Eles possuíam uma empresa e tinham pouco tempo em seus horários para conexão de qualquer tipo. Depois de enfrentarem desafios em sua vida sexual — Liam sempre querendo mais e Ava se sentindo exausta por suas necessidades —, Ava concordou relutantemente com um compromisso: sexo duas vezes por semana, às quartas e aos sábados. Ela gostava de sexo de vez em quando e às vezes até cedia às iniciativas de Liam em dias não programados da semana, mas ela descreveu o sexo principalmente como "deixar Liam fazer o que quer".

Ele estava fazendo sexo regularmente, mas, ainda assim, não estava feliz. Foi Liam quem deu o pontapé para marcarem a sessão.

— Eu não entendo — disse Ava. — Fazer sexo regularmente não condiz com nossos horários. Ainda assim, ele sempre disse que sexo duas vezes por semana era saudável, e nunca o privei disso.

Eu era uma jovem terapeuta na época e devo admitir que inicialmente me senti tão confusa quanto Ava, que parecia uma parceira gentil e generosa. E Liam transava com muito mais frequência do que a maioria de meus clientes. Ele estava apenas sendo ganancioso? Insaciável? Será que algo seria "bom o suficiente" para ele?

— Não é isso — disse Liam. Ficou claro que ele estava buscando a melhor forma para dizer. — Eu sei... bem, eu sei quando você não está afim. E eu não quero fazer sexo com você nesses dias. Eu não quero "sexo por obrigação" ou "por pena".

— Ah, pronto! Só me faltava ter que me *preocupar* com isso também! — disse Ava — Toda vez que dou o que você quer, você aumenta a meta. Eu sinto que nunca poderei estar acima do esperado. Nunca poderei satisfazê-lo. — E começou a chorar.

— Eu só quero sentir que você está realmente *ali* comigo!

Foi a palavra "sentir" e o tremor em sua voz que me deram a dica.

— Deixe eu dizer o que eu acho que está acontecendo aqui. Vocês estão usando a palavra "sexo", mas cada um está falando de coisas muito diferentes. Ava, você está falando sobre sexo como um ato puramente físico e está confusa quase em nível matemático. Liam quer sexo duas vezes por semana e está conseguindo, então qual é o problema? Deixe-me adivinhar: se tudo o que você quer é um escape puramente físico, você tem duas mãos perfeitamente boas para isso, certo?

Liam riu.

— Não tenho certeza se resumiria assim, mas, sim, você tem razão.

— Na verdade, o que você está falando é que deseja experimentar conexão e proximidade com Ava. Quer senti-la ali naquele momento com você. Quer que pareça íntimo e pessoal. Como se fosse Liam e Ava.

— Sim — disse ele. — Sim, é exatamente isso!

Se você é do tipo que prioriza a intimidade emocional, como Ava, e especialmente se seu parceiro parece querer sexo com mais frequência do que você, provavelmente está mais preocupada com a *quantidade* do que com a *qualidade* do sexo. Mas eu quero que você veja o fio comum que vocês estão buscando: aqueles momentos verdadeiramente vulneráveis, momentos íntimos em que o tempo para e só há vocês ali. Se você está vivendo essa experiência por meio do sexo ou de algum outro tipo de atividade, trata-se daquela *conexão* que realmente desejam.

Então, da próxima vez que seu parceiro resmungar "Ei, quer fazer isso?" enquanto coça a própria nuca, respire fundo e imagine seu parceiro de pé na sua frente, com a mão no coração, dizendo: "Eu te amo e quero estar perto de você agora." Isso muda como você se sente sobre os desejos dele? (E não se preocupe; no próximo capítulo, irei ajudá-los a aprender as melhores técnicas de iniciação!)

Vamos Fazer Isso

Pergunte ao seu parceiro:

- "Você gosta de se sentir emocionalmente conectado primeiro, antes de fazer sexo? Ou o sexo parece ser sua principal forma de criar conexão emocional?"

Se seu parceiro desejar a conexão primeiro, questione-o:

- "Que coisas específicas ajudam você a se sentir conectado a mim?" (Voltaremos a esta questão em um segundo.)

- "Como é o sexo para você quando temos essa linha de base de conexão emocional?"

Se seu parceiro desejar o sexo primeiro, questione-o:

- "Você pode me descrever como o sexo cria esse sentimento de conexão emocional em você?"
- "Como você se sente depois do sexo, em comparação a antes?"

Mesmo se pudermos adotar essa abordagem suavizada e reconhecer o fio comum no que procuramos, o que fazer, logisticamente, naqueles momentos em que um parceiro quer intimidade emocional e o outro quer intimidade física? Quem se beneficiará primeiro? Alguém tem que "vencer", certo?

Durante anos, após trabalhar com Liam e Ava, tentei encorajar casais para se concentrarem em seu desejo compartilhado de conexão e tentarem atender às necessidades dos parceiros simultaneamente. Defendi uma consciência mais profunda do que cada parceiro estava buscando, na esperança de que mais compreensão levaria a menos tensão.

Mas preciso ser honesta e confessar que a abordagem tinha apenas limitado o sucesso, mesmo em meu relacionamento. Quero dizer, é uma espécie de desculpa para dizer "apenas faça os dois". Depois de muitos anos de reflexão, finalmente estou pronta para assumir uma postura mais definitiva sobre o enigma físico-emocional e dizer algo controverso com o qual nem todo mundo concordará.

A Conexão Emocional Deve Vir em Primeiro Lugar

Tipos que são sexo-primeiro e precisam disso para se sentirem conectados, eu ouvi o que acabei de dizer. Eu sei que é absolutamente uma merda ouvir isso. Lembrem-se, eu sou uma de vocês! (Além disso, *realmente* gosto de ganhar.) Eu odiei as palavras na primeira vez que as pronunciei.

Mas aqui está a realidade: muitas vezes, não parece seguro ou saudável ser fisicamente íntimo de alguém sem se sentir conectado. Quando você está namorando ou fazendo sexo casual, a conexão emocional pode não importar tanto. No entanto, quando você tem um relacionamento de longa data com alguém, o sexo desconectado parece muito nojento. Se você é um sobrevivente de abuso sexual, esse tipo de sexo pode até ser desencadeante ou retraumatizante.

Em algumas de minhas primeiras sessões com Ava e Liam, ela me contou sobre os piores casos de sexo sem conexão.

— Eu estava olhando para o teto, desejando que ele gozasse e acabasse logo com isso. Parecia que ele estava se masturbando em mim.

Liam também não gostou; lembra que ele chamou isso de "sexo com pena"?

Eu já vivi isso muitas vezes! Durante períodos desafiadores de nosso relacionamento, insisti para que Xander e eu fizéssemos sexo em uma tentativa de reconstruir nossa conexão, e ele concordou. Mas isso apenas nos fez sentir nojentos e usados. O sexo não foi, nem de longe, divertido ou prazeroso; cada um de nós viveu muito mais problemas de desempenho do que normalmente experienciava, e isso nos deixou ainda menos conectados do que antes. Na verdade, o sexo desconectado cria ainda mais desconexão.

Eu comento muito sobre casais se tornando estranhos um para o outro. Quando você faz sexo sem conexão emocional, pode sentir vontade de transar com um *completo* estranho. Por todos esses motivos, é mais fácil fazer com intimidade emocional.

Deixe-me ser clara: a intimidade física é tão importante e válida quanto a intimidade emocional. Mas quando você estiver em uma situação difícil, comece reconstruindo a conexão emocional. O que nos leva direto para...

Qual É a Sua Lenha?

Desejamos nos sentir próximos ao nosso parceiro, certo? Mas me permita perguntar: você sabe quais são as coisas *específicas* que ajudam seu parceiro a se sentir conectado a você e as coisas específicas que ajudam *você* a se sentir conectado ao seu parceiro? O que faz vocês dois se sentirem como verdadeiros companheiros de equipe, como se estivessem realmente juntos? Eu gosto de chamar isso de "lenha". Quando o fogo cessa em um relacionamento de longo prazo, é porque paramos de jogar lenha na fogueira. A finalidade de escrever seu Manual do Usuário é identificar a lenha que mantêm seu fogo ardendo.

Estou apresentando essas coisas como perguntas simples, mas a realidade é que a conexão muitas vezes pode parecer surpreendentemente espinhosa. No começo de meu relacionamento com Xander, parecia que *tudo* o que fazíamos nos aproximava. Assistir a reprises de *Battlestar Galactica* pareceria uma experiência de união, embora eu deteste ficção científica.

Mas, em algum lugar ao longo do caminho, as coisas de que eu precisava para me sentir conectada a Xander mudaram. Eu não percebi até que me senti *desconectada*, o que complicou tudo mais ainda. Precisávamos voltar a ficar juntos como casal, mas não tínhamos nenhuma pista de como chegar lá.

Até hoje, a conexão com Xander pode parecer surpreendentemente complicada. Ocasionalmente, posso me pegar sentindo confusão, frustração e até medo, porque nenhuma das tentativas de conexão de Xander parece "certa". Eu posso dizer que ele está tentando me ajudar a me sentir amada e sei que também quero isso, mas a maneira como ele está tentando chegar lá parece bem *estranha*. Isso me faz sentir como uma versão amaldiçoada de Cachinhos Dourados: "Não, está indo com muita sede ao pote. Não, está me fodendo muito fofo." Mas eu nunca encontro "a medida certa".

Pior ainda, Xander pode fazer exatamente a mesma coisa que me fez sentir amada e especial no dia anterior, mas não se conectar hoje. Ou ele pode pedir algo que *o* faça se sentir conectado, e eu recuarei. Às vezes é porque eu desejo um caminho diferente para a conexão, como continuar uma caminhada *versus* assistir a um filme juntos. Às vezes, o que ele quer sentir é exatamente o *oposto* do que estou desejando naquele momento. O caso em questão: há apenas vinte minutos, ele me pediu um abraço, mas eu o dispensei com um "daqui a pouco" porque eu estava muito concentrada escrevendo este capítulo!

Em momentos raros, mas especialmente vulneráveis, esses desafios de conexão evocam um tipo existencial de pavor e solidão dentro de mim. Como posso me sentir tão sozinha mesmo com a pessoa que eu mais amo nesse mundo, ainda mais com ela tentando *tanto* se conectar comigo?

Apesar de todas as nuances e áreas cinzentas, ainda vale a pena para você e seu parceiro explorar as especificidades do que ajuda vocês a se sentirem próximos um do outro. Sim, "intimidade" pode ocasionalmente parecer um enigma que pode não ser resolvido. Mas você pode — e deve — tentar. Caso contrário, apenas se sentirá como se estivesse pisando em ovos ao lidar com o outro, e vice-versa.

Então, sejamos específicos sobre o que faz cada um de vocês se sentir conectado. Tendemos a supor que outras pessoas gostam de dar e receber amor da mesma forma que nós. (Mas, como Gary Chapman apontou em *As Cinco Linguagens do Amor para Homens*, isso não poderia estar mais longe da verdade.[1]) Você já teve uma experiência em que fez ou disse algo ao seu parceiro que pensou ser grande coisa, mas que ele dificilmente reconheceu? Ocorria sempre em um momento em que você fez algo que parecia menor para você, mas a resposta de seu parceiro foi extremamente apreciativa? Você acha que algo em particular significará muito para seu parceiro porque significaria muito para você, mas pode não ser assim que ele prefere demonstrar amor. Isso não significa que seu parceiro não aprecie o gesto; significa apenas que não será um *home run* para ele.

Xander pode fazer meu dia com apenas quatro palavras ("Você está sensacional, amor"), mas ele me comprou alguns presentes caros que não foram tocados — o mais engraçado foi um enorme e incômodo par de fones de ouvido antirruído para dormir.

Se você e seu parceiro sabem como cada um gosta de dar e receber amor, terá uma compreensão muito melhor de como mostrar seu carinho. Vocês sabem como manipular um ao outro de forma negativa, certo? Que tal aprender a manipular um ao outro também de maneira positiva?

Vamos Fazer Isso

Faça estas perguntas ao seu parceiro sobre o Manual do Usuário:

- "Diga-me de três a cinco coisas específicas que ajudam você a se sentir conectado a mim." (Observe que este pedido é uma variação da pergunta anterior, apenas ficando um pouco mais específica.)
- "Diga-me de três a cinco formas favoritas de receber amor."
- "Diga-me de três a cinco maneiras favoritas de me mostrar seu amor."
- "Se eu quiser 'manipulá-lo' de uma forma positiva, qual é a melhor maneira de fazer isso?"

Essa conversa inicial será um ótimo ponto de partida e também um tópico que deve ser tecido em sua vida. É sua responsabilidade continuar descobrindo do que você precisa quando se trata de conexão e compartilhamento de descobertas com seu parceiro. Isso nem sempre será simples. Seus desejos estarão em fluxo ao longo dos anos, e às vezes você ficará frustrada com a dificuldade de identificar aquilo de que precisa. A vida assumirá, e você sentirá que não tem um único segundo de sobra para focar a conexão. Haverá momentos em que você e seu parceiro darão o seu melhor, mas, ainda assim, você acabará presa na zona estranha, lutando com esse medo existencial. No entanto, vocês precisam continuar lutando pelo caminho de volta um para o outro.

Aqui está uma maneira de manter isso prático: pergunte diariamente ao seu parceiro: "Do que você precisa para se sentir conectado a mim hoje?" ou "Que suporte posso lhe oferecer para nos sentirmos próximos um do outro hoje?" Crie um ritual em torno da conexão. (Também compartilharei mais dicas para conexão contínua na Parte 3.)

E certifiquem-se de dar feedback e elogios um ao outro quando mandarem bem em algo, dizendo coisas como: "Eu aprecio seu tempo comigo" e "Eu me sinto muito perto de você agora".

Para Xander, aprender sobre o enigma físico-emocional o ajudou a se sentir confortável para dizer "Quero me sentir próximo a você agora", e apenas pronunciar essa frase faz uma diferença surpreendentemente grande para ele. Mesmo se eu estiver me sentindo exausta ou paralisada naquele momento, funciona como um lembrete de que eu quero estar perto dele também. Enquanto fazíamos a edição final deste capítulo, ele refletia sobre o quão longe chegou em termos de compreensão e solicitação de conexão emocional.

— Foram muitas as vezes em que achei que tinha um baixo desejo sexual! Mas, na real, quando me sinto emocionalmente conectado a você, não passo de um depravado cheio de tesão.

Os Arrepios

Mudaremos de tópico agora e falaremos sobre intimidade física. Até agora, eu estive usando "intimidade física" e "sexo" de forma intercambiável, mas se o sexo é a única forma de conexão física em seu relacionamento, você se encontrará em apuros rapidamente. Deixe-me apresentar a você os temidos arrepios. Esse é o termo que utilizo para nomear o momento em que você sente todo seu corpo se contrair quando seu parceiro tenta tocá-la. Ele pode se aproximar para abraçá-la, dar-lhe um carinho nas costas ou tentar beijá-la, e você se sente tensa. Nosso estranho arquétipo familiar surge mais uma vez; é o mesmo tipo de reação que você teria se um *completo estranho* tentasse tocá-la.

Como diabos isso acontece? Como você pode ter um corpo tão forte e uma resposta negativa ao mais simples toque da pessoa que você mais ama neste mundo?

Deixe-me contar a história de Genevieve e Navarro. Eles são um casal cisgênero heterossexual de 40 e poucos anos com dois filhos. Quando começaram a namorar, não conseguiam tirar as mãos um do outro. Mas, assim como muitos casais, agora estão em um relacionamento carente de contato. Há tão pouco contato físico entre os dois que um observador casual poderia confundi-los com bons amigos.

Navarro é quem tem o maior desejo sexual entre os dois, então é ele quem inicia o sexo com mais frequência. Como a maioria das pessoas, ele se sente envergonhado de iniciar, mas, ainda assim, o faz, de maneiras indiretas, como tentando estender o tempo de um abraço ou tentando usar um pouco a língua em um beijo. (Falaremos mais sobre iniciação no próximo capítulo.) Navarro apenas insinua o que quer porque, como ele me admite:

— Se eu não me dedicar 100%, não vai doer tanto se Genevieve me rejeitar.

Mas Navarro não é tão sorrateiro quanto pensa, e Genevieve sabe. Com o tempo, Genevieve se tornou hipervigilante a qualquer tipo de toque que poderia levar ao sexo. Ela não quer que o contato físico progrida, porque se preocupa em ferir os sentimentos de Navarro. Assim como Navarro secretamente pensa que não vai doer tanto se ele não iniciar de fato a relação sexual, Genevieve acha que não doerá tanto se ela o rejeitar de antemão. Caso ela não esteja interessada em sexo no exato momento em que ele tenta usar um pouco a língua, ela se afasta.

No momento em que eles começaram a frequentar as consultas, Genevieve entrou em looping, seu modo arrepio estava sempre ativo. Mesmo quando Navarro tentava tocá-la de maneiras amorosas e não sexuais, ela recuava. Navarro sentia Genevieve se afastando, e isso o machucava. Ele, então, passou a estender cada vez menos a mão a ela, até o ponto em que ele só tentava a tocar para iniciar o sexo. O que, como você pode imaginar, perpetuava ainda mais a hipervigilância de Genevieve ao toque de Navarro.

Isso reforçou sua crença de que o toque é sempre motivado, mas nunca por diversão e conexão. Não é que Genevieve não queira contato. Ela deseja toque físico, mas não se sente confortável para buscá-lo. Ela me disse:

— Toda vez que toco em Navarro, ele pensa que quero transar e tenta tornar aquele contato algo sexual. Como pegar minha mão e movê-la para sua virilha. Às vezes, quero apenas sentar perto, abraçar ou dar as mãos sem que isso me leve ao sexo.

Ela sacrifica seu próprio desejo de contato físico porque sente muito medo de não ser bem compreendida por Navarro. E fica ainda pior! Nas raras ocasiões em que Genevieve concorda em fazer sexo, Navarro tenta ir direto ao ponto o mais rápido possível. Ele confessa que sua reação nesses momentos é: "Eita, Genevieve disse sim! Melhor fazer isso antes que ela mude de ideia!" Então, Navarro pula qualquer tipo de toque ou preliminares e vai direto para a relação sexual. O que, como você aprenderá em um capítulo posterior, é um *grande* problema para mulheres cis.

Você vê a teia emaranhada que Genevieve e Navarro teceram?

Agora que compartilhei a história de Genevieve e Navarro, tenho certeza de que você visualiza como a sensação de arrepio funciona. Mas se você nunca tentou quebrar essa reação em cadeia dessa maneira, provavelmente é uma pessoa ressabiada que pensou ser uma pessoa terrível. E provavelmente criou um enorme bloqueio à comunicação em seu relacionamento. Afinal, como você pode dizer ao seu parceiro quão selvagem é sua resposta interna ao toque amoroso dele? Quando eu posto um vídeo sobre arrepios para nosso público, recebo centenas de mensagens tristes — principalmente de mulheres que não perceberam que se trata de uma coisa normal. A própria Genevieve me disse:

— Senti uma culpa profunda e um tormento geral sobre isso por muito tempo. Aprender que é normal e que eu não sou a única a vivenciar isso tem mudado a vida.

Eu vejo os arrepios aparecerem com mais frequência em relacionamentos homem-mulher, mas o recuo não discrimina. Meus clientes Franklin e Willie são um casal gay, e Franklin é um homem ressabiado, que compartilhou comigo:

— Eu pensei que era só eu sendo desconfiado em relação ao meu marido. Ele move a língua ou vem com aqueles toques, e eu já me arrepio. Não quero mais que seja assim.

Então, como consertamos essa dinâmica complicada? O melhor lugar para começar é incorporando *mais* toque em seu relacionamento! Você tem que quebrar a crença de que qualquer tipo de toque leva ao sexo. Isso permitirá que vocês relaxem e desfrutem de uma conexão física não sexual novamente.

O toque não sexual também é uma maneira incrível de quebrar o físico *versus* a dicotomia de conexão emocional, uma vez que cai em ambos os reinos. Mesmo que eu tenha dito que a conexão emocional deve vir primeiro, não significa que você deva ter contato físico zero até se sentirem profundamente sintonizados um com o outro. O toque não sexual aumenta a conexão para ambos os parceiros e ajuda o primeiro parceiro físico a se sentir visto e respeitado.

Exercício: Hora do Toque

Uma das melhores coisas que você pode fazer pelo seu relacionamento é criar a "Hora do Toque", quando você estiver *apenas* desejando experienciar o toque não sexual. Seremos tão claros quanto possível: o objetivo dessa vez *não* é se excitar e depois desejar fazer sexo. É aproveitar o toque *apenas* pelo toque! Às vezes, eu até conto a casais:

— Eu não me importo se vocês acabarem ficando excitados e querendo fazer sexo. Mas *não* façam sexo logo após o toque!

Diariamente, reserve pelo menos cinco minutos para o toque não sexual. (Você pode até transformá-lo em um doce ritual o praticando sempre ao mesmo tempo ou configurando seu espaço de uma maneira especial.) Essa é sua oportunidade de descontrair, conectar-se um com o outro e aprender a desfrutar dos prazeres simples que o toque oferece.

Por exemplo, Xander e eu passamos cinco minutos abraçados na cama no final de cada noite. Tornou-se um hábito, então agora nem precisamos pensar nisso. Você pode até inventar um nome engraçado para ele; Xander e eu usamos "pele a pele" ou "PAP".

Exercício: O Trinta e o Seis

Existem dois tipos de toque físico que foram cientificamente comprovados para levar a uma conexão mais profunda: o abraço de trinta segundos e o beijo de seis segundos. A ocitocina — também conhecida como "hormônio do abraço" ou "hormônio do amor" — nos faz sentir relaxados, confiantes e conectados aos nossos entes queridos. Ela é liberada após vinte a trinta segundos de toque e cerca de seis segundos de beijo. Caso você almeje uma maneira simples de adicionar mais conexão ao seu relacionamento, abra espaço para um abraço de trinta segundos e um beijo de seis segundos diariamente.

O que Fazer quando Se Sentir Verdadeiramente Tocada

Embora o toque seja maravilhoso e possa ser uma ótima maneira de criar mais intimidade e conexão, nós temos um limite de quanto podemos aguentar. Há até um termo para isso: ser "repulsa ao toque". Você não quer ser tocada, independentemente da intenção por trás do contato. É um primo dos arrepios.

Quem cuida dos filhos pode ter essa repulsa após contato com eles ao longo do dia. Você foi tocada, cutucada, apalpada, apertada e agarrada por horas, e a ideia de ter mais contato físico arrepia sua pele. Caso você tenha um bebê, ele pode literalmente confiar em seu corpo para nutrição e conforto, e é possível ter contato pele a pele com ele a maior parte do dia. Se deu à luz recentemente, pode se sentir desconectada de seu corpo, o que pode complicar ainda mais a sensação de ser repelida pelo toque.

Embora as pessoas se refiram a terem mais repulsa ao toque por causa de crianças, também é possível experimentar isso no contato físico com seu parceiro, alguém de quem está cuidando ou até mesmo animais de estimação pegajosos. (Qualquer dono de pug saberá exatamente o que quero dizer.)

Ter repulsa ao toque não é apenas horrível por si só, como também faz a conexão com seu parceiro parecer ainda mais complicada. Digamos que você tenha tomado conta das crianças o dia todo e seu parceiro chega em casa após o trabalho e deseja um abraço, ou que você se aconchegue no sofá com ele por alguns minutos, ou quer fazer sexo. Ainda que você ame seu parceiro — e mesmo que ame a intimidade física experienciada com ele —, pode se sentir retraída. Vivian, da nossa comunidade do Instagram, enviou-me uma mensagem dizendo:

— Sinto que dou tudo de mim a todos o dia todo, então, no final do dia, quando pode ser o momento de experienciar intimidade, eu apenas não tenho mais energia para me doar. Eu sinto repulsa e cansaço em vez de me sentir cuidada, então só quero ter um espaço tranquilo e não ter que ceder mais.

Apesar de reconhecer o quão intensa essa experiência pode ser, muitas pessoas ainda me perguntam: "Como eu fico excitado depois de um longo dia sendo tocado?" Mas aqui está o x da questão: você não pode sentir repulsa e excitação ao mesmo tempo. Significa que você está além da capacidade, implorar por ajuda é normal. Ser pai ou cuidador exige muito e é normal se sentir emocionalmente sobrecarregado com o quanto você é necessário.

Imagine que você acabou de fazer uma refeição enorme e atingiu o nível de "desabotoar e abrir o zíper das calças". Caso seu parceiro lhe ofereça comida, provavelmente você não vai querer, certo? Mesmo que seu parceiro ofereça sua refeição favorita, a ideia de dar outra mordida não soará muito tentadora. Você entendeu a comparação que estou fazendo, certo? Mas sejamos honestos — quando seu parceiro inicia o sexo, você costuma esperar o equivalente sexual à refeição da sua vida ou a um congelado do Lean Cuisine?

O ponto principal é que, caso esteja se sentindo assim, precisa de mais apoio. Você provavelmente não chegará a um lugar onde *nunca* se sentirá tocada, mas pode definitivamente diminuir a frequência e a intensidade. "Receber mais apoio" pode significar muitas coisas, e sei que é algo *muito* mais fácil de dizer do que de fazer. Mas uma das soluções mais eficazes é priorizar um tempo só para você todos os dias. Você precisa da oportunidade de voltar para casa, para seu corpo e reconectar-se consigo mesma antes de poder se conectar com mais alguém. Uma pesquisa de 2018 descobriu que, em média, os pais ofertam apenas 32 minutos por dia para si.[2] Custe o que custar, tente experienciar mais tempo sozinha. Mesmo que tudo o que você consiga administrar em alguns dias seja um minuto a mais, já é algo. Se você tiver um bom intervalo de tempo livre, tente fazer uma atividade envolvendo seu corpo, como tirar uma soneca, dar uma volta no quarteirão ou dançar sua música favorita. Se você tiver apenas sessenta segundos de sobra, feche olhos e respire lenta e profundamente. Um pouco de privação sensorial pode fazer maravilhas quando você está superestimulada.

Você e seu parceiro precisam ser companheiros de equipe, apoiando-se mutuamente em obter esse tempo tão necessário sozinhos. Seu autocuidado deve ser tão importante ao seu parceiro quanto é o dele. Você também precisa pedir mais apoio doméstico ao seu parceiro. Independentemente de como você e seu parceiro separaram as funções, ele precisa apoiá-la na gestão e evitar o esgotamento.

Muitas pessoas hesitam em falar com o parceiro sobre se sentirem tocadas porque estão preocupadas em ferir os sentimentos dele. Mas seu parceiro já sabe que algo está acontecendo. E o que você acha que é pior para ele: sentir você fisicamente indisponível sem nenhuma ideia do porquê ou sentir você recuar, mas entendendo que não é pessoal? Isso pode ajudar a guiá-lo por um dia na vida de seu corpo: descreva diferentes momentos e maneiras como foi agarrada, cutucada e precisaram de você.

Finalmente, é necessário ter certeza de que está fazendo sexo *por você*, não apenas pelo seu parceiro. Sua diversão e seu prazer devem ser igualmente importantes. Como Clara, da nossa comunidade do Instagram, disse:

— Preciso de um toque que seja *dado*, não *tomado*. Eu fico *tomando* toques o dia todo.

Nós chegaremos a isso em capítulos mais adiantes, mas caso o sexo pareça unilateral, é compreensível que você não queira fazer.

Vamos Fazer Isso

Sente-se com seu parceiro e pense em maneiras de apoiar um ao outro cuidando muito bem de si mesmos e voltando a ser um casal. Por exemplo, talvez você possa reduzir o tempo de sono, deixando seu parceiro para ter algum tempo sozinha. Talvez você possa criar um ritual de casal sem toque, como compartilhar um bule de chá juntos na varanda dos fundos ou ouvir cinco minutos de um podcast juntos.

A Outra Metade, com Xander: Carga Mental e Coreografia

Se a ideia de conversar com sua parceira sobre o esgotamento e obter mais apoio dela parece assustadora, deixe-me apresentar a você um conceito que pode ajudá-lo a se sentir um pouco mais motivado: carga mental, que é a responsável invisível por acompanhar as necessidades domésticas. E eu não estou falando apenas sobre as tarefas! Trata-se do poder cerebral e da capacidade necessária para planejar, organizar e reorganizar tudo o que precisa ser feito para a manutenção de uma família ou casa. A carga mental nunca termina e, muitas vezes, parece inevitável. Ao contrário de um trabalho tradicional, que você pode deixar no escritório (ou, ao menos, tem a opção de adiar as notificações no celular), a carga mental pode surgir literalmente a qualquer momento do dia. Por exemplo: "Ué, ah — o cereal está acabando! Está em espera na Amazon, então hoje eu vou precisar ir ao mercado para comprar mais. Nós provavelmente podemos esperar uma parada depois do treino de futebol, mas vou ter que ligar para a mãe de Aimee para avisá-la que a deixarei mais tarde do que o normal. Espere aí, não era o Joey quem estava reclamando que o cereal não é de marca? Devo ceder e comprar o de marca? E se eu for ao supermercado hoje, isso significa que eu poderia também comprar..." (Devo parar por aqui ou continuar?)

Todos carregamos alguma carga mental, mas a frustrante realidade é a de que as mulheres, em particular, foram socialmente educadas para carregar a carga mental — além da maioria das tarefas domésticas — na maioria dos relacionamentos. E isso tende a ser o caso mesmo quando um casal homem-mulher é explicitamente contra a aplicação dos papéis de gênero estereotipados em sua relação.

Carregar a maior parte da carga pode ter um grande impacto na saúde física e na intimidade emocional. Quando começamos a postar sobre carga mental no Instagram, Mychelle comentou:

— Estou vivendo o nono mês após o parto e temos lutado muito. Estou sobrecarregada com o trabalho em tempo integral, administrando a casa, o bebê, os animais e tudo mais. É muita coisa para mim! Fico ressentida ao vê-lo deitado no sofá até meio-dia em seus dias de folga enquanto estou constantemente em movimento.

Embora você não consiga acabar com a carga mental, terá menos poder sobre si se discutir sua experiência com sua parceira e conversar sobre maneiras de compartilhá-la. Além disso, você pode até fazer mais sexo! Um estudo da Universidade Cornell de 2016 descobriu que casais que dividiam tarefas domésticas faziam sexo de maneira mais frequente e agradável do que casais em que a mulher fazia a maior parte das tarefas.[3]

Dividir o trabalho doméstico pode até excitar um ou os dois. Há muitas piadas por aí sobre como "pornô para mulheres heterossexuais" é apenas um monte de vídeos de homens aspirando ou lavando a louça. Mas ver seu parceiro desempenhar certas tarefas ou cuidar de coisas sem lhe perguntar pode ser surpreendentemente excitante para pessoas de todos os sexos. Isso é até visto como preliminares. Vanessa *adora* uma cama feita na hora, então faço questão de estender habilmente o lençol quando sei que ela está olhando. Posso até transformar isso em uma iniciação lúdica dizendo:

— Ei, querida, vem ver o que eu fiz no quarto!

Os Estranhos

Se você leu até aqui, é seguro dizer que deseja intimidade real em sua relação. Mas você está realmente disposta a fazer o que for preciso para obtê-la?

Conexão não é um tanque que você enche uma vez ou um destino que você atinge e nunca abandona. Ao longo de seu relacionamento, vocês podem perder a si mesmos e um ao outro inúmeras vezes. Você olhará para a pessoa que se tornou e para a pessoa que seu parceiro se tornou, então não poderá reconhecer qualquer um. Você está disposta a continuar procurando por si mesma e pelo outro de novo, de novo e de novo?

Minha amiga Emmy não está. Ela pediu uma separação experimental a Theo enquanto eu escrevia este livro.

— Estou muito cansada — ela me disse. — É tão difícil!

Eu não acredito em almas gêmeas, bem como não acredito que valha a pena lutar por todos os relacionamentos. Mas suspeito que, no caso de Emmy, ela esteja indo embora por causa do desconforto com a vulnerabilidade, e não porque sejam incompatíveis.

Evitando Armadilhas de Conversação

"É estranho ter que pedir à minha noiva as coisas específicas que me fazem sentir conectado. Se eu tiver que pedir, parece que não conta."

O Maldito Conto de Fadas nos ensina que nosso parceiro deve sempre magicamente descobrir o que queremos, então muitas pessoas se sentem constrangidas ou tímidas em pedir aquilo de que precisam, mesmo ao próprio parceiro. Mas ele não lê mentes. Por mais que vocês se conheçam, ele nunca saberá o que você quer em 100% do tempo. Pedir algo não anula o valor dele! Por exemplo, digamos que você diga ao seu parceiro que receber flores faz você se sentir amada. Um buquê não aparece instantaneamente nas mãos de seu parceiro no momento em que você externa que quer. Ele precisa de tempo e esforço para obtê-lo para você. O valor não é perdido simplesmente porque você falou as palavras "eu adoraria flores" em voz alta.

Além disso, você dedicar tempo para identificar as palavras e ações específicas que fazem você se sentir emocionalmente conectada é um ato de autodescoberta grande e necessário.

"Preciso de toque físico e relaxamento antes de fazer sexo, mas meu parceiro não é do tipo carinhoso. Fico preocupada que pedir a ele a proatividade de me abraçar torne tudo inautêntico ou soe como uma tarefa que ele não quer fazer".

Xander e eu também temos essa dinâmica em nosso relacionamento; ele é supercarinhoso, diferente de mim. Se ele não me pedisse para abraçá-lo, eu provavelmente poderia passar dias sem pensar nisso. Abraçar não é algo que surge "naturalmente" em minha mente. Mas odeio a palavra "inautêntico", especialmente quando se refere ao sexo. Fazemos toneladas de coisas inautênticas em nosso relacionamento — dentro e fora do quarto. Não importa se não sou natural ou autenticamente carinhosa. Sei que Xander adora isso, e eu adoro fazê-lo se sentir amado.

Diga ao seu parceiro:

— Eu sei que você não é naturalmente carinhoso e respeito isso. Não estou pedindo que você seja exatamente como eu. Mas eu adoraria se você fizesse o esforço de me abraçar para que eu possa me sentir mais perto de você. Farei o esforço de lembrá-lo regularmente, pois sei que provavelmente não é algo tão importante para você.

"Tentei falar sobre intimidade emocional com meu parceiro, e ele disse: 'Nós não deveríamos ter que trabalhar tanto nisso. Você sabe que te amo. Por que eu deveria ter que fazer todas essas coisas?' Eu não sabia como responder, então a conversa atingiu o fim da linha."

A intimidade emocional não é uma coisa pronta! Não é como se você elogiasse seu parceiro ou tivesse uma conversa profunda, e agora você estará conectada para sempre. A intimidade é uma série de decisões diárias feitas repetidamente.

Se seu parceiro se sentir resistente para falar sobre intimidade emocional, diga-lhe que o esforço contínuo é o que parece significativo para você. Pergunte a ele:

— Você espera que façamos sexo apenas uma vez e nos sintamos intimamente conectados pelo resto de nossa vida? Claro que não! A intimidade emocional funciona da mesma forma para mim.

"Quero ter mais tempo de contato não sexual com minha esposa, mas se começamos a nos tocar e eu não fico duro imediatamente, ela fica chateada. Ela diz que sente que não estou a fim dela."

Se você está preocupado com a excitação sexual e com o que lhe parece, nossa discussão sobre não concordância na página 44 pode ser interessante para você. Mas o ponto principal é que o toque não sexual deve ser... não sexual. O objetivo é quebrar a conexão entre toque e sexo, eliminar os arrepios e, então, ter mais intimidade física e emocional em sua relação! Diga à sua parceira: "A dureza do meu pênis não define o quanto me sinto atraído por você. Além disso, quero que tenhamos contato de modo que não pareça sexual."

Algumas dicas:

- É incrivelmente difícil permanecer emocionalmente conectado em um relacionamento de longo prazo.
- A faísca não é apenas uma faísca. São chamas gêmeas: intimidade emocional e física.
- A desconexão emocional pode assumir diferentes formas: pouco ou nenhum tempo de qualidade, um quarto frio, silêncio, discussões frequentes ou uma sensação de solidão.
- Existem dois tipos de pessoas no mundo: aquelas que precisam se sentir emocionalmente conectadas para fazer sexo e aquelas que precisam fazer sexo para se sentirem conectadas. Você provavelmente é de um tipo, e seu parceiro provavelmente é do outro.
- Sexo raramente é apenas sobre sexo (especialmente para homens cis, apesar dos estereótipos). Sexo ainda é uma forma de conexão.
- A intimidade emocional e a intimidade física são igualmente importantes; no entanto, quando um casal está lutando contra a desconexão, a intimidade emocional deve vir primeiro.
- É nossa responsabilidade contínua identificar nossas necessidades de conexão e compartilhá-las com nosso parceiro, e vice-versa.
- Os arrepios ocorrem quando você sente todo seu corpo recuar quando seu parceiro tenta tocá-la. O toque não sexual é a chave para resolver isso.
- Os desafios da carga mental e da repulsa ao toque também podem impactar a intimidade.

Uma vez que a intimidade emocional começa a ficar mais intensa, é hora da próxima grande conversa!

CAPÍTULO 7

A TERCEIRA CONVERSA: *Desejo*

Também conhecido como
"Do que cada um de nós precisa para ficar excitado?"

POP

Eu observei a bolinha de meleca nas pontas dos dedos de Xander, em direção ao meu lado da cama, aterrissando a apenas alguns centímetros do meu rosto.

— *Amor*! — gritei.

Ele olhou para mim, assustado, com seu dedo indicador ainda penetrando profundamente seu nariz. (Aparentemente, esse homem adora colocar os dedos nas coisas...)

Você já viveu aqueles momentos no relacionamento em que olha para o seu amado parceiro e pensa: *Como eu poderia querer fazer sexo com você de novo?*

Muitas lembranças bonitas vêm à minha mente. O momento em que eu acordei no meio da noite ao som de Xander sonâmbulo indo até o banheiro e fazendo xixi em si mesmo. A vez em que o vi comer um saco de batatas fritas e lamber os dedos depois de colocar gasolina no carro e não lavar as mãos depois. As inúmeras vezes em que ele me deu uma descrição completa de seus sufocos na privada.

Ah, as alegrias dos relacionamentos de longo prazo! Não é de se admirar que, às vezes, ficar excitada pareça uma tarefa sobre-humana. (Ou talvez pareça assim para o seu parceiro.)

Faço piadas porque estou tentando nos colocar em uma daquelas conversas desafiadoras para casais sobre sua vida sexual: o desaparecimento do desejo em um relacionamento de longo prazo. Como mencionei na primeira parte, o desejo sexual é um dos três principais tópicos que aparecem em nossas DMs e nossos e-mails. Muitas pessoas acham que *deveriam* fazer mais sexo, mas a maioria na verdade não *quer* fazer isso com mais frequência. Muitas pessoas se sentem loucamente desconectadas de sua libido, como se fosse algum código complexo que simplesmente não conseguem decifrar — e, francamente, estão exaustas demais para tentar.

O que torna tudo ainda mais complicado é que nesses momentos o Maldito Conto de Fadas dá as caras novamente. Somos levados a acreditar que o desejo sexual é um indicador de que temos uma boa química com alguém e que devemos sair de um relacionamento caso a química não surja de bate-pronto ou comece a falhar mais tarde. Aprendemos que devemos sentir desejo natural e espontaneamente e que não precisamos *fazer* nada para senti-lo. E, muitas vezes, parece assim no início de um relacionamento, então acabamos não falando sobre o que nos excita.

Ainda que o desejo sexual seja algo que você experimenta em seu próprio corpo (e é por isso que começamos com "eu" na Parte Um), muitas vezes ele tem muito a ver com o que está acontecendo entre você e seu parceiro (o "nós"). Isso é o que torna a conversa tão complicada. É difícil o suficiente admitir ao seu parceiro: "Eu me sinto como uma casca do meu antigo eu sexy. Mal me lembro da última vez em que quis sentir prazer." É ainda mais difícil dizer ao seu parceiro: "*Você é* parte do motivo pelo qual não quero fazer sexo." Como dizer ao amor de sua vida que os maus hábitos de higiene dele estão dificultando que queira beijá-lo? Ou que está tão ressentida com ele por não fazer sua parte justa das tarefas em seu relacionamento que está propositadamente em greve de sexo como punição?

Posso rir das melecas de Xander agora, mas a realidade é que aquelas malditas melecas têm um impacto real no meu desejo por ele. Praticamente *tudo* o que ele diz e faz impacta meu desejo — mesmo coisas que não parecem imediatamente relacionadas ao sexo: a maneira como se comporta, seu tom de voz, o quanto faz em um dia.

Às vezes, até o quão tranquilamente ele está respirando! Como posso dizer isso sem fazê-lo sentir que está sendo constantemente observado e julgado? Como reconheço o impacto que ele tem sobre mim sem me colocar em uma espiral de vergonha sobre as coisas que faço e que podem acabar com sua atração por mim? (Depois, perguntei a Xander, e ele disse: "Quando você bate em minha barriga como se fosse um tambor, quando se refere ao meu pau como meu 'amiguinho' ou 'pauzinho', a maneira como você se coça quando é picada por insetos... devo continuar? Isso parece uma pergunta capciosa.") Posso ficar obcecada com as ações de Xander que me *brocham*, mas a realidade é que o fato de ele *não* tirar meleca também não me fará desejar arrancar minhas roupas.

Existem muitas maneiras pelas quais a excitação pode ser complicada. Se você nunca teve uma conversa sobre o que te excita, como cria coragem para compartilhar essa informação com seu parceiro pela primeira vez depois de anos ou mesmo décadas juntos? Como você diz ao seu parceiro que as coisas que eram infalíveis para você no início de seu relacionamento não lhe servem mais? E se você estiver envergonhada com aquilo de que precisa para se excitar? E se parecer que *nada* mais pode excitá-la? Há muita coisa para processar.

Todo casal deve falar abertamente sobre aquilo de que cada um precisa para se excitar, mas essa conversa será especialmente importante se o sexo tiver perdido parte de sua atratividade para você. Você precisa desta *sex talk* se as coisas que seu parceiro faz para tentar iniciar a intimidade ou excitá-la simplesmente não estão funcionando, ou se seu parceiro está ativamente *brochando* você, ou se parece que vocês estão jogando um jogo de gato e rato — um parceiro sempre perseguindo, o outro sempre fugindo.

Embarcaremos em uma grande aventura juntos, traçando uma interação sexual a partir do momento em que um dos parceiros começa a ter a menor suspeita de que gostaria de saber se o outro realmente fará sexo ou não. Falaremos sobre Estilos de Iniciação e Cardápios de Sexo, e o Aumento do Desejo Sexual Fervente *versus* Hora de Ficar Excitado. Embora consultemos seu Manual do Usuário de vez em quando, nos concentraremos principalmente em você e seu parceiro trabalhando juntos. Porque, em última análise, o desejo é um esporte de equipe em um relacionamento de longo prazo.

Compartilhando Seu "Eu"

Apenas para recapitular rapidamente, na Parte Um, falamos sobre:

- Os dois tipos de desejo sexual são o espontâneo e o responsivo. Lembre-se de que os espontâneos sentem primeiro o desejo mental, depois a excitação física. Os responsivos são exatamente o oposto; a excitação física vem primeiro, seguida do desejo mental.
- Modo Marcha à Ré e Modo Impulso. Sua dinâmica marcha à ré ativamente tira você do clima, enquanto sua dinâmica do impulso a deixa de bom humor.

Vamos Fazer Isso

Agora é hora de voltar e compartilhar o que você aprendeu com seu parceiro. Com casais, gosto de começar dessa maneira porque isso aumenta a boa vontade e a confiança em seu relacionamento. Você está assumindo a responsabilidade pela sua parte e mostrando ao seu parceiro que está disposta a agir.

Aqui está sua estrutura para o que dizer ao seu parceiro: "Nosso relacionamento e nossa vida sexual são importantes para mim. Eu gostaria de ser proativa, então fiz algumas pesquisas. Isso é o que descobri sobre meu desejo sexual e o que preciso fazer para manter meu motor funcionando. Isso é o que farei e o que você pode fazer para me apoiar." Mantenha a ênfase em si por enquanto. (Lembre-se de que estamos na seção Compartilhando Seu "Eu".)

Se você está nervosa com isso, nem precisa usar as palavras "desejo sexual". Pode simplesmente dizer: "Essas são as coisas que atrapalham nossa intimidade." Essa simples troca de palavras pode parecer muito mais confortável.

Serene e Jarron estão na casa dos 30 e têm quatro filhos. Jarron trabalha muitas horas em um emprego exigente para que Serene possa ser dona de casa. Seu sistema de apoio é limitado, pois eles se mudaram para perto do trabalho de Jarron, não têm família por perto e consideram apenas alguns conhecidos de trabalho como amigos.

Para início de conversa, o relacionamento deles nunca foi tão quente e intenso, o que preocupa ambos. Serene me perguntou:

— Os relacionamentos não deveriam ter um estágio de lua de mel e *depois* seguir o fluxo ladeira abaixo? Não viver essa fase é algo ruim?

Ainda assim, os impulsos sexuais de ambos diminuíram significativamente no ano passado, a ponto de atingirem uma média de transarem uma vez a cada três ou quatro semanas, caso tivessem sorte.

Serene tem um impulso um pouco mais intenso do que o de Jarron. Ela acredita que os homens devem pensar em sexo constantemente, então fica constrangida com o fato de Jarron não parecer desejá-la com tanta frequência. Não parece haver nenhum tipo de carga elétrica entre eles durante o dia a dia, e quando um deles está interessado em fazer sexo, eles não sabem como fazer o outro embarcar com entusiasmo. O sexo normalmente é iniciado por um deles dizendo: "Já faz um tempo... Nós deveríamos?" Mas quando eles fazem sexo, ambos gostam, o que os deixa confusos sobre por que isso não acontece com mais frequência.

Eu faço sessões individuais com cada um deles, e descobrimos uma série de razões compreensíveis pelas quais seus impulsos sexuais despencaram.

Esse é quase sempre o caso. Sei que pode ser assustador quando seu desejo sexual diminui, mas é raro eu não descobrir razões identificáveis para a mudança. A solução para trazer seu desejo sexual de volta pode não ser simples ou fácil, mas, para meus clientes, é um grande alívio saber que existem causas específicas. Você não foi abduzido por alienígenas no meio da noite e eles não sugaram seu desejo sexual antes de transportá-la de volta para sua cama.

Numa sessão conjunta, repassamos a dinâmica do "eu". Para Jarron, as maiores são: estresse no trabalho, falta de cuidado com o corpo e ansiedade de desempenho. Serene está tomando medicamentos ansiolíticos, que fizeram maravilhas por sua saúde mental, mas podem ser os culpados por sua libido mais baixa.

A atmosfera na sala parece mais leve do que nas sessões anteriores. Eu não descreveria nenhum deles como feliz. Na verdade, havia pouca tensão porque não há nada a discutir. Cada um deles estava apenas compartilhando sua verdade, em um ato de vulnerabilidade conjunta.

Isto é, até Serene começar a falar sobre seu corpo:

— Não é o mesmo desde a gestação das crianças. As estrias, as cicatrizes, a pochete. Meus seios apontam para o chão. Não é uma aparência bonita. — Ela começa a chorar. — *Eu* não gostaria de fazer sexo comigo.

Jarron olhou para ela com tanta ternura que senti um nó na garganta. Simplesmente, mas com convicção, ele disse a ela:

— Eu amo o seu corpo.

— Você só está dizendo isso para ser legal — disse Serene, enxugando os olhos com um lenço de papel.

É óbvio que eles já tiveram essa conversa antes. Queria manter o foco na dinâmica do "eu", mas uma pergunta surgiu em minha cabeça e não consigo resistir.

— Jarron, o que você vê quando olha para o corpo de Serene?

— Eu vejo minha *esposa*. Minha melhor amiga. O amor da minha vida. Não a coleção de partes individuais do corpo e as "falhas" que ela acabou de citar. — Ele respira fundo, reunindo fôlego. — Não vejo apenas o corpo dela; eu vejo uma história por trás de cada parte dela. Aquele corpo me deu meus filhos. Aquele corpo sobreviveu a ataques de ansiedade. Aquele corpo escalou montanhas comigo. Ela é perfeita do jeito que é. — Jarron estende a mão, agarrando a mão de Serene.

Estamos apenas começando o trabalho, mas essa é a beleza de falar sobre sexo abertamente. Serene e Jarron ainda não fizeram nenhuma mudança em sua vida sexual, mas estão sendo verdadeiramente vulneráveis um com o outro pela primeira vez em anos, e isso já está criando o tipo de intimidade pela qual ambos tanto anseiam.

Passando para o "Nós"

Ao contrário da dinâmica "Eu" do desejo sexual, que é de sua responsabilidade, a dinâmica "Nós" foca coisas nas quais vocês dois podem trabalhar juntos. Falaremos sobre como adotar uma abordagem de equipe para o desejo.

Quando perguntei à nossa comunidade no Instagram por que ela tem dificuldade de falar sobre desejo sexual com seu parceiro, a resposta mais comum foi: "É fácil cair no jogo de quem é o culpado por não estarmos fazendo muito sexo." Mas sua vida sexual não é responsabilidade apenas de seu parceiro. Sexo é um esporte de equipe, e entrar no clima também! A libido de um parceiro só *parece* um problema se seus impulsos sexuais forem diferentes. Se você for o parceiro com baixo desejo, é provável que seja criticado por não querer sexo "frequente o bastante". Mas você poderia se virar e dizer ao seu parceiro: "Seu desejo sexual está muito intenso. Você precisa trabalhar para reduzi-lo sozinho." Isso seria muito bom para qualquer um de vocês? Claro que não! (Além disso, deixe-me reservar um momento para afirmar que meu objetivo é mostrar a você como desbloquear seu potencial de desejo, não perpetuar o mito de que todos precisam ter uma libido nas alturas. Não existe um desejo sexual "certo" ou "normal".)

Os Homens Nem Sempre Querem Mais?

Como Serene, a maioria das pessoas pensa que os homens sempre querem mais sexo do que as mulheres em relações homem-mulher cis. Você pode pensar em um único exemplo de um programa de TV ou filme, ou mesmo de um livro, de um relacionamento heterossexual em que a mulher tinha um desejo sexual mais intenso? Mas recentemente perguntamos ao nosso público do Instagram quem tinha maior libido em seu relacionamento homem-mulher cis, e 46% dos entrevistados disseram que era a mulher! Você precisa saber que esse mito prejudicial está errado e que é perfeitamente normal e comum estar em um relacionamento homem-mulher no qual a mulher é a parceira com mais desejo.

A melhor maneira de você e seu parceiro trabalharem juntos como uma equipe é fazer o que gosto de chamar de Desejo Sexual Fervente. Mais adiante neste capítulo, entraremos em detalhes sobre como se excitar, mas o Desejo Sexual Fervente é uma forma de criar o *potencial* para o desejo surgir de bate-pronto. A maioria de nós pensa em ficar excitado apenas nos momentos antes de fazer sexo, mas como vocês interagem um com o outro ao longo do dia afeta profundamente seu nível de desejo um pelo outro. Aqui está uma maneira de reformular dramaticamente sua abordagem ao sexo: as preliminares da próxima vez começam no minuto em que você termina de fazer sexo! Reflita sobre ferver uma panela de água. Se você começar com água gelada, vai demorar uma eternidade para esquentar. Você se pegará olhando para o fogão, se perguntando se *nunca* esquentará, se realmente *deseja* o macarrão que cozinharia. Mas se você mantiver uma panela de água em fogo baixo o dia todo, poderá ferver imediatamente. O impulso sexual funciona da mesma maneira, especialmente para tipos responsivos.

Perguntei a Serene e Jarron:

— Como você acha que o Desejo Sexual Fervente seria para vocês dois?

Serene olhou para Jarron e disse:

— Eu simplesmente amo o fato de estarmos falando sobre isso juntos, como um casal. Não me sinto mais tão sozinha. Eu penso muito nisso e sinto que estamos em um bom lugar emocionalmente.

Jarron apertou a mão dela e disse:

— Isso está me fazendo pensar sobre o começo do nosso relacionamento. Você está certa sobre as preliminares, Vanessa. Parecia que tudo o que fazíamos naquela época era preliminar. Mais toques, beijos, flertes. Eu estava sempre deixando bilhetinhos de amor para ela. Às vezes, eles eram um pouco mais, ahn, *explícitos* do que seu bilhete de amor padrão. — Eles trocaram olhares conhecidos e então começaram a rir.

— Me esqueci deles! — Serene exclama. — Aqueles bilhetinhos realmente me excitavam.

Eu me meti.

— Ok, então talvez os bilhetinhos românticos de amor caiam no território "Fervente", mas os atrevidos são diretos, "Assim que eu vir isso, vou ficar excitado"?

Serene assentiu.

Jarron continuou:

— Éramos ferrenhos sobre encontros noturnos todas as semanas. Nós piscávamos um para o outro o tempo todo. Serene daria um tapa na minha bunda. Coisas pequenas assim. Exatamente como você está dizendo; um tapa na bunda não é suficiente para me deixar com tesão, mas mantém aquela energia sexual viva entre nós. Não sei por que paramos de fazer tudo isso.

Eu podia ver as engrenagens girando em ambos os cérebros.

— Podemos fazer aquele fogo ferver de novo! — Serene sorriu para Jarron.

Vamos Fazer Isso

Discuta com seu parceiro como vocês podem manter o Desejo Sexual Fervente em seu relacionamento. Depois de ter essa conversa sobre trabalho em equipe e o Desejo Sexual Fervente em seu currículo, é hora de passar para uma das conversas mais complicadas: as coisas que impedem o seu desejo.

Conversando com Seu Parceiro Sobre Seus Desestimulantes

Perguntamos ao nosso público do Instagram: "O que seu parceiro faz que o brocha *instantaneamente*?" E obtivemos estas respostas:

"Tenta me beijar com hálito de café."

"Fica bêbado."

"Apenas fica nu. Não. Eu preciso de um pouco de romance primeiro."

"Reclama sobre quanto tempo faz desde a última vez que fizemos sexo."

"Arrota e peida." (Ok, essa é minha. Nada me brocha mais rápido. E se for fedorento? *Já era*.)

"Refere-se a fazer sexo como 'fazer aquilo'."

"Mansplaining."

"Inicia pegando o lubrificante e jogando-o em mim."

"*Toda vez* que me abaixo para pegar alguma coisa, ele vem atrás mim e se esfrega contra a minha bunda."

"Garganta profunda e limpeza de catarro." (Isso é tão desagradável para mim que apenas digitar é nauseante.)

"Quando ele come iogurte, o som é *muito alto*! Tipo, *como*?! Iogurte é tranquilo de comer!"

Não me importo se você é casado com Scarlett Johansson; qualquer coisa que seu parceiro disser ou fizer será uma passagem instantânea e só de ida para a-vila-dos-que-brocham. Então, como diabos você diz ao seu amor que ele está te deixando louca — do jeito errado?

Primeiro, preciso comentar algo mais para conduzir a conexão emocional. Lembre-se de que esta *sex talk* e a última são irmãs. Seu nível básico de conexão determina o quanto esses pequenos aborrecimentos prejudicam sua atração. Quando Xander e eu estamos de bem, chego a revirar os olhos quando ele arrota. Às vezes, eu até rio. Mas quando as coisas parecem tensas entre nós, consigo sentir o cheiro de batatas fritas em seu hálito a um campo de futebol de distância, e isso me dá vontade de arranhar meus olhos e nunca mais deixá-lo me ver nua. Quando seu tanque de conexão está cheio, você é muito mais paciente.

Faça o contrário, concentre-se nas coisas que seu parceiro *faz* que a excitam. Quase sempre há uma maneira de reformular algo negativo para focar o positivo. (Adotaremos essa mesma tática no próximo capítulo, com o "Feedback Positivamente Agradável".) Por exemplo, "Você fica tão sexy quando veste uma camiseta branca nova e justa", em vez de "Não acredito que você está usando essa regata com crosta de suor salpicada de vômito de bebê pelo quarto dia consecutivo".

Lembre-se de que, para muitos de nós, a dinâmica Marcha à Ré é mais facilmente identificável do que a do Desejo. Se você puder identificar facilmente seus pontos negativos, poderá mergulhar em suas emoções.

Se houver algo específico que seu parceiro faz e que você simplesmente não consegue entender como reformular, fale sobre isso em um momento separado, quando vocês dois estiverem calmos e relaxados. É importante ser gentil. Você não quer que seu parceiro pense que o está culpando, criticando ou insultando. Por exemplo, é provável que seu parceiro fique na defensiva se você deixar escapar algo como: "Eu estava exausta porque você não me ajudou com as crianças ontem à noite, então por que diabos eu iria querer fazer sexo com você?" Em vez disso, diga ao seu parceiro algo como: "Ei, posso falar com você sobre algo delicado? Sei que ultimamente temos falado sobre nossa vida sexual e tenho boas notícias! Identifiquei uma coisa muito simples e direta que você poderia fazer para me ajudar a sentir mais desejo: mantenha a porta fechada quando for ao banheiro. Você sabe o que dizem sobre manter um pouco de mistério vivo em um relacionamento..."

A Conexão Entre o Prazer e o Desejo

Vamos deixar a conversa sobre desejo sexual mais clara abordando a *qualidade* do sexo que você está fazendo. Muitas pessoas se julgam por terem um desejo sexual reduzido, mas a maioria não consegue fazer a conexão entre o *desejo* sexual e o *prazer.* Preciso que você seja muito honesta consigo sobre a qualidade do sexo que está fazendo. Trata-se de um sexo que *vale a pena* desejar?

Sempre que peço às pessoas que descrevam como é o sexo em seu relacionamento, ouço coisas como "O sexo parece tão blé, mas não sei como torná-lo melhor" e "O sexo é quase sempre unilateral". Se o sexo que você está fazendo é chato e previsível, se não há nada para você, se não está sentindo muito prazer, então *por que diabos* você desejaria isso? Não faria o menor sentido! Você já ficou loucamente animada para comer uma tigela de brócolis tão cozido que está virando mingau? Você pula de alegria ao ler o verso de um frasco de xampu? Claro que não! E com sexo não é diferente.

Voltaremos a essa dinâmica com mais detalhes na Conversa 4 (onde me referirei a ela como o Problema da Torrada Branca), mas a boa notícia é que você pode matar dois coelhos com uma cajadada só: concentrando-se em ter mais sexo de qualidade, é possível aumentar seu desejo *e* seu prazer!

Ativar Todos os Sistemas: Hora de Ficar Excitado

Digamos que você e seu parceiro tenham mantido aquele Desejo Sexual Fervente e agora você quer aumentar a fervura e realmente começar a fazer sexo. Infelizmente, esse é o momento que a maioria de nós chama de ponto crítico. Deixe-me falar sobre meus clientes Jacee e Blue. Eles são um casal sem filhos, juntos há oito anos. (Jacee é não binário e usa o pronome "elu".) Jacee e Blue fazem sexo em média uma vez por mês, e nenhum deles está feliz com isso. À medida que conheço mais sobre cada um e seu relacionamento, não me parece que haja um problema com seus impulsos sexuais. A questão parece ser fazer sexo no momento.

Jacee me disse que eles têm muito a fazer: estão se formando em serviço social, trabalhando em dois empregos diferentes com horários incomuns e fazendo voluntariado com adolescentes LGBTQIA+ em situação de risco. Eles passam quase todo o tempo ajudando os outros, e a ideia de voltar para casa e habilmente seduzir Blue é cansativa.

Blue respira fundo e entra na conversa.

— Não é só Jacee quem sofre. Eu sei que isso é muito disfuncional e me deixa em desvantagem, mas quando estamos passando por um período de seca, não quero ser a primeira a ceder. Eu quero que Jacee tome a iniciativa. Mas então me sinto constrangida por elu não me desejar, ficamos mais distantes e, como resultado, queremos menos sexo. É um círculo vicioso.

A Inescapável Dor da Rejeição

Nos estágios iniciais de nosso trabalho, descobrimos que Jacee e Blue são Responsivos, e cada um fica esperando que o outro assuma a liderança e inicie o sexo. Sinto-me ansiosa para contar aos meus clientes sobre o desejo sexual Responsivo, já que é tão mal compreendido, e estou esperando uma resposta entusiástica de cada um. Eu ouvi de Blue:

— Nossa, isso explica tanto! — Mas Jacee permaneceu em silêncio.

Meu sentido aranha terapêutico começou a disparar e eu sabia que algo mais estava acontecendo. Gentilmente, pressionei Jacee a compartilhar quaisquer outras razões pelas quais elu raramente inicia o sexo. Então, finalmente confessou:

— Honestamente, tenho *pavor* de iniciar o sexo com Blue. Odeio rejeição e sinto muito medo de que ela me rejeite.

Crescer não binário em um mundo binário tem sido difícil para Jacee, e eles são particularmente sensíveis à rejeição.

Respondi cuidadosamente:

— Ninguém gosta de ser rejeitado. E aprecio que vocês experienciem a rejeição que a maioria das pessoas não pode sequer entender. É importante falarmos sobre isso porque é preciso passar pela rejeição para entrar em uma vida sexual saudável.

Quando se trata de sexo, alguém sempre tem que dar um passo à frente e tomar a iniciativa. Embora você sonhe em ter aqueles momentos mágicos de conto de fadas quando apenas *olham* um para o outro da maneira certa e pronto, o sexo em um relacionamento de longo prazo quase sempre requer uma iniciação mais ativa. Alguém precisa fazer a bola rolar.

E a iniciativa *sempre* parece vulnerável porque significa se colocar na posição de ser rejeitado. Xander poderia estar deitado nu sobre a cama com um tesão intenso, e eu ainda ocasionalmente me sentiria um pouco estranha perguntando se ele gostaria de fazer algo a respeito.

Se você pensar bem, há poucas situações na vida em que corremos o risco de sermos rejeitados consecutivamente. A rejeição é um sentimento profundamente desconfortável, e a maioria de nós tem feito grandes esforços para evitá-lo.

Além disso, pode parecer ainda mais complicado se você não entender a interação entre sexo e conexão. Em um momento, você pode iniciar o sexo, pois deseja se sentir próxima ao seu parceiro, mas ele pode pensar que o que você está realmente dizendo é: "Eu quero relaxar fisicamente e você é uma maneira conveniente para eu conseguir isso."

O resultado final é este: você e seu parceiro são pessoas diferentes, e, apesar de seus melhores esforços, você nem sempre se sentirá aberta ao sexo no mesmo dia ou da mesma forma. Eu não estou dizendo que se sentirá bem sempre que for rejeitada. Mas isso é algo que todos precisamos aprender a administrar.

A Dança da Iniciação

As pessoas lidam com seus medos de rejeição de duas maneiras: raramente iniciando sexo (como Jacee e Blue) ou tentando transformar a iniciação em uma piada, usando técnicas como apertar os seios da parceira e fazer barulho de buzina. Nunca em toda minha carreira conheci alguém que tenha respondido a isso dizendo: "Ai, caralho, isso, arranque minhas roupas e me foda agora!" Mas as pessoas permanecem tentando obter intimidade por meio dessas formas indiretas porque iniciar o sexo nos faz sentir muito vulneráveis. Se você iniciar sem entusiasmo, ou "como se fosse uma piada", então não doerá tanto se seu parceiro disser não. Afinal, você estava apenas brincando! O problema é que ter relações sexuais iniciadas dessa maneira não parece um convite emocionante. (E lembre-se de que isso também leva aos arrepios.)

As Piores Técnicas de Iniciação

Só para garantir que não deixaremos pedra sobre pedra, aqui está uma lista de algumas das piores técnicas de iniciação das quais já ouvi falar de meus clientes (e até mesmo vivi... [cof, cof]... Xander!).

A Curvada Aleatória: Você se esgueira por trás de sua parceira e começa a roçar sua bunda ou perna, como um cachorro no cio. Tipicamente, quando ela está envolvida em outra atividade, como lavar a louça ou se curvar para pegar brinquedos.

A Olhadinha: Você tenta dar ao seu parceiro um "olhar 43", mas geralmente acaba parecendo que só tem um pelo no olho.

O Condutor de Mãos: Você agarra a mão do seu parceiro e não tão sutilmente a move para sua virilha.

O Estatístico: Você mantém registros detalhados e específicos de exatamente com que frequência você e seu parceiro fazem sexo e certifica-se de referenciar os dados sempre que toma a iniciativa. ("Venha, já se passaram duas semanas!")

O Despertador: Você acorda seu parceiro depois de ele cair no sono (ou até no meio da noite) para fazer sexo.

O "Surra de Pau Mole": Orgulhosamente, fica excitado e bate o pênis no corpo da sua parceira. (Variante: ***O Exibido:*** Orgulhosamente, move seu pênis de um lado para o outro sem batê-lo na sua parceira. Talvez fazendo o movimento do helicóptero.)

O Suspirador Dramático: Você suspira alto e descontente, esperando que seu parceiro interprete como uma iniciativa para o sexo (ou coloque isso na fila das iniciações).

A Outra Metade, com Xander: Não É Trabalho do Homem Iniciar?

Quando se trata de iniciar o sexo em relacionamentos homem-mulher, existem algumas dinâmicas de gênero ultrapassadas que tendem a nos prejudicar. Caras cis aprendem que "homens de verdade" precisam ser assertivos, até mesmo agressivos. Devemos sempre desejar sexo e, portanto, não demonstrar nenhuma hesitação ou falta de confiança em iniciá-lo. E quando assumimos a liderança, somos celebrados por nossos amigos homens por sair e "conseguir". As mulheres cis, por outro lado, não deveriam desejar muito sexo — e, se o fizerem, tendem a ser rotuladas como "piranhas".

Experienciei essas dinâmicas em primeira mão. Na faculdade, apesar de me sentir mais atraído por mulheres que eram sexualmente confiantes e assertivas, eu me preocupava em ser ridicularizado por namorar alguém que meus amigos homens pudessem considerar "muito promíscua". Lamentavelmente, optei por não namorar ou fiquei tendo encontros secretos com algumas mulheres que temia que correspondessem a essa descrição. Quando temos esse tipo de medo no fundo de nossa mente o tempo todo, tendemos a buscar relacionamentos seguindo os papéis de gênero "mais seguros" (mesmo que não estejamos plenamente conscientes disso), onde a mulher age timidamente e o homem toma a iniciativa. E, uma vez que caímos nessa dinâmica, é muito difícil sair dela.

Felizmente, conheci Vanessa antes de cair muito nesse padrão tradicional. Embora tenhamos tido várias conversas no início sobre os papéis de gênero desatualizados que não desejávamos em nosso relacionamento, ainda achei algo me corroendo sempre que eu sentia que ela estava iniciando o sexo "muito" frequentemente. Em vez de me sentir lisonjeado ou grato por ter uma parceira que me desejava, peguei-me questionando por que não tomava a iniciativa antes dela. Eu não era homem o suficiente? Eu não deveria desejar mais do que ela? Havia algo errado com meu desejo sexual? E permita-me dizer: uma vez que você tem esses pensamentos passando pela sua cabeça, não se sentirá muito sexy. Levei muito tempo para reconhecer o que eu estava fazendo, e, nesse período, isso só causou muito mal a nós. Notei que estava reagindo negativamente às iniciativas de Vanessa (na verdade, eu estava apenas reagindo àquela voz na minha cabeça, mas como ela poderia saber disso?) enquanto a fazia questionar se eu a desejava.

Aprendemos que deve haver um equilíbrio de iniciação em cada relação. Embora esses papéis típicos de gênero possam parecer fáceis e familiares em um primeiro momento, com o tempo, eles se tornam uma armadilha. Quando você é aquele que nunca ou raramente toma a iniciativa, o sexo pode parecer algo que sua parceira sempre deseja de você — o que, com o tempo, pode parecer um fardo. Sexo pode parecer algo que acontece *com* você, em vez de algo do qual se participa ativamente. Também pode ser difícil sintonizar seu próprio desejo; se sua parceira é aquela que sempre toma a iniciativa, você perde a oportunidade de descobrir quando realmente deseja fazer sexo. Por outro lado, quando você é o iniciador perpétuo, acabará se questionando se sua parceira realmente quer fazer sexo, ou pode até se sentir ressentido por ela não iniciar. Mesmo se estiver confortável iniciando na maioria das vezes, ainda gostaria de saber que sua parceira a deseja! Por que alguém não gostaria de se sentir desejado?

Usando o Estilo de Iniciação de Seu Parceiro

Depois de certa discussão, Jacee e Blue concordaram em sair de suas zonas de conforto e em tomar a iniciativa mais diretamente.

— Me sinto estúpida perguntando, mas como faço isso? — Blue questiona. Eu posso afirmar que ela está me olhando porque está com vergonha de olhar diretamente para Jacee. — Eu não sei o que é sexy. Essa é mesmo a palavra certa?

— Essa é uma *ótima* pergunta — digo a ela. — Primeiro, a iniciação deve parecer um *convite*. Pense em como você inicia encontros com amigos. Você nunca chamaria um amigo e diria: "Acho que já faz um tempo. Nós provavelmente deveríamos sair, hein?" Em vez disso, você pode dizer: "Ei, você quer vir na sexta-feira? Nós poderíamos comer e lanchar em minha casa, depois ir para aquele novo restaurante francês. Eu adoraria te ver!"

Os olhos de Blue se arregalam.

— Não sei se alguma vez iniciei o sexo de uma forma que parecesse um convite. Caramba!

— A maioria de nós não — disse a ela. — Então, vamos mergulhar nisso um pouco mais fundo e descobrir cada um dos seus Estilos de Iniciação.

Desenvolvi este modelo porque muitos dos casais com quem trabalhei estavam com dificuldades na iniciação. Como diz Gary Chapman em *As Cinco Linguagens do Amor*, tendemos a supor que nosso parceiro deseja a mesma coisa que nós. Mas todos somos excitados por coisas diferentes que interferem no momento e na maneira que gostamos de ser convidadas para fazer sexo. Você pode estar sonhando acordado com seu parceiro a empurrando agressivamente contra a parede, mas, para ele, isso pode parecer obrigação ou até insegurança.

Com base em meu trabalho com milhares de pessoas, identifiquei seis Estilos de Iniciação. Seu estilo é sua técnica de iniciação *preferida*. Você pode responder positivamente a qualquer um dos seis estilos e a qualquer momento, mas seu Estilo de Iniciação é aquele para o qual você provavelmente dirá "Claro que sim!".

O modelo dos Estilos de Iniciação também considera o desejo de forma holística e convida você a pensar sobre o mental, o emocional, o físico, o relacional e a dinâmica sensorial que faz você se interessar por sexo.

Se parecer que os Estilos de Iniciação não correspondem perfeitamente às suas necessidades, isso é bom! Você pode lê-los para seu parceiro e dizer: "Isso me descreve muito bem, exceto por esta parte. Aqui está o que isso realmente significa para mim." Ou ainda: "Sou um combo desses dois tipos, com essa peça do primeiro tipo e essa peça do segundo tipo."

Excite-Me:

Você deseja criar um elemento de antecipação em torno do sexo. Para você, a iniciação precisa ser em fogo baixo. Você deseja manter o Desejo Sexual Fervente funcionando com seu parceiro por dias, provocando um ao outro com aquelas olhadinhas e toques provocantes. Gosta que o sexo seja um tópico aberto de conversa e que a iniciação seja verbal. Pode gostar de agendar sexo porque isso lhe dá a oportunidade para construir o desejo. Você também pode apreciar algum estímulo adicional para entrar na vibe, como ler contos eróticos ou falar sacanagem.

Cuide de Mim:

Você se sente mais excitada quando seu parceiro está cuidando de você. Pode se sentir tão sobrecarregada e exausta em sua vida cotidiana que precisa mais de relaxamento do que de sedução. Adora quando seu parceiro faz tarefas sem ser solicitado ou assume o controle da situação. Tem dificuldade em desligar seu cérebro e migrar para o modo sexy, então aprecia quando seu parceiro assume e lhe dá alguns minutos sozinha. Isso a ajuda a relaxar e se sentir em si mesma.

Quando você está a fim de brincar, adora ver faxina como preliminares. Ama assistir seu parceiro fazer um showzinho sensual enquanto aspira a casa.

Brinque Comigo:

Você adora quando seu parceiro apela para seu lado zombeteiro. A maneira mais rápida de entrar no que tem entre suas pernas é fazer você rir! Você não quer que o sexo pareça tão sério o tempo todo, e seu parceiro definitivamente não precisa seduzi-la. Gosta de ter piadas internas para a iniciação, como uma música que sempre toca ou um emoji que vocês enviam um para o outro.

Deseje-Me:

Você quer que seu parceiro faça você se sentir desejável. Nada a excita mais do que saber que seu parceiro está excitado por sua causa e que precisa de você. Para outros, esse forte senso de necessidade pode parecer esmagador, mas para você, é uma enorme ativação. Você também gosta de espontaneidade, de sentir que seu parceiro precisa ter você *imediatamente*. Você quer que seu parceiro lhe faça toneladas de elogios e ajude-a a ver como você é sexy. Pode gostar quando seu parceiro é assertivo com você, como agarrá-la do nada ou empurrá-la contra uma parede.

Conecte-Se Comigo:

Para você, o sexo tem tudo a ver com essa conexão emocional. Você absolutamente precisa sentir a intimidade emocional antes de se sentir aberta à intimidade física. Você quer passar um tempo de qualidade com seu parceiro e sentir que ele está lá, experienciando o momento com você. Você precisa de uma conversa íntima. Além de poder ser hipersintonizada ao toque, facilmente suscetível aos arrepios, porque nunca quer se sentir pressionada a fazer sexo.

Toque-Me:

Você é o tipo raro para o qual fazer os seios de buzina pode realmente funcionar! Você ama qualquer tipo de toque físico. Não quer que seu parceiro tome a iniciativa verbalmente; gosta que ele apele primeiro para o seu corpo. Adora quando seu parceiro se esgueira por trás, beijando seu pescoço ou esfregando suas costas. Não se trata tanto de se sentir desejada por ele; é mais sobre ele estar disposto a dedicar tempo para despertar seu corpo.

Os Estilos de Iniciação não precisam ser limitantes. Se você está interessada em algo diferente, use a lista de estilos para nomear o que deseja. Por exemplo: "Querido, quero que você 'Cuide de Mim'" ou "Adoraria que você 'Brincasse Comigo' a qualquer momento hoje!"

Depois de ler esses tipos, percebe como pode ser fácil que erros aconteçam em torno de excitações e iniciações? Se seu parceiro for do tipo "Toque-Me", mas você é um "Cuide de Mim", é provável que se sinta irritada ou até ofendida caso seu parceiro vá direto para uma mão nas calças.

Para Blue e Jacee, os Estilos de Iniciação fornecem uma enorme sensação de alívio. Blue percebe que é do tipo "Conecte-Se Comigo". Jacee estava imaginando ter de seduzir Blue com movimentos do tipo "Deseje-Me", então isso pareceu muito mais gerenciável. Mas, para muitos casais, os Estilos de Iniciação ainda podem parecer bastante complicados. A boa notícia é que você saberá a qual seu parceiro responderá melhor, e, assim, os estilos de iniciação irão prepará-lo para o sucesso. E caso vocês estejam se esforçando para falar a língua um do outro, isso lhes dará coragem para sair de suas zonas de conforto. Lembre-se: sexo é um esporte de equipe!

A Outra Metade, com Xander: As Mentiras que os Filmes Nos Contam

Depois de ler sobre esses Estilos de Iniciação, você pode estar se sentindo um pouco desapontado. Seu parceiro provavelmente prefere um tipo de iniciação diferente daquele que você utiliza com ele. E sejamos realistas: ter de falar sobre *como* iniciar e depois aplicar tudo de uma forma estranha para você parece muito trabalhoso!

A maioria das pessoas tem uma visão do sexo como algo que vai do zero a sessenta em questão de segundos (e de uma forma que nenhum Estilo de Iniciação descreve). Você faz contato visual com seu parceiro. Cinco segundos depois, estão arrancando as roupas um do outro, e um minuto depois, estão deitados contemplando o melhor orgasmo de sua vida! Afinal, isso é como apresentam nos filmes — então por que não pode acontecer assim na vida real?

Responderei a essa pergunta assim: por que você não pode viver uma aventura ao redor do mundo, concluir um semestre na universidade ou encontrar o tesouro enterrado do Barba Negra em apenas duas horas? Todos sabemos que, na vida real, as coisas levam muito mais tempo do que na tela, mas, ainda assim, subconscientemente, concordamos com coisas claramente irrealistas acontecendo (por exemplo, nossa heroína sai de seu apartamento em Chicago carregando uma mala e aparece no Havaí na cena seguinte, aparentemente igual). Existe até um termo para isso — suspensão de descrença — que descreve como desconsideramos o impossível no filme para nosso entretenimento.

Então, da próxima vez que você vir uma cena de sexo picante em um filme ou programa, tente se lembrar de que eles não têm tempo para mostrar tudo. Você assiste a uma montagem de tudo o que o diretor julgou como as melhores partes. E o mais importante, lembre-se de que o sexo na vida real leva o tempo que for necessário; pode e deve incluir todos os tipos de atividades intensivas de tempo — beijar, retirar lentamente as roupas, encontrar posições confortáveis, preliminares, relações sexuais, mais preliminares, mais relações sexuais, cuidados posteriores, e assim por diante.

Vamos Fazer Isso

Agora é hora de conversar com seu parceiro sobre suas técnicas de excitação favoritas. Há uma regra básica para essa conversa: não envergonharão um ao outro sobre qualquer um de seus meios, em hipótese alguma. Você não é responsável por cumprir todos os requisitos exigidos pelas necessidades de seu parceiro (falaremos mais sobre isso depois), mas precisa respeitá-los. Caso o gatilho de excitação de seu parceiro soe aleatório, intenso, bobo, excêntrico ou mesmo não sexual, não ria.

Aqui está o que questionar:

- Com qual Estilo de Iniciação você mais se identifica e por quê?
- Quais são as três maneiras específicas pelas quais seu parceiro pode convidá-la a ser íntimo?
- Volte para suas listas de Desejo e Marcha à Ré. Há algumas dinâmicas que ajudam você a se sentir excitada?

Escrevendo Seus Cardápios Sexuais

Deixe-me fazer uma pergunta que você provavelmente nunca considerou: o que exatamente você está iniciando?

Para a maioria de nós, o pedido básico por trás da iniciação é: "Você quer fazer sexo comigo?" Mas há tantas coisas diferentes que poderíamos estar iniciando! Existem dezenas de atividades físicas que podemos fazer, diferentes quantidades de tempo que poderíamos levar ou esforço que poderíamos fazer, e até mesmo tons emocionais únicos para a intimidade física. E nossa reação à iniciação variará com base no que está sendo iniciado. Por exemplo, se eu tive um dia exaustivo, não terei muita disposição, então oferecerei uma reação bem diferente para Xander se ele me pedir uma rapidinha, em vez de uma noite de sexo demorado, lento e romântico.

Quando tudo que você pergunta é "Você quer fazer sexo?", parece que, na verdade, está questionando se alguém deseja viajar com você. Se você estiver realmente animada para viajar, pode receber um sim imediato, mas, na maioria das situações, almejará saber mais detalhes. Onde estamos indo? Quando voltaremos? Por quanto tempo viajaremos? Quanto custará?

Então, minha sugestão para nivelar sua iniciação é escrever Cardápios Sexuais e incorporá-los à iniciação! O que você está convidando seu parceiro a fazer? Você pode ter Cardápios de um único item (o equivalente sexual de um hambúrguer) ou vários pratos extravagantes. Escrever seus cardápios como um casal pode ser um exercício muito divertido para a criação de vínculo. Você pode inventar nomes fofos para eles, como "Terça do Taco", "Bife com Batata" ou "Menu Degustação com Estrela Michelin". Ao iniciar a relação no lugar de seu parceiro, você pode informá-lo sobre qual Cardápio específico o está convidando a provar, ou pode dar a ele alguns diferentes para escolher.

Voltemos à nossa velha amiga, a Estranheza. Quando se trata de desejo, você sempre será um estranho para si e para seu parceiro. Nunca será capaz de elaborar um Manual do Usuário perfeito que sempre funcione. Suas necessidades de excitação mudarão ao longo do curso de sua vida e nunca serão infalíveis. A minha nuca é extremamente sensível, e nove em cada dez vezes ficarei excitada se Xander beijá-la. Mas eu recuarei uma vez. Quando estou de mau humor, fico frustrada, confusa ou triste quando Xander não consegue me excitar. Quando estou de bom humor, penso nisso como parte de ser humano. Quando estou *realmente* de muito bom humor, digo a mim mesma que é a maneira de meu corpo manter minha atenção. Afinal, se eu tivesse uma rotina infalível, nunca perderia tempo explorando meu corpo e descobrindo coisas novas ou incomuns às quais ele responde. E não seria uma pena?

Considerando a Iniciação de Seu Parceiro

Aqui está uma das coisas malucas a respeito da iniciação sobre a qual ninguém fala: há uma probabilidade extremamente alta de que você *não* ficará descontroladamente excitada no exato momento em que seu parceiro tomar a iniciativa. Vocês são duas pessoas diferentes, com necessidades únicas, e seria muita coincidência caso ambos fossem fogosos e intensos de forma consistente e contínua. Eu não gostaria que Xander quisesse tomar banho, ou continuar passeando, ou comer uma tigela de morangos ao mesmo tempo que anseio por tal ação. Por que com o sexo seria diferente?

Porque o Maldito Conto de Fadas só mostra casais interessados em sexo exatamente no mesmo momento em que muitos se sentem desprevenidos e envergonhados quando o parceiro inicia e a outra parte não está pontualmente interessada. Nossa reação instintiva é dizer não sem nos dar a oportunidade de ver se podemos potencialmente nos interessar. Voltando ao exemplo da viagem, digamos que seu amigo a convide para viajar. Você se julgaria por querer mais detalhes ou algum tempo para refletir sobre isso? Eu duvido! Então, use "deixe-me pensar sobre isso" quando se trata de sexo também! Eu avancei com Jacee e Blue através de algumas maneiras de abordar o que chamo de Processo de Consideração.

— A primeira coisa a fazer quando a outra parte iniciar é se lembrar de que ela está buscando se *conectar* a você naquele momento. Trata-se de uma busca por intimidade emocional e física. Não subestime o pedido como um mero desejo de liberação física pura.

— Eu consigo fazer isso — disse Jacee. — Posso até fazer um lembrete: "Esta é a Blue sendo vulnerável."

— Ótimo! A próxima coisa que você pode fazer é se perguntar: "Estou disponível para a excitação?" ou "Estou disponível para me conectar com minha parceira, certo?" Eu gosto de usar a palavra "disponível" porque deixa claro que você não precisa sentir a excitação naquele momento. Está mirando a possibilidade, não a pura luxúria.

— Isso faz muito sentido — disse Jacee a mim. — Mesmo depois de tudo que você ensinou sobre fervura e similares, meu desejo sexual ainda parece muito sutil. Não posso imaginar tamanha excitação quando Blue inicia, mesmo que ela use meu Estilo de Iniciação. Mas estar *disponível* à intimidade... isso parece diferente.

— Para mim também — disse Blue. — Parece que torna as coisas mais suaves.

Prossegui:

— Outra opção, caso a outra parte ainda não tenha feito, é pedir o que há no Cardápio, ou ver se há um Cardápio Sexual diferente que lhe interesse. E então o verdadeiro cerne do Processo de Consideração é dar a si mais tempo para sentir o convite. Não é preciso responder agora. Você pode dizer algo como: "Dê-me dez minutos para terminar este e-mail. Assim que tirar isso da cabeça, poderei ver se estou disponível para isso." Ou, ainda mais simples, diga: "Posso dedicar alguns minutos para pensar sobre seu convite?"

— Não tenho certeza se gosto dessa ideia — disse Jacee. — Se sou eu quem está iniciando, isso pode me deixar com a sensação de que minha rejeição está ficando ainda mais prolongada. Eu sentiria ansiedade enquanto aguardasse a resposta.

— Sem problemas; você não precisa usá-la — disse a elu. — E quanto a isso? "Não tenho certeza de como estou me sentindo. Estou a fim de começar a te beijar (ou massagear um ao outro, ou o que quer que pareça bom para você) e ver até onde vamos." Se você não sentir tesão, não precisa continuar.

— Isso é bom para nossas bundas Responsivas — Blue riu. — Mas e se começarmos a nos beijar e eu *não* ficar excitada?

Eu direciono a pergunta para Jacee.

— O que você prefere: você e Blue terem mais sessões de pegação, e às vezes ficar por isso mesmo e, então, sentir certo desapontamento? Ou terem sessões de pegação quando Blue puder garantir que vai querer fazer mais depois?

Jacee riu.

— Fácil. Mais amassos.

— Sério? — questiona Blue. — Consigo ver você se chateando se eu não quiser ir além.

— Posso sentir frustração na hora, com certeza — confessa Jacee. — Mas posso viver com isso. Eu gosto de ficar com você.

Qual É a Sua Responsabilidade?

Se seu parceiro tem um desejo sexual mais intenso, você provavelmente já sentiu uma sensação de culpa ou pressão para fazer sexo sem desejar. E como com certeza você já sabe, quando se sentir obrigado a fazer sexo, simplesmente não ansiará por isso ativamente. A pressão e a expectativa cessam o desejo no meio do caminho.

Mas vejo muitos artigos online que dizem que você deve fazer sexo com seu parceiro mesmo que não esteja de bom humor. Isso traz à luz um questionamento realmente interessante: você é responsável por satisfazer *todas* as necessidades sexuais de seu parceiro?

Aqui está a minha opinião: acho que é bom fazer sexo com o parceiro quando você não está na vibe, ou fazer sexo quando é mais para ele do que para você. (E lembre-se de que os Responsivos geralmente não entram mentalmente na vibe até que a intimidade física tenha começado.) Mas acho extremamente importante que você: (a) reconheça que *sempre* tem uma escolha quando se trata de qualquer coisa que faça com seu corpo, e (b) tome a decisão consciente de transar, mesmo que (ainda) não esteja no clima. Você *não* está concordando em ficar nua por sentir culpa ou pressão. Só está fazendo isso porque parece seguro e bom para cuidar de seu parceiro naquele momento e porque ele, às vezes, está disposto a fazer sexo mais por você do que por ele. Boa vontade e reciprocidade são essenciais para que isso funcione.

Ao mesmo tempo, acredito firmemente que não somos responsáveis por cumprir *todas* as necessidades sexuais de nosso parceiro. Sim, parte de estar em um relacionamento é cuidar e fazer coisas um pelo outro. Mas nunca poderemos cumprir cada uma das necessidades de nosso parceiro em todos os momentos, dentro ou fora do quarto. Porque, se o fizéssemos, estaríamos fazendo o papel de serva, não de parceira.

Como Dizer Não

Quando falo sobre iniciação, os casais quase sempre presumem que ensinarei a aceitarem os pedidos de seus parceiros. Mas pesquisas mostraram que ser capaz de dizer "não" ao sexo é extremamente importante. Em um estudo, pesquisadores analisaram como os casais lidavam com a recusa de sexo. Em alguns relacionamentos, o parceiro que dissesse "não" seria punido com tratamento silencioso, raiva ou culpa. Em outros relacionamentos, os "nãos" eram respeitados. Qual grupo você acha que fez mais sexo? O último![1] Então, você realmente gostaria de ter certeza de que está bem em dizer "não" em seu relacionamento.

Se você simplesmente não se sente disponível para ter intimidade com seu parceiro em um determinado momento, descobrirá como rejeitá-lo de uma forma que aproxime vocês dois, em vez de separá-los.

Primeiro, dê ao seu parceiro um motivo específico pelo qual você está dizendo "não". Para ser clara, sempre é possível dizer "não" ao sexo sem nenhum motivo em particular. O corpo é seu e você decide o que fazer com ele. Mas ouvir uma razão específica pela qual você não está pronta naquele momento pode suavizar o golpe para seu parceiro. Se ele entender que você está estressada com sua próxima apresentação, ou preocupada com a saúde da sua mãe, se tornará mais compreensivo e menos propenso a te magoar.

Aqui está a chave para esta etapa: também é ideal falar sobre como esse motivo afeta sua capacidade de se apresentar para seu parceiro ou para si da maneira que você deseja. Então, por exemplo, se você apenas disser ao seu parceiro "Estou com dor de cabeça", isso soará como a desculpa mais clássica e falsa do livro, certo? Mas, em vez disso, diga: "Minha cabeça está latejando agora e não consigo me concentrar em qualquer coisa que não seja a dor. Eu realmente quero estar presente no momento com você e ser divertida como costumamos ser, mas sei que simplesmente não consigo aqui e agora." Soa muito melhor, certo? Seu parceiro entenderá que não é apenas uma desculpa esfarrapada; na verdade, afeta a conexão que vocês seriam capazes de compartilhar. Você está essencialmente dizendo ao seu parceiro: "Estou recusando sexo agora por esse motivo, mas não recusarei *você*."

Dar um motivo específico também lhe apresenta outra chance de ver se você realmente está aberta à intimidade. Pode ser que fique muito tensa quando sabe que seu parceiro está prestes a iniciar, a ponto de você poder esquecer de fazer a autoanálise para entender se está realmente interessada ou não em fazer sexo. Pensar no seu motivo para recusar a intimidade lhe dá um momento para considerar se você se abriria para se conectar com seu parceiro.

Também ajuda a entender o que está acontecendo com você. Tirar um tempo para descobrir seus reais motivos para não querer fazer sexo a ajuda a se conhecer melhor. Há informações valiosas para descobrir. Por exemplo, você pode perceber que a energia desempenha um papel importante no seu interesse por sexo. Poderia dizer ao seu parceiro algo como: "Quando chegamos ao final da noite, estou cansada demais para transar. Mas se você iniciasse o sexo assim que chegamos em casa, após o trabalho, posso ser um melhor entretenimento." Ou "percebi que às vezes se sente sobrecarregado quando inicia o sexo, e posso dizer que você quer intimidade ali mesmo. Eu gosto quando você me manda uma mensagem durante o dia me dizendo que quer intimidade mais tarde. Isso me dá tempo para me preparar e entrar na vibe." A ideia é que você e seu parceiro ajudem um ao outro na preparação para o sucesso ensinando os melhores momentos e maneiras de iniciar.

Há outra observação interessante nesta questão: descobri que se sua primeira reação é *sempre* dizer "não", isso é um sinal de que você não está dizendo "não" ao seu parceiro em outras áreas de sua vida. Ou seja, seu ressentimento sobre fazer mais do que sua cota de tarefas pode resultar em resistência ao sexo. Repito, você sempre pode dizer "não" ao sexo, seja qual for a razão. Mas se perceber que está tendo um instinto de "não" mesmo quando realmente deseja dizer um "sim", é uma oportunidade de ficar curiosa sobre outras áreas de sua vida em que você pode precisar dizer "não".

Vamos Fazer Isso

Converse com seu parceiro sobre como podem se recusar da forma mais delicada possível. Aqui estão algumas perguntas para fazerem um ao outro:

- "Existe uma frase ou ação específica que eu possa dizer/fazer para mostrar a você que ainda te amo e me sinto atraída por você, mesmo que eu não me sinta disponível à intimidade física naquele momento?"
- "Como se sentirá se eu compartilhar um motivo genuíno?"
- "Existe alguma maneira de ajustar o conselho de Vanessa para adequá-lo melhor à sua realidade?"

Evitando Armadilhas Comuns

"Se eu rejeito fazer sexo com meu namorado, ele faz beicinho e faz parecer um castigo. Isso me faz sentir como se não tivesse permissão para dizer 'não'. Quando eu toco no assunto, ele diz que pode ter seus próprios sentimentos quanto a isso."

É importante que vocês abram espaço para decepções em seu relacionamento. Quando você diz "não" ao seu parceiro, ele provavelmente se sente envergonhado, magoado, triste, constrangido ou uma combinação desses itens. Sentimentos compreensíveis que ele pode ter.

Dito isto, a palavra "punição" parece uma bandeira vermelha para mim. Não é aceitável que ele fique com raiva ou tente culpá-la ou pressioná-la, transformando seu "não" em um "sim".

Pode ajudar identificar de antemão uma frase específica que seu parceiro pode usar no momento, como: "Estou chateado porque não vamos nos conectar, mas eu ouço e respeito o fato de você não estar aberta a isso agora." Isso lhe dá a oportunidade de expressar seus sentimentos, mas sem que pareça um castigo.

"Meu parceiro não consegue acertar meu Estilo de Iniciação. Eu disse a ele que sou do tipo 'Deseje-Me' e quero que ele seja assertivo. Ele tentou, mas parecia bastante inautêntico. Não dei feedback a ele porque não quero que ele se sinta desencorajado. Mas, honestamente, é desagradável ter de ensinar um homem a ser dominante."

Claro que seria bom se seu parceiro acertasse na primeira tentativa, mas isso não é realista. Se "Deseje-Me" não for o Estilo de Iniciação dele, reserve tempo e pratique repetição para que ele aprimore o que funciona. E você precisa ser uma professora paciente. Você o está colocando em uma posição injusta por não querer ajudá-lo a aprender o que você deseja. Se a instrução verbal não parecer suficiente, tente *mostrar* a ele como você deseja que o sexo seja iniciado.

Se ainda não estiver funcionando, diga algo como: "Estou curiosa para saber como seria caso você tentasse explorar meu estilo. O que isso parece para você?" Já trabalhei com muitos homens que não gostavam de ser dominantes no quarto porque pareciam muito homens das cavernas.

"Tentei falar com meu parceiro sobre o que o excitava, e ele disse: 'Eu poderia nunca mais fazer sexo e ficar perfeitamente bem.'"

Cerca de 1% da população se identifica como assexual, e é possível que seu parceiro faça parte desse grupo. No entanto, a assexualidade é um desinteresse vitalício em sexo. Muitos de meus clientes disseram que ficariam bem caso nunca mais fizessem sexo, mas 95% das vezes era mais um reflexo da pressão e do conflito no relacionamento do que sua verdadeira identidade sexual. Ele não está dizendo "Nunca mais quero fazer sexo"; está dizendo "Nunca mais quero *brigar* por causa de sexo".

Sugiro que envolva seu parceiro na leitura de *Sex Talks* com você. Diga algo como: "Sei que nossa vida sexual tem sido uma fonte de tensão. Desejo sentir a verdadeira proximidade e intimidade com você. Tenho aprendido muitos outros aspectos do sexo neste livro e adoraria que você o lesse comigo. Você estaria aberto a isso?"

Também pode ajudar a ajustar seu idioma. A palavra "excitação" pode parecer forte demais para algumas pessoas. Em vez disso, você pode tentar: "Quando você se sente mais conectado a mim?" ou "O que eu faço que faz você se sentir bem?"

"Minha esposa acha que meu baixo desejo sexual é uma questão de atração. Ela diz: 'Eu não devo ser tão atraente para você, já que você nunca está na vibe'. Me sinto atraído por ela, mas nada do que eu digo parece aliviar sua ansiedade."

É fácil cair na armadilha de pensar que desejo e atração são a mesma coisa. Mas em todos os meus anos fazendo terapia sexual, a atração raramente foi o problema central para o casal. Existem dezenas de fatores que podem afetar o desejo sexual, e atração é apenas um deles.

Se você identificou as dinâmicas específicas que estão influenciando seu desejo sexual, compartilhe-as com sua esposa. Se inúmeras delas são dinâmicas do "Eu", diga a ela: "Meu impulso sexual existe independentemente de você. Isso definitivamente não é o que eu quero, mas se você e eu nos separássemos amanhã, eu ainda teria muitos dos mesmos problemas que estou tendo." Se você identificou alguma dinâmica do "Nós", discuta como vocês podem ser uma equipe trabalhando nisso.

Também é valioso simpatizar com as ansiedades que surgem. Diga algo como: "Parece que isso te assusta muito. Posso imaginar que seja muito assustador me perguntar se sinto atração por você ou não. Caso estivesse na sua situação, eu sentiria o mesmo medo. Eu quero que você saiba que estou absolutamente, inequivocamente atraído por você."

Sei que é doloroso ver sua esposa lutar com seus sentimentos de desejo, mas também quero lembrá-lo de que não é sua responsabilidade se certificar de que ela se sinta atraente o tempo todo.

"Quero falar sobre como posso rejeitar meu marido gentilmente. Mas na história do nosso relacionamento, sempre fui eu quem rejeitou. (Em comparação, ele provavelmente me recusou uma ou duas vezes em dez anos.) Fico preocupada que ele pule para dizer algo como 'Só não me recuse. Isso é o que seria melhor', o que obviamente nos impediria de ter uma conversa útil sobre isso."

Conduza seu parceiro antes de iniciar a conversa em si. Diga algo como: "Sei que sou eu quem nega na maioria das vezes e posso imaginar que esteja sendo muito difícil para você. Eu quero que haja menos tensão em nossa vida sexual, então tenho me esforçado muito para me compreender melhor. Eu quero que trabalhemos como uma equipe para estarmos na mesma página." Tenha uma conversa separada sobre isso, antes mesmo de começar a falar sobre iniciação e consideração.

Depois de falar sobre recusarem um ao outro, lembre seu parceiro do contexto. Diga a ele: "Enquanto trabalhamos para melhorar nossa comunicação e nossa vida sexual em geral, há uma conversa específica que eu gostaria de ter com você sobre como lidamos com momentos individuais quando realmente não estou aberta à intimidade física."

Algumas dicas:

- É hora de compartilhar sua dinâmica de desejo sexual do "Eu" com seu parceiro.
- O Desejo Sexual Fervente é uma forma de criar o potencial para o desejo surgir antes de mais nada.
- É comum e normal em um relacionamento homem-mulher que a mulher queira mais sexo.
- Iniciar o sexo requer que você e seu parceiro estejam vulneráveis.
- Seus Estilos de Iniciação ensinarão a você a maneira mais eficaz de convidar seu parceiro para fazer sexo.

- Escrever seus Cardápios de Sexo como casal pode ser uma experiência de união sexy e divertida.
- Há uma probabilidade extremamente alta de você não ficar excitada no exato momento em que seu parceiro inicia. É para isso que serve o Processo de Consideração.
- Em um relacionamento saudável, você precisa ser capaz de recusar o sexo sem repercussões.

Agora que começamos o sexo, é hora de fazer com que pareça bom!

CAPÍTULO 8

A QUARTA CONVERSA: *Prazer*

Também conhecido como "Do que cada um de nós precisa para se sentir bem?"

AGORA QUE ESTAMOS NA metade do livro, você já sabe um pouco sobre Xander. E provavelmente acha que ele parece ser um cara muito legal, certo? Bem, deixe-me contar como Xander agiu como um verdadeiro idiota no início de nosso relacionamento sexual.

Quando nos conhecemos, eu estava passando por um período bastante desafiador em minha vida sexual. Estava estudando para ser terapeuta sexual e lutando contra um caso sério de síndrome do impostor porque tinha um grande segredo: não conseguia ter orgasmo com um parceiro. Descobri como chegar ao clímax sozinha, mas isso não estava se traduzindo em minhas experiências sexuais em parceria. Então, fiz o que a maioria das mulheres na minha situação faz: fingi orgasmos. Por anos.

Fingir parecia a melhor solução porque a ideia de me comunicar abertamente sobre meu problema de orgasmo era horrível. Eu certamente não queria abrir a boca e dizer aos meus parceiros que não tinha ideia de como chegar ao clímax com outra pessoa. Quando comecei a dormir com alguém novo, eu queria que as coisas parecessem fáceis e sem esforço, como se fosse natural. Eu também não sabia o que diabos diria, mesmo se tivesse coragem de falar. Nada me fazia ter um orgasmo, então o que eu deveria dizer ao meu parceiro? "Continue tentando"? Sentia também um estranho dever de proteger o ego de meu parceiro. E não queria que alguém pensasse que era "ruim de cama" porque não conseguia me levar até lá. Afinal, não era ele, era eu. (Ou algo assim, pensei...)

Mas, como qualquer pessoa que já fingiu ter um orgasmo sabe, fingir é uma droga. Pouco antes de conhecer Xander, eu estava tão farta de anos de sexo insatisfatório que decidi que era hora de finalmente descobrir toda essa coisa de clímax. Resolvi não fingir com Xander.

Nosso relacionamento começou muito bem. Ele parecia um doce, engraçado, um cara interessante. Como mencionei na introdução, a química estava definitivamente lá. Mas depois de algumas experiências emocionantes, as coisas pareciam... monótonas. A intimidade era dinâmica, mas ele não parecia prestar muita atenção à minha experiência.

Ele me tocava ou descia por um minuto ou dois (definitivamente não o suficiente para eu ter um orgasmo), depois passava para a penetração. Ele gozava no seu tempo, sem tentar me ajudar a ter um ou mesmo me perguntar se eu estava satisfeita. Eu ficava superconfusa. Como esse cara pode parecer tão atraente em todas as outras áreas, mas um idiota egoísta entre quatro paredes?

Eu havia resolvido parar de fingir orgasmo, mas ainda não tinha as habilidades para me comunicar sobre isso. Então, acabei fazendo a pior coisa possível: esperei até estar borbulhando de ressentimento, logo depois de termos feito sexo (ele ainda estava curtindo o final de seu próprio clímax, o que me provocou ainda mais), e ataquei-o externando questões sobre seu tempo para chegar lá, em vez de falar sobre mim e minhas necessidades. Não me lembro exatamente do que eu disse, mas provavelmente foi algo como: "Então, você goza e aí o sexo acaba, né?"

Crédito para Xander, que permaneceu calmo e controlado. Do jeito que eu lancei aquela granada, esperava uma baita briga; ao menos, era o esperado para a maioria dos casais. Mas, em vez disso, ele me perguntou o que eu esperava do sexo. A raiva deixou meu corpo quando percebi que ele estava genuinamente curioso, mas eu ainda estava suada e gaguejando de constrangimento.

— Eu não sei — respondi. — Acho que só quero sentir que você se importa comigo também.

Pude ver uma luz acender em seu cérebro, e, então, ele começou a explicar seu relacionamento anterior. A namorada anterior de Xander também tinha problemas para ter orgasmos, mas disse a Xander que as mulheres não atingem o clímax consistentemente com seu parceiro, que estava tudo bem de qualquer maneira e que a coisa educada a fazer era se concentrar em si. Todo esse tempo, ele pensou que estava sendo gentil e atencioso por não me "pressionar" a gozar com ele! Como ele disse mais tarde:

— Pensei que eu tinha um macete para o orgasmo feminino! Não percebi que estava sendo um idiota egocêntrico.

Felizmente, desde então, aprendi a falar de uma forma muito mais útil sobre desejos e necessidades entre quatro paredes. E agora sei que não sou a única lutando para falar sobre o que me dá prazer. Minha caixa de entrada está cheia de histórias como: "Não faço ideia do que pedir entre quatro paredes" e "Não tenho coragem de dizer a ele que realmente me machuca quando toca meu clitóris como um DJ arranhando um disco". Se você for *sortuda*, seu parceiro perguntou timidamente "Foi bom para você?", mas você provavelmente só teve coragem de murmurar "Sim".

São tantas dinâmicas que fica difícil falar sobre o que nos faz sentir bem no quarto. O prazer em si é um conceito notavelmente desafiador. Quero dizer, você já parou para pensar sobre isso? Como você define o prazer? O que lhe traz prazer e satisfação? Como é a sua experiência do prazer? Se você é como a maioria das pessoas, essas perguntas são desconcertantes.

A maioria de nós pensa simplesmente em "se sentir bem". Claro, podemos sentir prazer em nosso corpo, mas isso não é tudo. O prazer pode parecer tão fugaz — se não mais — quanto a conexão emocional. Xander pode massagear meu clitóris exatamente da mesma maneira, mas muitos fatores diferentes afetarão o nível de prazer que sentirei em um determinado momento: estamos fazendo sexo selvagem ou doce, lento e romântico? Parece que ele está se divertindo ou parece que deseja que eu me apresse? Temos privacidade? As luzes estão muito brilhantes? Estou pensando na minha lista de tarefas? Estou menstruada? O prazer pode ser físico, mas também mental, emocional, situacional, energético, relacional e/ou espiritual.

O prazer também não é fixo. Mesmo se eu tiver circunstâncias ideais, meu nível de prazer e satisfação ainda oscilará no momento. Pelo menos para mim, o prazer vem em ondas, com intensidade variável, sem nenhum padrão identificável de causa e efeito, mesmo que o estímulo permaneça o mesmo.

O prazer é muito fugaz para se definir, mesmo para nós. Então, como diabos podemos externar qualquer feedback valioso ao nosso parceiro?

Mesmo que *soubéssemos* exatamente como descrever e pedir prazer, o Maldito Conto de Fadas torna a comunicação mais complicada. Somos ensinadas a acreditar que um ótimo sexo deve acontecer "naturalmente", sem necessidade de comunicação. No início de um relacionamento, muitas vezes contamos pequenas mentiras para novos parceiros ("Isso foi tão bom"; "Nossa, adorei aquilo") porque não queremos ferir sentimentos alheios ou queremos evitar uma discussão embaraçosa. Mas quando esse novo parceiro se transforma em um relacionamento de longo prazo, essas invenções têm uma maneira de somar e nos dar tacitamente permissão para continuar mentindo ou retendo a verdade.

Além disso, nosso velho amigo, o Perfeccionismo Sexual, muitas vezes entra em campo, e nos sentimos pressionadas a dizer ao nosso parceiro exatamente o que fazer (e garantir que gostaremos). E até temos a tendência de acreditar que, depois de dar um feedback ao nosso parceiro, não podemos mudar de ideia. É como se pensássemos que temos uma chance de dizer a ele do que gostamos ou não, e então nossas respostas serão omitidas para o resto da vida!

Mas precisamos falar sobre prazer para que você tenha uma experiência agradável! Esta *sex talk* deve ser seu ponto de partida se você não estiver sentindo muito prazer durante o sexo, se sentir que não tem ideia do que torna o sexo bom para você ou se nunca compartilhou essa informação com seu parceiro. A conversa será crucial para você caso se sinta desconfortável em dar feedback ou fazer solicitações. E é uma necessidade absoluta se o sexo parecer unilateral, como se houvesse uma incompatibilidade perceptível entre a quantidade de prazer que você e seu parceiro experimentam.

Essa conversa também pode ser a chave para desbloquear seu desejo sexual. Duas das razões mais comuns para o baixo desejo sexual são a falta de conexão e a falta de prazer. Há uma razão pela qual a conversa sobre o desejo é marcada por "Do que precisamos para nos sentirmos conectados um ao outro?", e esse é o objetivo deste capítulo.

Falaremos sobre como ter conversas genuinamente úteis acerca de o que é bom para você durante o sexo!

Criando Seus Mapas de Toque

O prazer é um tópico complexo, então quero começar com algo simples e direto: entender como você e seu parceiro gostam de ser tocados. Nas páginas a seguir, estão alguns exercícios divertidos para você e seu parceiro fazerem juntos. Os exercícios ajudarão vocês a "mapearem" o corpo um do outro. (Nota importante: essas listas não são imutáveis. Você sempre pode revisitá-las e atualizá-las!)

"Onde Gosto de Ser Tocada"

A seguir temos uma lista de partes do corpo. Circule todas as partes em que você gostaria de ser tocada. Você também pode avaliar cada parte com notas de 1 a 5, com "1" significando "Não me importo em ser tocada aqui" e "5" significando "Adoro ser tocada aqui". (Zero pode ser reservado para "Não quero ser tocada aqui".)

Dedos do pé
Pés
Tornozelos
Panturrilha
Canelas
Joelhos
Atrás dos joelhos
Coxas
Parte interna das coxas

Bunda
Parte inferior das costas
Parte inferior do abdome
Meio das costas
Tórax
Seios
Mamilos
Ombros

Frente do pescoço
Lados do pescoço
Nuca
Mandíbula
Lábios
Bochechas
Testa
Couro cabeludo
Outro:

"Como Gosto de Ser Tocada"

Em seguida, circule todas as *maneiras* pelas quais você gosta de ser tocada. Você também pode combinar tipos específicos de toque com partes específicas do corpo. Por exemplo: "Gosto de ser tocada gentilmente nos seios e gosto de ser arranhada nas costas."

Devagar
Rapidamente
Suavemente
Firmemente
Apertada
Acariciada

Cócegas
Arranhada
Beliscada
Abraçada
Ficar de conchinha
Sarrada

Massageada
Tapinhas
Tapas mais fortes
Sufocada
Outro:

"Onde Gosto de Ser Beijada"

Novamente, circule quantos quiser ou os avalie de 1 a 5.

Dedos do pé
Pés
Tornozelos
Panturrilha
Canelas
Joelhos
Atrás dos joelhos
Coxas
Parte interna das coxas

Bunda
Parte inferior das costas
Parte inferior do abdome
Meio das costas
Tórax
Seios
Mamilos
Ombros

Frente do pescoço
Lateral do pescoço
Nuca
Mandíbula
Lábios
Bochechas
Testa
Couro cabeludo
Outro:

"Como Gosto de Ser Beijada"

Sinta-se à vontade para combinar estilos específicos de beijo com partes específicas do corpo.

Devagar
Rapidamente
Suavemente
Firmemente
Com um pouco de língua
Com muita língua

Contato leve com a língua
Contato profundo com a língua
Com mordiscadas
Com intervalos entre os beijos

Com beijos ao redor dos lábios
Com contato visual
Sem contato visual
Outro:

"A Energia que Me Excita"

Também pode ser muito útil falar sobre o tipo de energia que você gosta de experimentar com seu parceiro quando têm intimidade física. A seguir está uma lista de sentimentos possíveis. É possível estar com disposição para experiências diferentes em momentos diferentes, mas esta lista pode ser um início de conversa interessante!

Aventureiro
Afetuoso
Atlético
Cuidadoso
Conectado
Atencioso
Criativo
Nervoso
Emocional
Enérgico
Excitante
Experimental
Expressivo
Focado
Divertido
Generoso
Gentil
Pateta
Intenso
Íntimo
Excêntrico
Vivaz
Amoroso
Danadinho
Carinhoso
Mente aberta
Apaixonado
Brincalhão
Rejuvenescedor
Relaxado
Romântico
Seguro
Confidencial
Sensual
Bobo
Lento
Espiritual
Surpreendente
Doce
Considerado
Vulnerável
Acolhedor
Selvagem
Outro:

Seu Tipo de Personalidade Sexual

Em seguida, quero fornecer uma estrutura para você saber o que lhe dá prazer — é o Seu Tipo de Personalidade Sexual. Não é a imagem completa, mas mostrará as lentes pelas quais você filtra sua experiência sexual. Em meu trabalho com milhares de clientes, percebi que todos experimentamos o prazer de maneiras únicas e precisamos de diferentes circunstâncias para desfrutar da intimidade física. Ao identificar com qual dos onze tipos de personalidade sexual você mais se identifica, conhecerá informações valiosas sobre como define e experimenta o prazer. (Provavelmente haverá identificação com mais de um tipo, mas tente escolher aquele que mais se assemelha a você.)

Você também notará que os Tipos de Personalidade Sexual se enquadram em uma das três categorias:

- Corpo
- Mente
- Espírito

Como mencionei na introdução, o prazer pode ser experimentado de inúmeras maneiras, mas descobri que essas são as três categorias mais comuns. Você pode sentir prazer nas três categorias, mas provavelmente terá um *locus* primário de prazer. Ou precisar ter um tipo estimulado primeiro antes de liberar o prazer de outras maneiras. Os tipos baseados no corpo estão profundamente sintonizados com a sensação física pura. Tipos baseados na mente precisam se sentir mental e intelectualmente estimulados. Tipos baseados no espírito são sobre a energia, emoção e intimidade do sexo.

A Descompressora — Corpo

Para você, sexo é sobre o alívio do estresse. Você se diverte com o ato em si, mas sua principal fonte de prazer vem no final, quando você relaxa. Não há nada que você ame mais do que curtir o pós-sexo. A intimidade física é uma maneira de desestressar e relaxar, e você, normalmente, a procura quando está se sentindo tensa. Pode ser também que se masturbe pelas mesmas razões. Orgasmos são importantes para você porque trazem aquela sensação de relaxamento. O sexo simplesmente não parece completo sem isso.

A Exploradora — Mente

O sexo é seu playground! Para você, prazer é novidade. Você tem curiosidade sobre sexo e sente prazer genuíno em aprender, experimentar e tentar coisas novas. Gosta de sair de sua zona de conforto. Dessa forma, vários atos diferentes podem lhe trazer prazer; não é preciso ter ou querer uma rotina definida. Você não leva o sexo muito a sério e pode rir disso se suas explorações não funcionarem perfeitamente. Pode ser que você leia artigos ou livros sobre sexo, então não é nenhuma surpresa você ter adquirido *Sex Talks*!

Troca Justa — Mente

Para você, a igualdade é o aspecto sexual mais importante. Para que você sinta prazer, precisa haver um equilíbrio de dar e receber entre você e seu parceiro. É importante que você e seu parceiro estejam entusiasmados. Você gosta de saber que ambos estão abertos às necessidades um do outro e estão dispostos a trabalhar juntos para garantir que quem deseja um orgasmo o tenha. Às vezes, isso pode dificultar sua sensação de prazer, já que está tão fixada no equilíbrio que às vezes pode ignorar sua própria experiência.

A Doadora — Mente

Você vê o sexo e o prazer como um presente que dá ao seu parceiro. A experiência sexual de seu parceiro é, pelo menos, tão importante quanto a sua, mas, normalmente, ainda mais. Você está muito sintonizada com a experiência de seu parceiro e sente-se bem em saber que pode fazê-lo se sentir bem. Você tende a lutar para receber prazer, e é um desafio prestar atenção ao seu próprio corpo durante o ato.

A Guardiã — Espírito

Para você, é extremamente importante que o sexo seja seguro, e não pode sentir prazer a menos que isso aconteça. Você precisa dessa base de segurança com seu parceiro e consigo mesma. Seus limites são importantes para você, assim como um consentimento entusiástico. Você pode ter sofrido abuso sexual, o que a levou a buscar segurança na fase adulta. Experiências negativas com o sexo podem fazer com que a sintonia com seu corpo pareça mais complicada. Ou pode simplesmente gostar de sentir aquele vínculo de confiança e segurança com um parceiro antes e durante a intimidade.

A Perseguidora da Paixão — Espírito

Você sente mais prazer quando o sexo é abrangente, intenso e apaixonado. Talvez até animalesco. Está muito sintonizada com a energia entre você e seu parceiro durante o sexo, e essa energia é ainda mais importante do que as sensações físicas. Você ama a ideia de deixar ir e perde-se no momento. Na sua opinião, o melhor sexo é quando o tempo parece congelado.

A Caçadora de Prazer — Corpo

Para você, sexo é puro prazer físico. Você gosta de se sentir bem! Pode até ficar confusa sobre todos esses diferentes tipos de personalidade, porque pensa que o sexo é apenas um daqueles prazeres simples da vida. Também gosta de toque e contato físico ao longo do dia. Não precisa sentir uma conexão emocional com alguém para ter um ótimo sexo. Você pode ser um tipo de pessoa cinestésica — aprende fazendo e é tátil.

A Priorizadora — Mente

A coisa mais importante para você é que o sexo é algo que você e seu parceiro priorizam antes de outras coisas. Não quer dar desculpas por estar muito ocupada ou cansada; deseja intimidade antes disso. Valoriza sua vida sexual e está disposta a gastar tempo para mantê-la ativa e fazer sacrifícios por isso. Gosta que o sexo seja consistente e pode até gostar de ter uma rotina específica para quantas vezes transará. Para você, o prazer tem tudo a ver com as circunstâncias. Você se diverte mais quando a cena está montada e há tempo e privacidade suficientes para focarem um ao outro.

A Romântica — Espírito

Para você, sexo tem tudo a ver com conexão. Você gostaria de experimentar uma intimidade emocional real com seu parceiro enquanto está vivendo a física. É importante para ambos que se sintam presentes um com o outro. Às vezes, você pode gostar de experiências mais lentas e prolongadas. Você gosta de dizer e ouvir "eu te amo" durante o sexo ou fazer contato visual. O prazer tem muito mais a ver com a intimidade entre você e seu parceiro do que com o ato físico puro.

A Espiritualista – Espírito

Você gosta de sexo que a conecta a um propósito maior e acha que deveria ser uma experiência transcendente. O prazer é muito maior do que o que está acontecendo no corpo. Você pode ser religiosa ou pode gostar de filosofias orientais como o Tantra.

A Caçadora de Emoções – Mente

Para você, é emocionante fazer sexo quando parece proibido ou tabu. Você pode desfrutar de um elemento de jogo de poder em sua vida sexual, como permitir que seu parceiro o domine ou dominar seu parceiro. Enquanto a Exploradora simplesmente gosta da exploração pela exploração, seu prazer está no tabu.

Ensinei os tipos de personalidade sexual para Bella e Soraya, um casal de orientação mista que começou a terapia sexual porque Bella não consegue ter orgasmos consistentemente com Soraya. (Bella é bissexual, Soraya é lésbica.) Soraya sente uma profunda vergonha disso.

— Sou uma mulher cis; tenho a mesma genitália que ela. Gosto de pensar que eu sei o que estou fazendo. Por que não consigo levá-la até lá?

Juntos, descobrimos que Soraya é uma caçadora de prazer, então ela está focada no prazer baseado no corpo. (Tive um palpite depois do comentário dela: "Tenho a mesma genitália que ela.") Mas Bella é uma Romântica, e quando Soraya fica obcecada pela técnica, em vez de pela sua conexão emocional, Bella se sente solitária. A descoberta de seus tipos de personalidade sexual foi um alívio para Soraya, porque ela estava sentindo muita ansiedade sobre seu desempenho sexual.

Ajudei Bella a descobrir e depois ensinei à Soraya as maneiras específicas de sintonizar seu tipo Romântico. Algumas semanas depois, elas relataram que essa abordagem está fazendo maravilhas por elas. Soraya criou um clima acendendo velas, colocando música e preparando um banho para as duas. Elas fizeram contato visual e falaram sobre o quanto se amam. Bella conseguiu ter um orgasmo rapidamente com Soraya se concentrando mais em ronronar coisas doces em seu ouvido do que em fazer manobras complicadas com as pontas dos dedos.

Vamos Fazer Isso

Façam uns aos outros as seguintes perguntas:

- Com qual(is) tipo(s) de personalidade sexual você mais se identifica, e por quê?
- Você é do tipo corpo, mente ou espírito?
- O que você aprendeu sobre a maneira como sente prazer?

Não importa o quanto se familiarize com sua maneira única de sentir prazer, nunca chegará ao ponto em que será capaz de prever exatamente do que precisa em uma determinada interação sexual. Lembrar-se desse prazer é algo muito amorfo para que possamos defini-lo dessa maneira.

Em vez disso, sua principal tarefa de comunicação para a conversa sobre prazer será ficar em sintonia com sua experiência (lembre-se do acrônimo "PLEASE" da Parte Um; compartilharei outro exercício mais adiante neste capítulo) e compartilhá-la com seu parceiro.

Encontrando Prazer por meio do Feedback

Eu sei, eu sei, você já está começando a suar só de pensar em dar um feedback ao seu parceiro entre quatro paredes. Isso provavelmente se deve a ainda estar pensando que esse feedback equivale a uma crítica. Mas o feedback é simplesmente relatar sua experiência. Na Conversa 1, começamos falando sobre sexo após o fato de uma forma positiva, e continuaremos esse tema focando em nos sentirmos à vontade para falar sobre o que acontece *durante* o sexo.

Primeiro falaremos sobre por que precisamos de feedback. É difícil para muitos de nós entender isso. Sou constantemente inundada com mensagens como: "Meu parceiro não pode pensar que eu gosto disso, pode?" e "Estamos juntos há anos; meu parceiro não deveria saber o que fazer?" Mas o feedback é uma parte necessária de qualquer vida sexual saudável e feliz! É simplesmente injusto esperar que seu parceiro leia sua mente a *qualquer* momento, mas principalmente quando se trata de algo tão pessoal quanto o que lhe traz prazer. E lembre-se de que você provavelmente deu feedbacks falsos ou enganosos ao seu parceiro — aquelas pequenas mentiras que já discutimos.

Se você ainda não está convencida, deixe-me perguntar o seguinte: como seu parceiro deveria saber do que você mais gosta durante o sexo ou se está gostando? Você faz ou diz algo específico para garantir que ele saiba que está se divertindo? Se está pensando, *Bem, meu parceiro provavelmente pode sentir o que está acontecendo*, então eu tenho outra pergunta: seu parceiro sabe ler sua mente completamente quando não *estão* entre quatro paredes?

Ryan, um membro da nossa comunidade no Instagram, nos escreveu: "Minha noiva fica em silêncio na cama. Sem palavras, gemidos, respiração pesada, nada. Para mim, é sempre difícil saber se ela está se divertindo. Às vezes eu acho que sim porque ela fica com uma súbita lubrificação." Pense sobre isso. Esse homem está tão perdido quanto a experiência de sua parceira que está confiando em "uma súbita lubrificação" para indicar a ele que ela está se divertindo. E pior — lembra-se da nossa velha amiga discordância? (Descreve a desconexão entre nossa excitação fisiológica e nosso desejo mental.) A lubrificação não é um indicador de como a parceira está excitada. Não é correto dizer que esse é o único sinal de que ela está gostando!

O feedback é necessário porque, sem ele, também estamos sujeitos a algumas graves falhas de comunicação. Foi exatamente o que aconteceu entre Xander e eu quando superamos nossos obstáculos iniciais ao orgasmo e comecei a tê-los regularmente. Normalmente, sou uma pessoa bastante, digamos, vocal no quarto! Mas a maneira como meu orgasmo funciona é assim: quanto mais perto chego, mais quieta e imóvel fico. Eu me sintonizo com as crescentes ondas de prazer e me concentro na sensação desse prazer a ondular por todo meu corpo. Mas, da perspectiva de Xander, ele me via passar de gemidos e contorções na cama para, de repente, ficar quieta e imóvel, e ele sentia que estava fazendo algo errado. Então, ele mudava sua técnica, tentando encontrar algo que funcionasse melhor. Mas isso me faria recuar alguns passos com meu orgasmo, prolongando todo o processo! Mesmo o menor feedback sobre onde eu estava em minha jornada orgástica teria nos poupado muito aborrecimento.

O feedback é especialmente importante para sobreviventes de abuso sexual. Certos atos, certas posições ou palavras podem evocar desconforto momentâneo ou até mesmo desencadear lembranças do abuso. É essencial que os sobreviventes possam se comunicar com seus parceiros antes, durante e depois do sexo, a fim de criar o máximo de segurança possível.

O ponto principal é o seguinte: mesmo que pareça dolorosamente óbvio, você ainda precisa dizer ao seu parceiro o que deseja. Dane-se o Maldito Conto de Fadas; seu parceiro não a conhece melhor do que você mesma, e ele não tem uma bola de cristal para consultar que lhe diga o que fazer a seguir.

A boa notícia sobre o feedback é que você não precisa entregar um conjunto de instruções detalhado sobre exatamente o que fazer com você e quando. Em vez disso, o feedback é sobre relatar ao seu parceiro a sua experiência, no momento, momento a momento. O feedback pode ser tão simples quanto "Isso é bom" ou "Não pare". Não precisa ser um manifesto de dez páginas.

Também pode lhe trazer alguma tranquilidade saber que você não precisa saber que gostará de algo para pedir. Quando você vai a um restaurante e pede frango grelhado, está dizendo ao garçom "Juro solenemente que vou amar este frango mais do que jamais amei qualquer frango"?

Claro que não! Você está curiosa sobre o frango e tem uma boa percepção de que gostará, mas não saberá até que dê uma mordida. Um pedido não é uma promessa; é apenas um pedido.

Agora, muitas pessoas ouvem a frase "dar feedback" e se imaginam dizendo ao parceiro: "Você é péssimo em falar sacanagem" ou "Sua técnica de beijo é terrível!" Claro, se você disser algo assim, ferirá o ego de seu parceiro. Mas essa não é a única maneira de compartilhar sua experiência com seu ele! Em vez disso, permita-me ensinar uma maneira melhor.

Feedback Positivamente Prazeroso

Quando você começar a se comunicar sobre prazer no quarto, concentre-se em fundamentar todos seus comentários em algo positivo. Peça mais do que é *bom*, em vez de criticar o que é *ruim*. Isso parecerá mais fácil para você dar e mais fácil para seu parceiro receber.

Portanto, você deve evitar dizer coisas como:

"Isso não parece bom."

"Não, assim não."

"Não me toque aí."

Em vez disso, opte por coisas como:

"Quando você me toca aqui, é incrível."

"Gosto quando você pressiona desse jeito."

"Isso parece ainda melhor do que o que você estava fazendo antes."

"Aquela metida mais lenta que você estava fazendo há um minuto foi ótima."

(Uma advertência rápida: se você sentir desconforto, dor física ou emocional, seja mais direto com seu parceiro e peça a ele que pare. Ninguém deve sentir dor durante o sexo e não quero que você prolongue essa experiência só por não ferir os sentimentos de seu parceiro.)

O Feedback Positivamente Prazeroso funciona muito bem por uma série de razões diferentes. Primeiro, é genuinamente útil. A comunicação sexual é tão rara que a maioria das pessoas não tem ideia se o que estão fazendo está funcionando. O Feedback Positivamente Prazeroso nos dá o treinamento de que precisamos e merecemos.

Em segundo lugar, é muito divertido receber um elogio. Isso faz com que seu parceiro se sinta orgulhoso, o que apenas o motivará a querer continuar fazendo mais.

Terceiro, é muito sexy. Pode ser muito excitante para seu parceiro ouvir você falar sobre como está se sentindo bem e do que gosta. O que soa melhor? "Você precisa colocar os dedos dentro quando me chupa" ou "É tão gostoso quando você me chupa. Você sabe o que faria com que parecesse ainda mais incrível? Se você colocasse dois dedos dentro de mim enquanto lambe meu clitóris. Estou ficando excitada só de pensar!" Quando compartilho o Feedback Positivamente Prazeroso com meus clientes, parece tão factível e sexy que eles não conseguem acreditar que se sentiram tão constrangidos em dar feedback.

Você pode até mesmo usar o Feedback Positivamente Prazeroso como uma maneira sorrateira de fazer um pedido. Se houver algo que você gostaria que seu parceiro fizesse com mais frequência, faça um elogio preventivo fora de quatro paredes ou antes da intimidade. Por exemplo, "Sabe como você fica gostoso enquanto está me chupando?" ou "Não acredito como me faz sentir bem quando vai devagar". Você está estimulando seu parceiro com confiança e o deixando animado para atender ao seu pedido. Ele pode muito bem entender e responder com algo como: "Está pedindo para eu cair de boca em você?" Então, pode rir e responder: "Acho que sim! Você é muito bom nisso!"

O Feedback Positivamente Prazeroso é especificamente focado no prazer corporal, porque descobri que esse é o ponto de partida mais fácil para a maioria das pessoas. Uma vez que se sinta confortável em sintonizar sua experiência física e ser mais vocal, você pode dar o Feedback Positivamente Prazeroso baseada na mente ("Me excita ler *Sex Talks* com você") e prazer baseado no espírito ("Posso sentir que você está totalmente presente e adoro isso") também.

Ainda se sente nervosa por realmente abrir a boca e falar durante o sexo? Aqui está um exercício divertido que você pode tentar: provoquem um ao outro enquanto você está vestida, dizendo fragmentos aleatórios de feedback um para o outro. Não precisam ser coisas que você realmente deseja ou de que gosta; a ideia é apenas se sentir confortável conversando. (Isso é semelhante ao exercício com Rowena que compartilhei na conversa de Reconhecimento.) Tente dizer coisas como "Isso é bom", "Continue", "Posso ficar por cima?" e "Pegue na minha bunda". Essa prática também ajudará você a se sentir mais à vontade para falar entre quatro paredes!

Quando Diminuir Suas Expectativas Pode Realmente Ser Uma Coisa Boa

Ao dar pequenos feedbacks ao seu parceiro, é importante estar preparada para a possibilidade de que o estímulo que você receberá não seja muito melhor do que o que seu parceiro estava fazendo. Isso porque você provavelmente se sentirá vulnerável ou sensível pelo fato de se expor e começar a se comunicar (pelo menos no início)! Por exemplo, digamos que sua parceira está lhe tocando uma siririca e você pede a ele para apertar um pouco mais. Você não sentirá borboletas no estômago no segundo em que ele começar a usar um pouco mais de pressão! Pode parecer 10% melhor do que a pegada mais suave que ele estava usando um minuto antes. Talvez 1%. Ou talvez pedir mais pressão tenha feito seus níveis de ansiedade dispararem por alguns segundos, e você está sentindo ainda *menos* prazer do que antes!

É por isso que a encorajo a diminuir temporariamente suas expectativas e ter um pouco de paciência enquanto desenvolve uma noção melhor do que é bom para você. À medida que você se sentir mais à vontade para dar feedback, fazer solicitações e experimentar coisas novas, busque pequenas melhorias. Se parece apenas um pouquinho melhor do que o que estava fazendo, isso é perfeitamente ok! No longo prazo, essas pequenas melhorias no prazer se transformarão em um sexo muito mais agradável.

E Se Meu Parceiro Não Ouvir?

Margaret, membro de nossa comunidade no Instagram, escreveu para reclamar que seu marido não atendeu a seus pedidos. "Eu já disse a ele várias vezes que queria que ele assumisse o controle com mais frequência, mas ele não o fez. Estou magoada por não parecer tão importante para ele." Ouça, seria *incrível* dar um feedback ao seu parceiro apenas uma vez e depois observá-lo atender ao seu pedido pelo resto da eternidade. (O puro êxtase que eu gostaria de sentir se nunca mais tivesse que lembrar Xander de levar o lixo para fora...) Mas não é assim que o comportamento humano funciona — dentro ou fora de quatro paredes. Já tentou fazer uma mudança pessoal? Mesmo que seja algo que a deixa animada e comprometida, você *sabe* que é preciso mais de uma conversa estimulante interna para obter resultados consistentes!

Em vez disso, terá que se acostumar a pedir várias vezes. Isso é chato, eu sei! Mas seus desejos são dignos de sua defesa. E seu parceiro merece um desconto por ser um confidente dos seus pedidos e tentar descobrir como seguir adiante.

Se os pedidos gerais não estiverem funcionando, torne-os mais específicas. Eu instruí Margaret a dizer ao marido pela manhã que ela ficaria realmente excitada se ele assumisse o controle naquela noite, ou para pedir isso a ele antes de começarem a ter uma relação. Além disso, certificar-se de ser clara e específica sobre o que deseja. No caso de Margaret, "assumir o controle" pode ser algo tão amplo a ponto de seu marido não saber exatamente o que fazer.

Quando Você Tem um Feedback Difícil para Dar

Às vezes, simplesmente não há como dar uma guinada positiva no que está acontecendo entre quatro paredes. Lembra-se da história de Aaliyah e Sebastian, o casal vivendo um relacionamento aberto, mencionada no Capítulo 2? Sebastian gostava de chamá-la de "garota má" durante o sexo, e ela odiava. Mas também não queria que ele se sentisse envergonhado ou travado por isso.

Orientei Aaliyah a abordar Sebastian fora do ambiente sexual, bem depois que eles tivessem feito sexo e quando ele estivesse de bom humor, e dizer: “Quero que nos sintamos à vontade para conversar sobre sexo e compartilhar nossas experiências um com o outro, mesmo que às vezes isso possa trazer sensibilidade. Ultimamente, tenho notado que não estou amando a expressão ‘garota má’, mas *acharia* sexy se você descrevesse como eu estava fazendo você se sentir bem.” Essa abordagem funciona muito em apenas algumas frases:

- Declarar suas intenções positivas.
- Lembrar seu parceiro de que vocês estão no mesmo time.
- Ser gentil, mas clara sobre o que você *não* quer.
- Fornecer ao seu parceiro um comportamento alternativo do qual você *gostaria*.

Observe que, neste exemplo, não há reclamação ou lamentação. Isso porque é muito mais provável que você atenda às suas necessidades se fizer uma solicitação direta. A maioria de nós se sente tão desconfortável com a comunicação que não dizemos nada até que nossa frustração passe. (Seja brutalmente honesto consigo: você costuma fazer reclamações ou pedidos a seu parceiro?) Mas é o seguinte: ninguém responde bem a reclamações. Quando alguém lhe diz que está desapontado, isso serve apenas para trazer vergonha, não motivação. E pior, você se sente presa porque, mesmo que mudasse seu comportamento, não poderia fazer nada para apagar a decepção inicial.

A Outra Metade, com Xander: Não Se Preocupe com Seu Ego

Receber feedback pode ser difícil! Especialmente quando se trata de algo que não nos sentimos à vontade para discutir ou uma área em que não nos sentimos especialmente confiantes (por exemplo, sexo). Isso pode acontecer com qualquer um, mas há uma dinâmica particularmente comum que tende a surgir nos homens: a reação “Meu Deus, minha masculinidade está sob ataque!” Lembra-se daquela história embaraçosa que Vanessa contou no início deste capítulo, sobre como eu estava apenas prestando atenção ao meu próprio prazer durante o sexo? Vanessa foi bastante generosa em sua descrição de como lidei com isso, porque, honestamente, na hora foi difícil ouvir aquilo, e demorei alguns meses para entender internamente como precisávamos resolver o problema. Mesmo sabendo que ela não estava tendo orgasmos consistentes, senti que minha habilidade sexual estavam sendo questionadas. Parecia que meu trabalho como homem — saber o que fazer na cama e dar conta de tudo — estava, de alguma forma, ameaçado.

Aqueles de nós que se identificam com o gênero masculino tendem a ser socializados para valorizar a autossuficiência e o sustento de nossa parceira. Quando se trata de sexo, o que vemos na TV mostra os homens sendo assertivos e agradando magicamente suas parceiras, sem que essas parceiras deem qualquer direção ou feedback. Adicione o fato de que a maioria já teve parceiros sexuais que fingiram orgasmo ou fizeram elogios sexuais enganosos, e você tem a tempestade perfeita: alguém que quer desesperadamente dar conta no quarto e erroneamente pensa que sabe exatamente o que está fazendo! Então, quando recebemos um feedback inesperado que desafia essa visão de mundo, é fácil ficar chateado e tentar falar sobre nosso ego, em vez de realmente ouvir o feedback e usá-lo como uma oportunidade para melhorar a experiência de nossa parceira.

Com esse contexto em mente, aqui estão algumas sugestões de como lidar com essa dinâmica, independentemente de seu gênero.

Se seu ego está ferido:

- Confie que seu parceiro tem intenções positivas com o feedback. Claro, todos querem se sentir incríveis na cama, e é difícil ouvir até mesmo o menor indício de que não somos leitores de mentes sexuais perfeitos. Mas confie que sua parceira tem as melhores intenções com o que está compartilhando. Ela não está tentando te magoar; está tentando ser honesta na esperança de que isso aproxime vocês e crie uma experiência melhor para ambos.
- Quando você desvia transformando o feedback em um referendo sobre seu ego, está efetivamente enterrando a cabeça na areia. Você também poderia ficar de mau humor sabendo que continuará fazendo algo na cama de que sua parceira particularmente

não gosta, ou pode tomar alguma atitude e dar a ela mais prazer. Qual deles fará melhor para seu ego no longo prazo? (Espero que o último...)

- Pense em como você prefere receber feedback. Talvez você queira um aviso antes do início da conversa para que possa entrar no estado de espírito certo ou prefira que seja feito por mensagem de texto para ter tempo de considerar suas respostas. Comunique isso a sua parceira.

Se sua parceira é quem está com o ego ferido:

- Não é seu trabalho manter o ego de sua parceira permanentemente inflado.
- Lembre sua parceira de que o corpo de cada pessoa funciona de maneira diferente, então seu feedback não tem nada a ver com ela "fazendo algo errado"; na verdade, o assunto sobre o qual você está dando feedback pode muito bem ter sido o paraíso na terra para um parceiro anterior.
- Ao dar feedback, tente enfatizar tudo o que você gostaria que fosse feito de maneira diferente e como isso será prazeroso para você, em vez de se concentrar excessivamente na ação que seu parceiro está realizando e em como isso está afetando você negativamente. Por exemplo: "Você poderia esfregar meu clitóris gentilmente? É uma sensação muito boa e acho que poderia gozar bem rápido assim!" *versus* "Mais devagar! Você está arruinando meu orgasmo esfregando com tanta força".

O Outro Lado da Equação: Pedindo Feedback ao Seu Parceiro

E se for você quem quiser saber mais sobre a experiência de seu parceiro no quarto? A maioria de nós fará a pergunta: "O que você quer?" Mas essa é uma das *piores* perguntas a se fazer entre quatro paredes, porque é muito aberta e coloca seu parceiro num dilema, como aquele clássico: "O que vamos jantar?" Se seu parceiro fizer essa pergunta, você responderá: "Não sei;

o que você quer?" Então ele responderá: "Eu não sei; perguntei primeiro." E assim por diante. Mas se ele disser: "Ei, então, eu estava pensando no jantar hoje à noite. O que acha de comida italiana ou chinesa?" Agora, de repente, você está considerando apenas duas variáveis, em vez de um número infinito. Mesmo se quiser muito comida mexicana, a decisão ainda parece mais clara e fácil de tomar!

Uma das coisas mais simples que se pode fazer para melhorar sua vida sexual é eliminar a pergunta "O que você quer?" de seu vocabulário e substituí-la pelo meu Teste do Exame de Vista.

Quando você vai examinar a vista, o oftalmologista não apenas diz: "Descreva como você quer que esteja sua visão." Em vez disso, ele mostra uma série de slides e pergunta: "Qual deles está melhor, o um ou o dois?" Às vezes, esses slides ficam muito complicados, mas, em geral, escolher entre as duas opções parece simples.

Você pode usar a mesma técnica entre quatro paredes! Dê ao seu parceiro opções para escolher, em vez de pedir que ele responda do nada à pergunta "O que você quer?" Por exemplo, "Que eu massageie suas costas ou seus ombros?" ou "É bom quando eu te toco assim ou *assim*?" ou "Você gosta mais quando eu pressiono assim ou *assim*?"

O Teste do Exame de Vista também ajuda seu parceiro a sentir que você está genuinamente empenhada em dar prazer a ele, porque dedicou um tempo para pensar em algumas opções específicas. Honestamente, "O que você quer?" é uma pergunta preguiçosa. Não é tão difícil encontrar algumas opções específicas.

Fechando a Lacuna do Orgasmo

Dar e receber feedback pode fazer uma grande diferença entre quatro paredes, mas não resolve o enorme problema da desinformação sobre o prazer feminino. Aperte o cinto, porque é hora de falar sobre um de meus assuntos favoritos: equidade entre quatro paredes. Normalmente, vejo isso acontecer apenas com casais cis homem-mulher, então me concentrarei nessa configuração de gênero específica.

Em 2009, a Pesquisa Nacional de Saúde e Comportamento Sexual nos EUA perguntou a quase 2 mil adultos norte-americanos sobre sua experiência sexual mais recente.[1] A grande maioria dessas experiências foi com um parceiro do sexo oposto, portanto, essa é uma pesquisa bastante heteronormativa. Assim, 91% dos homens disseram que atingiram o clímax durante sua última relação sexual, em comparação com apenas 64% das mulheres. Mas chocantes 85% dos homens *pensaram* que sua parceira teve um orgasmo (é uma diferença de 21% na percepção *versus* a realidade, caso você seja tão ruim em matemática quanto os homens aparentemente são em reconhecer o prazer feminino).

Deixe-me dar uma olhada em minha caixa de entrada de e-mail e compartilhar três mensagens que chegaram, tudo no espaço de algumas horas:

- "Meu marido diz que não quer perder tempo para garantir que eu tenha orgasmo 75% das vezes. Eu trouxe isso de novo na semana passada e disse: 'Eu só quero ter a mesma experiência que você, pelo menos na maior parte do tempo', e sua resposta foi: 'Mas não é a mesma experiência. Meu orgasmo leva apenas alguns minutos, se eu quiser. O seu exige muito mais esforço.'"
- "Meu namorado não me chupa, mesmo que seja a única maneira de eu ter orgasmo, porque diz que não gosta de fazer isso. Ele me dá todas as desculpas: vou fazer isso outra hora, meu pescoço dói, tenho um 'gosto diferente', tenho uma língua curta que se cansa facilmente. Pergunta secundária: esse problema de língua é relevante?"
- "Quando meu marido e eu fazemos sexo, parece muito unilateral. Ele atinge seu clímax, então para e me deixa esperando. Ele não quer ser rude; acho que ele só pensa em seu orgasmo como o fim do sexo. Tipo, 'Ok, estou satisfeito, agora terminei e, portanto, terminamos'. Isso me chateia, porque quero sentir prazer tanto quanto ele e ter meu próprio orgasmo. Sou egoísta por pensar assim?"

Leiamos a última frase novamente: "Sou egoísta por pensar assim?" Essa pergunta me atordoa. Não! Não é egoísta por querer o mesmo prazer e a mesma satisfação que seu parceiro está obtendo. Não é egoísmo querer a mesma experiência que seu parceiro está tendo.

Mas o problema não é apenas termos uma epidemia de homens egoístas. Muitas mulheres também têm problemas para receber prazer no quarto. Minha amiga Francesca me disse:

— Jake quer ter uma tonelada de preliminares e passar muito tempo no sexo. É divertido de vez em quando, mas, na maioria das vezes, me sinto desconfortável quando ele tenta se concentrar em mim. É preciso muito para me levar até lá e, às vezes, não vale a pena. Eu só quero que ele tenha seu orgasmo e acabe logo com isso.

Francesca já sabe que "acabar logo" com o sexo é como sugar a alma (e ela percebe a ironia de se sentir ressentida com Jake nas vezes em que ele encerra o sexo logo após ter um orgasmo). Nunca será bom para ela, ela nunca ansiará por isso e certamente isso não levará a nenhuma intimidade verdadeira entre ela e Jake. Mas ela ainda está se contentando com essas sobras porque não se sente digna.

Perguntei a Francesca por que seus orgasmos reais são poucos e distantes entre si, e ela me disse que Jake é muito duro com seu clitóris. Ele usa essa técnica desde o início do relacionamento e ela fingiu orgasmos pela mesma razão que eu: porque parecia mais fácil. Mas agora já se passaram anos, e ela não quer fazer Jake se sentir mal contando que não está funcionando. É outra questão clássica que vejo: nós, mulheres, somos socializadas para sermos hipersensíveis aos sentimentos alheios e sacrificarmos nosso conforto para preservar o ego de um parceiro.

Por que tantos casais estão lutando para criar equidade de prazer entre quatro paredes? Como sempre, volta-se à desinformação e falta de educação. Somos ensinados a acreditar em muita besteira sobre prazer e orgasmo feminino:

- Que é complicado ou misterioso.
- Que tudo o que você precisa fazer como mulher é "apenas relaxar" ou "apenas deixar rolar e parar de pensar nisso".

- Que você deve ter orgasmo apenas com a penetração e não deve exigir algo "extra" para chegar lá.
- Que algo deve estar terrivelmente errado com você se ainda não teve um.

Bo e sua esposa, Elyse, são exemplos perfeitos de como essa desinformação pode ser bastante destrutiva. Começaram a namorar no ensino médio e eram virgens quando se casaram. Bo ficou frustrado com a pouca frequência com que eles fazem sexo e achava que era o culpado pelo pouco desejo sexual de Elyse. Mas, então, leu um artigo que escrevi sobre o orgasmo feminino e percebeu o erro.

Em nossa primeira sessão, me contou:

— E até onde Elyse e eu sabíamos, sexo era relação pênis-na-vagina. Nos primeiros sete anos, ela odiava isso, não aproveitava nada, mas sentia que precisava fazer sexo semanalmente ou duas vezes por semana para atender às minhas necessidades. Nenhum de nós entendeu o que estávamos fazendo de errado, e Elyse pensou que houvesse algum problema consigo, porque o sexo que estávamos fazendo funcionava bem para mim. Elyse sofreu em silêncio por sete *anos* porque não tinha informações básicas sobre como seu corpo funciona e do que precisa.

A maioria dos casais heterossexuais está fazendo sexo como Bo e Elyse: alguns segundos de preliminares, em seguida, direto para a relação sexual. Mas a penetração não é a atividade mais prazerosa para a grande maioria das mulheres. Pesquisamos nosso público no Instagram, e impressionantes 90% das mulheres disseram que preferem outra coisa que não a penetração! Nosso prazer vem da estimulação do clitóris, e não temos muito disso durante nossa velha relação pênis-na-vagina.

Então, falemos sobre o clitóris! É a única parte do corpo humano que existe apenas para o prazer. Ele tem de 8 mil a 9 mil terminações nervosas, enquanto o pênis tem de 2 mil a 3 mil. Mas durante a relação sexual, uma mulher cis recebe estimulação em sua vagina, que não tem muitas terminações nervosas. (As que existem estão localizadas no terço externo da vagina, então há ainda menos sensibilidade no interior.)

E você sabia que o clitóris e o pênis são realmente muito semelhantes? Os tecidos que formam o pênis de alguém nascido homem são exatamente os mesmos que fazem o clitóris para alguém nascido mulher. Então, por que fazemos as mulheres se sentirem mal por precisarem de estimulação no clitóris? Vamos cair na real: sempre que você ouve falar sobre o clitóris, é sempre algo como: "Por que as mulheres precisam desse estímulo extra? Por que o clitóris é tão complicado? É tão difícil de encontrar! Isso existe mesmo?" Mas não fazemos os homens se sentirem mal por precisarem de estimulação peniana, certo?

Do ponto de vista nervoso, a relação sexual para uma mulher é o equivalente a um homem ter seus testículos tocados. Tenho certeza de que há algum homem de muita sorte por aí que pode ter um orgasmo com isso, mas, com certeza, não a maioria. No entanto, imaginaremos algum universo alternativo onde o que definimos como "sexo" heterossexual é um homem esfregando seus testículos no clitóris da mulher. Ela está recebendo estimulação na parte de seu corpo em que sente mais sensibilidade. O homem pode estar sentindo algum prazer, já que os testículos fazem parte de seus órgãos genitais e têm terminações nervosas. Mas esperaríamos que os homens adorariam essa nova versão da relação sexual e que esta deveria ser a atividade sexual padrão? Faríamos os homens se sentirem culpados por não sentirem prazer ao esfregar seus testículos no corpo de uma mulher? Absolutamente não!

Sei que parece um exemplo bobo, mas é *exatamente* a situação com a penetração. Fazemos as mulheres se sentirem péssimas por não amarem uma atividade física que simplesmente não estimula a parte mais sensível de seu corpo. Quão chato é isso?

Se você está em um relacionamento homem-mulher e está lutando com uma lacuna no orgasmo, leia esta seção do livro várias vezes até perceber que não há nada de errado com você. Então, siga nossos três mantras para a igualdade de prazer entre quatro paredes:

1: QUEM QUER UM ORGASMO CONSEGUE UM ORGASMO.

O que nos traz prazer parecerá diferente, mas todos deveríamos ter experiências agradáveis. Algumas advertências importantes, no entanto. A palavra-chave é "querer". Nem todo mundo quer um orgasmo toda vez, e tudo bem. Mas se alguém deseja um, precisa trabalhar em equipe para que isso aconteça. Além disso, o orgasmo não é a única maneira de medir prazer e satisfação. Orgasmos são incríveis, mas tente manter o foco no prazer em si. Afinal, você pode sentir prazer ao longo de toda uma interação sexual, mas os orgasmos geralmente vêm no final.

2: LEMBRE-SE DE SEU "SEC".

SE UM DE VOCÊS tem uma vagina, certifique-se de priorizar o prazer clitoriano tanto quanto prioriza o prazer peniano. Nossa regra é o SEC: Sempre Esteja (tocando o) Clitóris!

3: TUDO CONTA COMO SEXO.

Acabe com a ideia de que a relação sexual é a única maneira de fazer sexo e coloque mais opções sobre a mesa. As preliminares podem e devem ser o evento principal. O mesmo estudo de 2009 da Pesquisa Nacional de Saúde e Comportamento Sexual a que me referi descobriu que 90% dos homens teriam orgasmo durante o sexo, independentemente das atividades sexuais das quais o casal participasse. Mas, para as mulheres, adicionar mais opções ao cardápio aumentava muito a probabilidade de orgasmo. Oitenta e um por cento delas conseguiam atingir o orgasmo com o sexo oral, e 89% conseguiam atingir o orgasmo se participassem de cinco ou mais atividades sexuais diferentes em uma interação. Mais variedade leva a mais orgasmos!

Não se esqueça de outras formas de prazer também. Concentrei-me no prazer baseado no corpo, já que a grande maioria das pessoas não conhece a realidade básica de como o clitóris funciona. Mas lembre-se de que seu parceiro pode precisar de formas de prazer baseadas no espírito e na mente.

Vamos Fazer Isso

Sempre que compartilho a Lacuna do Orgasmo com casais, isso abre muitas conversas. Ela tende a dar aos casais a capacidade de "reiniciar" e reconsiderar muitos aspectos de sua vida sexual. Aqui estão algumas questões para discutir:

- "Como você gostaria de começar a explorar a estimulação do clitóris?"
- "Quais são as coisas que você gosta de fazer entre quatro paredes comigo, não importa quão grandes ou pequenas possam parecer?"
- "Como posso ajudá-lo a saber que estou do seu lado na busca pelo orgasmo?"
- "Existem momentos em que você não quer ter um orgasmo?"

Evitando Armadilhas Comuns

"Admito que fiz um péssimo trabalho ouvindo o feedback da minha esposa, mas agora ela está no ponto em que não quer mais me dar feedback nenhum. Ela diz: 'Já disse do que gosto. Você deve saber o que fazer.'"

É ótimo que você esteja se apropriando dos erros do passado. Você já compartilhou isso com ela? Essa pode ser uma ótima maneira de iniciar a conversa. Diga algo como: "Quero reconhecer que não fiz um bom trabalho ouvindo seus comentários." Compartilhe quaisquer razões específicas pelas quais esse foi o caso para você, como: "Eu me sinto muito inseguro por ser ruim na cama, e parecia mais fácil ignorá-la para que eu pudesse proteger meu ego." Continue com algo como: "Sinto muito por isso e quero que as coisas sejam diferentes para nós daqui para a frente. Prometo levar seu feedback a sério e fazer o possível para colocá-lo em prática rapidamente."

Também quero lembrar a você e à sua esposa que o feedback não é o único tipo de coisa a ser feita! Suas preferências podem mudar de momento a momento, experiência a experiência e ano a ano. Você pode dizer algo como: "Também estou aprendendo a ter uma abordagem diferente para o feedback. Quero que possamos nos comunicar sobre o que nos traz prazer para o resto de nossa vida. Quero aprender aquilo de que você gosta agora *e* também abrir espaço para o que você gostaria de mudar no futuro. Isso faz sentido para você?"

"Nunca tive um orgasmo com meu marido por nove anos. Eu fingi desde o começo. Tenho que confessar?"

Eu mesma já fingi centenas de orgasmos, então entendo. Mas é por isso que recomendo altamente não fingir; você não quer entrar nesse problema anos depois!

Minha recomendação é confessar e contar ao seu parceiro. A coisa mais importante para você reconhecer é que você não fingiu por razões maliciosas. Você provavelmente fingiu porque sentiu que há algo de errado com você e não queria que seu parceiro se sentisse assim também. Diga isso ao seu parceiro! Diga algo como: "Eu nunca, nunca quis te machucar. Eu me senti tão desesperada por pensar que nunca seria capaz de ter um orgasmo, que fingir parecia a melhor opção para ambos. Eu realmente sinto muito agora por ter feito isso, porque posso ver que causei muita dor para nós." Seu parceiro provavelmente ficará surpreso e magoado e pode precisar de um pouco de tempo para processar seus sentimentos, mas essa abordagem irá prepará-lo para a maior chance de sucesso orgástico.

Se isso parecer muito intimidador, você pode tentar uma abordagem de meia-verdade. Diga ao seu parceiro que está percebendo que seu corpo está respondendo a diferentes tipos de estimulação ultimamente. Você pode dizer algo como: "Não sei o que está acontecendo, mas acho que quero que exploremos um pouco mais juntos." Isso criará mais espaço para ambos experimentarem diferentes tipos de estímulo.

"Meu marido e eu temos algumas grandes diferenças culturais a superar. Sua cultura acredita que vulvas e vaginas não são naturalmente limpas. Há tanta vergonha em torno do sexo e medo de germes que é preciso estar limpa para fazer a ação. Assim que começamos a falar sobre sexo, ele continuou me perguntando sobre tomar banho, antes e depois do sexo. Eu podia sentir como era difícil para ele não sentir toda a programação cultural em torno de vulvas sujas, e isso me fez sentir muito envergonhada de meu corpo."

Não havia espaço em *Sex Talks* para discutir todas as questões culturais únicas que podem entrar em jogo com o sexo, o que é realmente uma pena, porque há muitas dinâmicas que podem surgir, especialmente quando se está falando de diferentes combinações de culturas. É completamente compreensível que seu marido tenha alguma apreensão sobre limpeza depois de uma vida inteira sendo ensinado que sexo é sujo. No entanto, ele agora precisa fazer uma escolha — quer permitir que esse condicionamento cultural continue afetando sua relação com o sexo ou está pronto para superar isso?

A boa notícia aqui é que você provavelmente pode se identificar com os impactos negativos do condicionamento cultural. Pode iniciar uma conversa dizendo algo como: "Eu entendo como sua cultura levou a que esses sentimentos de que sexo seja impuro. Eu tenho minhas próprias lutas com coisas que me ensinaram. Quero que nós dois decidamos como *queremos* nos sentir em relação ao sexo daqui para a frente e nos esforcemos para mudar nossas relações com o sexo. Pode ser meu companheiro de equipe nisso?"

Trabalhar com alguns dos exercícios na Parte 1 de *Sex Talks* pode ajudar imensamente, assim como a terapia pessoal.

Algumas dicas:

- Seu tipo de personalidade sexual lhe dará a lente através da qual você filtra o prazer, incluindo se você está focada no corpo, na mente ou no espírito.
- O feedback no quarto é crucial. Você merece pedir o que deseja e não precisa saber que vai gostar de algo para pedir. A estrutura de Feedback Positivamente Prazeroso é a melhor maneira de fazer isso.
- Use o Teste do Exame de Vista para obter um feedback útil de seu parceiro.
- A estimulação do clitóris é a chave para fechar a Lacuna do Orgasmo.

Como mencionei, o prazer está sempre em movimento. Você nunca será capaz de prever totalmente a que seu corpo responderá e nem compreender exatamente do que precisa. Mas espero que este capítulo tenha lhe dado ferramentas para permanecer no momento e aproveitar a onda com seu parceiro.

Encerraremos nosso tour pelas Cinco Grandes Conversas com a fronteira final: explorar o que *vem* a seguir. (Trocadilho obviamente intencional!)

CAPÍTULO 9

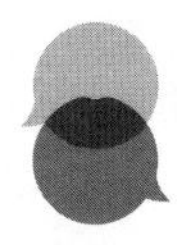

A QUINTA CONVERSA: *Exploração*

Também conhecida como "O que devemos tentar?"

SEMPRE QUE PESSOAS FICAM SABENDO que sou terapeuta sexual e que Xander e eu administramos uma empresa de terapia sexual juntos, elas imediatamente presumem que temos uma vida sexual descontroladamente excêntrica. Mas veja como a intimidade física se apresenta para nós se não formos cuidadosos:

Um de nós pergunta: "Ei, você quer fazer sexo?"

A outra pessoa responde: "Acho que sim. Pode ser uma rapidinha?"

Subimos juntos as escadas e colocamos os cachorros na cama deles antes de fechar a porta de nosso quarto na cara deles. Tiramos nossas roupas enquanto estamos de pé, em seguida, vamos para o lado de Xander na cama. Ele fica do lado direito, deito-me à minha esquerda. Nós nos beijamos por um minuto ou dois, então tocamos a genital um do outro por mais um minuto. Ambos querem ficar por baixo, por razões de pura preguiça, então brigamos brevemente sobre quem vai ficar por cima. Normalmente, isso cabe à pessoa que tomou a iniciativa. Transamos por alguns minutos, e, então, nos concentramos em nos excitar. Assim que terminarmos, tomamos banho e voltamos lá para baixo.

Não é tão emocionante, né? (Nota: li isso para Xander durante a fase de edição, e ele respondeu: "Sinto-me atacado.")

Pedi ao nosso público do Instagram para compartilhar suas histórias de sexo rotineiro e obsoleto. Recebi milhares de respostas. Enquanto eu os examinava, não pude deixar de rir de como as histórias eram idênticas:

> "Tentamos resolver isso o mais rápido possível."
>
> "Transamos nas mesmas posições repetidamente."
>
> "São aproximadamente dois minutos de preliminares."
>
> "O padrão é sempre o mesmo 'quem começa faz o trabalho'."
>
> "Fazemos preliminares apenas até que eu me molhe o suficiente para a penetração."
>
> "É exatamente a mesma coisa. Toda. Vez. Não me lembro da última vez que tentamos algo novo."
>
> "Acontece assim porque é confortável e não é ruim, e ninguém precisa realmente pensar sobre isso."

Até o tom dessas descrições é o mesmo, apesar de escritas por pessoas diferentes. Você pode *sentir* a monotonia.

É frustrantemente fácil cair na rotina sexual. Com agendas lotadas, empregos exigentes, filhos, famílias e responsabilidades sem fim, seu parceiro pode escorregar para o final de sua lista de tarefas. (Sou impotente contra esses trocadilhos!) Por mais que você ame seu parceiro e se sinta atraída por ele, ainda se pegará fazendo os mesmos movimentos no quarto.

Esse tipo de sexo passa segurança. Tudo bem. Não é terrível. É aquele tipo de situação em que "o mal conhecido é melhor do que o mal desconhecido". Lembra-se da minha amiga Emmy? Ela me disse:

— Continuamos seguindo a mesma rotina porque é muito estranho fazer algo diferente. Prefiro fazer coisas que sei que "funcionam" do que tentar algo novo e não ser uma boa experiência. Especialmente porque nosso tempo juntos é muito limitado. Por que arriscar?

"Risco" é a palavra perfeita. E se você tentar algo novo e isso der terrivelmente errado? E se ficar envergonhada? E se doer? E se sugerir uma ideia e for julgada pelo seu parceiro? E se descobrir que seu doce e educado marido secretamente quer que você vista fraldas nele e finja que irá amamentá-lo? E se você descobrir que também gosta disso?

Mas esse tipo de sexo está lentamente sugando sua energia e a de sua relação. É o equivalente a comer torrada sem nada no café da manhã todas as manhãs. Está bem, às vezes é surpreendentemente reconfortante ou até saboroso. Mas é a mesmo merda de pão todos os dias. É por isso que eu chamo a conexão entre prazer e desejo da Conversa 3 de o Problema da Torrada Branca. Você nunca acordará de manhã pensando: *Mal posso* esperar *para comer outro pedaço daquela torrada branca!*

Há também o que chamo de Efeito de Inibição em jogo. Você já notou que quanto mais namora alguém, mais careta sua vida sexual fica? Xander enfiou o dedo na minha bunda depois de apenas alguns dias me conhecendo. Mas depois de alguns anos namorando, a brincadeira anal havia seguido o destino dos dinossauros. Para muitas pessoas, existe uma relação inversa entre intimidade e aventura. É como se a cada ano que passa, mais um item desaparecesse de seu menu sexual. É um plot twist engraçado em nossa velha amigo, a Estranheza; ironicamente, nos sentimos mais confortáveis sendo desinibidos e selvagens quando nosso parceiro parece mais desconhecido para nós.

A rotina sexual penetra facilmente em um relacionamento e todo casal deva trabalhar para evitá-la. Mas se o tédio do quarto for sua principal reclamação com sua vida sexual, esta *sex talk* deve ser seu ponto de partida.

Então, como exatamente falamos sobre isso em nossos relacionamentos? Como diremos um ao outro que estamos cansados da mesma velha rotina, mas, ao mesmo tempo, estamos muito intimidados para dar uma agitada?

E como ter qualquer tipo de conversa sem ferir os sentimentos de nosso parceiro ou nos pressionar a oferecer novidades e emoções ininterruptas?

A Pergunta Errada

Você já conhece o melhor antídoto para o tédio sexual: experimentar coisas novas. Não é nenhum segredo que, quando vocês agitam sua rotina — dentro e fora do quarto —, podem se ver sob uma nova luz. Parece que vocês estão namorando novamente, ainda se conhecendo. As coisas parecem frescas e novas, em vez de obsoletas e previsíveis.

Mas se você for como a maioria das pessoas, a maneira como aborda a conversa sobre testar coisas novas no quarto é perguntar: "Qual é a sua fantasia?"

Lembro-me de fazer essa mesma pergunta a Xander no início de nosso relacionamento. Foi preciso muita coragem para perguntar, mas fiquei empolgada com a resposta. Estava pronta para sua longa lista de desejos de aventuras sexuais, para que pudéssemos começar os trabalhos do nosso jeito, por meio deles e os verificando, um por um.

Para meu espanto, ele respondeu:

— Hum... Eu não tenho nenhuma.

Meu coração parou.

Ele continuou.

— *Você* tem alguma? Estou aberto para fazer o que você quiser.

— Ah, não mesmo. Estou feliz com o que estamos fazendo — eu deixei escapar.

A conversa acabou, mas minha mente começou a corrida. Xander realmente não tinha *nenhuma* fantasia? Ele estava bem apenas fazendo exatamente a mesma coisa repetidamente? Eu achei que ele ia me inspirar! Será que eu tinha alguma fantasia? Havia algumas coisas que pensei em testar, mas se Xander estava feliz com o que estávamos fazendo, talvez eu não devesse mencioná-las. Afinal, eu não gostaria dele me julgando ou pensando que eu era estranha por estar interessada em...

As coisas poderiam ter seguido um rumo bastante monótono se eu não tivesse experienciado um momento de inspiração semanas depois. Eu lembrei a mim mesma: *Esse é o cara que enfiou o dedo no meu cu. Ele tem que querer outras coisas.* Comecei pensando na palavra "fantasia"; talvez fosse a palavra errada para ser usada. Afinal, eu nem denominaria minhas curiosidades como fantasias. Então, alguns dias depois, perguntei a Xander:

— O que você tem curiosidade de testar entre quatro paredes comigo?

Bingo! Eu tive uma resposta!

Anos depois, após falar sobre a palavra "fantasia" com milhares de pessoas, posso dizer com segurança que estamos nos concentrando na pergunta errada. Perguntei ao nosso público do Instagram "Você tem alguma fantasia?", e 70% responderam "Não". Muitos pensam que "fantasia" significa "uma fantasia incrivelmente elaborada, bem como uma cena detalhada envolvendo dramatização e arcos de história nos quais penso *constantemente* e me fazem ter um orgasmo só de pensar. Por exemplo: *Ok, então estamos na Inglaterra do século XVIII. Sou uma duquesa e você é o mordomo jovem e sexy do meu marido. Ele faz uma viagem de negócios para coletar o pagamento de impostos dos habitantes da cidade. Uma grande tempestade se aproxima, e sinto medo dos raios e trovões...* Se você gosta das trovoadas do século XVIII (ou das fraldas que falei antes), isso é incrível! Está tudo bem! Mas se a palavra "fantasia" não faz você vibrar, não significa que não tenha interesses ou curiosidades.

A outra coisa engraçada sobre "Qual é a sua fantasia?" é que, muitas vezes, é uma pergunta preguiçosa! Isso me lembra novamente do temido "O que você quer para o jantar?" Você acha que está sendo educada e deixando seu parceiro escolher o que gostaria de comer, mas, na verdade, parece um fardo para seu parceiro ter de chegar a uma resposta que ele considera adequada para ambos. Isso certamente foi uma questão para mim. Eu me senti envergonhada por compartilhar com Xander as coisas que eu gostaria de testar, então fui tentada a jogar a responsabilidade para ele.

No entanto, em vez disso, encorajo você a usar a mesma pergunta que fiz a Xander:

— O que você tem *curiosidade* de testar?

E esteja preparada para responder por conta própria.

É muito mais divertido abordar os interesses sexuais a partir da curiosidade do que da certeza, como em:

— Eu garanto a você que isso é algo que me excita descontroladamente, e mantive isso em segredo todos esses anos.

E lembre-se do que falamos no último capítulo: você pode pedir algo sem ter a certeza de que vai gostar. "Qual é a sua fantasia?" implica que você já sabe que vai adorar, enquanto "Qual é a sua curiosidade sobre isso?" deixa espaço para que sua reação seja: "Hmm, estou feliz por termos tentado isso, mas não acho que faria de novo."

O Teste Sim, Não, Talvez

Se a ideia de inventar algo lhe despertar curiosidade a ponto de a tentativa parecer, *ainda*, intimidante para você, eu a protejo! Pode ser útil começar com atos sexuais específicos para avaliar, em vez de sentir pressão para chegar a ideias novas e empolgantes a partir do zero. Nas páginas a seguir, você encontrará uma longa (mas não completa!) lista de atividades que poderia praticar entre quatro paredes.

Você também verá que existem três categorias: Sim, Talvez e Não.

Esse exercício é semelhante àquele de limites imposto pelo Sinal Vermelho, Amarelo e Verde apresentado no Capítulo 3. Seus "Sins" são coisas que você já conhece e aprecia. Seus "Nãos" são coisas que você sabe que nunca faria. É nos "Talvez" que as coisas ficam interessantes. Você pode considerá-los com base nas circunstâncias. Pode estar interessada em experimentar um determinado aspecto da atividade, mas não a coisa toda. Talvez você tentasse se tivesse um parceiro realmente interessado nisso, ou se pudesse preparar as coisas de uma certa maneira. Ou talvez não esteja interessada em experimentar agora, mas pode estar aberta a isso no futuro. Gostaria de incluir esta categoria porque ela lhe dá a oportunidade de reexaminar seus limites.

Minha amiga Francesca e eu conversamos sobre seus "Talvez" várias vezes. Quando apresentei o conceito, ela pareceu nervosa e me disse:

— Ok, então é como brincar com xixi... Urina mais sexo não me parece algo minimamente atraente. Mas se Jake estava realmente excitado com isso... Eu *poderia* fazer um esforço. Podemos fazer isso no chuveiro, para facilitar a limpeza? Seria possível apenas fazer um pouco de xixi sobre seu pé ou sua perna?

Algumas semanas depois, Francesca trouxe um exemplo que parece mais sério.

— Jake quer que eu mande nudes para ele. Isso não era realmente uma questão quando começamos a namorar. Parece meio picante, mas pensar em fotos vazando ou alguém acidentalmente as vendo me deixa nervosa.

Para cada item da lista, analise e decida se essa atividade é Sim, Não ou Talvez para você na hora.

Você e seu parceiro devem preencher uma cópia da planilha individualmente. Em seguida, reúnam-se para discutir suas respostas para cada item. É possível percorrer a lista de uma só vez ou uma página por vez. Sua única regra para esse processo é que nenhum de vocês tem permissão para dizer algo negativo sobre os interesses da outra pessoa — especialmente se seu parceiro estiver interessado em algo em que você não esteja, ou vice-versa. Sem piadas, sem vergonha, sem respostas chocadas. Dê o seu melhor para permanecer neutra. Se você estiver nervosa sobre como essa parte do processo se desenvolverá, pode chegar a uma resposta acordada de antemão, como "Respeito que esteja interessado nesse lance, embora eu não esteja aberta a isso".

Vamos Fazer Isso

Aqui está seu plano de ação para diferentes combinações de respostas:

- Se ambos marcaram "Sim", ótimo! Adicione-o à sua lista de tarefas.
- Se ambos marcaram "Não", ótimo! Não precisarão fazer isso.
- Se uma pessoa marcou "Sim" ou "Talvez", mas outra pessoa marcou "Não", o item vai para sua lista conjunta de "Não". Pode haver certa tristeza ou decepção por parte de seu parceiro, que marcou "Sim" ou "Talvez", porém, é importante respeitar os limites da outra parte. (E lembre-se, sem vergonha.)
- Se ambos marcaram "Talvez" ou houve um "Sim" e um "Talvez", eis o que considero realmente interessante. Aqui estão algumas perguntas para ajudá-los a descobrir o que fazer com esse item:
    - "Existe algum aspecto disso que nos deixa curiosos, mesmo que não estejamos interessados em fazer a coisa toda?"
    - "O que nos deixa nervosos ou inseguros quanto a isso?"
    - "Que circunstâncias nos deixariam mais confortáveis?"
    - "Como poderíamos ajustar isso para torná-lo mais confortável?"
    - "Devemos adiar isso por enquanto e voltar a esse assunto no futuro?"

O Teste do "Sim", "Não" e "Talvez"

Ficar agarradinho	SIM	NÃO	TALVEZ
Massagear meu parceiro	SIM	NÃO	TALVEZ
Receber uma massagem	SIM	NÃO	TALVEZ
Beijar	SIM	NÃO	TALVEZ
Beijar de língua	SIM	NÃO	TALVEZ
Beijar todo o corpo do meu parceiro	SIM	NÃO	TALVEZ
Ter meu corpo beijado	SIM	NÃO	TALVEZ
Demonstrar afeto em público	SIM	NÃO	TALVEZ
Falar sobre desejos com meu parceiro	SIM	NÃO	TALVEZ
Enviar e-mails ou mensagens de texto sugestivas para meu parceiro	SIM	NÃO	TALVEZ
Receber e-mails ou mensagens de texto sugestivas de meu parceiro	SIM	NÃO	TALVEZ
Mandar fotos sensuais para meu parceiro	SIM	NÃO	TALVEZ
Receber fotos sensuais de meu parceiro	SIM	NÃO	TALVEZ
Fazer sexo por telefone (somente áudio)	SIM	NÃO	TALVEZ
Fazer uma chamada de vídeo sexy	SIM	NÃO	TALVEZ
Brincar com os seios de minha parceira	SIM	NÃO	TALVEZ
Deixar meu parceiro brincar com meus seios	SIM	NÃO	TALVEZ
Brincar com os mamilos do meu parceiro	SIM	NÃO	TALVEZ
Deixar meu parceiro brincar com meus mamilos	SIM	NÃO	TALVEZ
Brincar com as bolas do meu parceiro	SIM	NÃO	TALVEZ
Deixar meu parceiro brincar com meu clitóris	SIM	NÃO	TALVEZ
Ouvir meu parceiro gemer	SIM	NÃO	TALVEZ
Gemer	SIM	NÃO	TALVEZ
Falar sacanagem	SIM	NÃO	TALVEZ
Fazer sexo com música	SIM	NÃO	TALVEZ
Roçar no meu parceiro com roupa	SIM	NÃO	TALVEZ
Sexo sem penetração (roçar no meu parceiro sem roupa)	SIM	NÃO	TALVEZ
Masturbar	SIM	NÃO	TALVEZ
Ser masturbada	SIM	NÃO	TALVEZ

Masturbar-me	SIM	NÃO	TALVEZ
Ver meu parceiro se masturbar	SIM	NÃO	TALVEZ
Masturbar-me na frente de meu parceiro	SIM	NÃO	TALVEZ
Nos masturbar juntos	SIM	NÃO	TALVEZ
Passar lubrificante no meu parceiro	SIM	NÃO	TALVEZ
Deixar meu parceiro passar lubrificante em mim	SIM	NÃO	TALVEZ
Fazer sexo oral	SIM	NÃO	TALVEZ
Receber sexo oral	SIM	NÃO	TALVEZ
Ter relações sexuais	SIM	NÃO	TALVEZ
Ver meu parceiro completamente nu	SIM	NÃO	TALVEZ
Estar completamente nua na frente de meu parceiro	SIM	NÃO	TALVEZ
Ter intimidade fora do quarto	SIM	NÃO	TALVEZ
Ter intimidade no chuveiro e/ou na banheira	SIM	NÃO	TALVEZ
Sexo com as luzes acesas	SIM	NÃO	TALVEZ
Sexo no escuro	SIM	NÃO	TALVEZ
Sexo matinal	SIM	NÃO	TALVEZ
Sexo à tarde	SIM	NÃO	TALVEZ
Sexo noturno	SIM	NÃO	TALVEZ
Fazer sexo em um lugar semipúblico	SIM	NÃO	TALVEZ
Ler contos eróticos sozinha	SIM	NÃO	TALVEZ
Ler contos eróticos com meu parceiro	SIM	NÃO	TALVEZ
Ouvir áudios eróticos sozinha	SIM	NÃO	TALVEZ
Ouvir áudios eróticos com meu parceiro	SIM	NÃO	TALVEZ
Assistir pornô sozinha	SIM	NÃO	TALVEZ
Assistir pornografia juntos	SIM	NÃO	TALVEZ
Interpretar papéis	SIM	NÃO	TALVEZ
Usar fantasias	SIM	NÃO	TALVEZ
Dominar meu parceiro	SIM	NÃO	TALVEZ
Ser dominada	SIM	NÃO	TALVEZ
Ver meu parceiro de lingerie	SIM	NÃO	TALVEZ

Usar lingerie	SIM	NÃO	TALVEZ
Ter um orgasmo	SIM	NÃO	TALVEZ
Ter orgasmos múltiplos	SIM	NÃO	TALVEZ
Edging (Estimulação visando um orgasmo mais intenso)	SIM	NÃO	TALVEZ
Fazer meu parceiro ejacular em um lugar diferente do habitual	SIM	NÃO	TALVEZ
Gozar em um lugar diferente do habitual	SIM	NÃO	TALVEZ
Estimular o ânus de meu parceiro com as mãos	SIM	NÃO	TALVEZ
Receber estimulação anal das mãos de meu parceiro	SIM	NÃO	TALVEZ
Dar estimulação anal com a boca	SIM	NÃO	TALVEZ
Receber estimulação anal da boca de meu parceiro	SIM	NÃO	TALVEZ
Sexo anal	SIM	NÃO	TALVEZ
Brincar sozinha com um brinquedo sexual	SIM	NÃO	TALVEZ
Ver meu parceiro usar um brinquedo sexual	SIM	NÃO	TALVEZ
Deixar meu parceiro me ver usar um brinquedo sexual	SIM	NÃO	TALVEZ
Brincar com um brinquedo sexual junto com meu parceiro	SIM	NÃO	TALVEZ
Fazer sexo menstruada	SIM	NÃO	TALVEZ
Dar uma rapidinha	SIM	NÃO	TALVEZ
Experimentar novas posições sexuais	SIM	NÃO	TALVEZ
Fazer sexo a três	SIM	NÃO	TALVEZ
Fazer sexo em grupo	SIM	NÃO	TALVEZ
Fotografar ou filmar nossa relação sexual	SIM	NÃO	TALVEZ
Bater no meu parceiro	SIM	NÃO	TALVEZ
Apanhar do meu parceiro	SIM	NÃO	TALVEZ
Arranhar meu parceiro	SIM	NÃO	TALVEZ
Deixar meu parceiro me arranhar	SIM	NÃO	TALVEZ
Puxar o cabelo de meu parceiro	SIM	NÃO	TALVEZ
Deixar meu parceiro puxar meu cabelo	SIM	NÃO	TALVEZ
Morder meu parceiro	SIM	NÃO	TALVEZ
Deixar meu parceiro me morder	SIM	NÃO	TALVEZ
Sufocar meu parceiro	SIM	NÃO	TALVEZ

Ser sufocada pelo meu parceiro	SIM	NÃO	TALVEZ
Dar um tapa na cara de meu parceiro	SIM	NÃO	TALVEZ
Levar um tapa na cara de meu parceiro	SIM	NÃO	TALVEZ
Jogo de dor	SIM	NÃO	TALVEZ
Conter meu parceiro	SIM	NÃO	TALVEZ
Ser contida por meu parceiro	SIM	NÃO	TALVEZ
Vendar meu parceiro	SIM	NÃO	TALVEZ
Ser vendada por meu parceiro	SIM	NÃO	TALVEZ
Fazer dupla penetração na minha parceira	SIM	NÃO	TALVEZ
Levar dupla penetração	SIM	NÃO	TALVEZ
Chamar meu parceiro por nomes como prostituta, vadia, garota/ garoto mau, maricas etc.	SIM	NÃO	TALVEZ
Ser xingada por meu parceiro	SIM	NÃO	TALVEZ

Obviamente, alguns dos itens desta lista são mais intensos do que outros, então quero lembrá-la de que seus gostos e desejos entre quatro paredes não precisam ser elaborados. Eles podem ser tão comuns quanto desfrutar de beijos profundos ou cócegas nas costas. Você não consegue uma nota mais alta por estar disposta a tentar misturar dor e sexo ou participar de uma orgia.

"Como experimentamos coisas novas?"

Muitas pessoas ouvem a sugestão de misturar as coisas entre quatro paredes e acham que precisam redigir imediatamente um contrato dominante/submisso, como viram em *50 Tons de Cinza*. Mas você não imediatamente fazer um mergulho profundo na tal piscina excêntrica! A melhor maneira de experimentar coisas novas entre quatro paredes é fazer *pequenas* mudanças. Isso aumentará sua confiança e motivação para continuar explorando.

Primeiro, decida com que frequência você gostaria de experimentar algo novo. Minha sugestão é escolher um cronograma que pareça totalmente administrável no início. Certamente você não o usará toda a vez que fizer sexo.

Em seguida, pegue sua lista de tarefas e a ordene em termos de menos intimidante ao mais intimidante. Escolha a coisa menos intimidadora e trace um plano de ação para quando você a fará.

A partir daí, você pode tentar algumas opções:

- Trabalhe em sua lista em ordem. Isso funciona bem se você souber o que espera.
- Se você quiser alguma surpresa, imprima as ideias com as quais você se sente atualmente confortável, corte-as de modo que se apresentem como tiras, dobre-as e coloque-as em uma jarra sobre sua mesa de cabeceira. Escolha uma aleatoriamente para experimentar no momento.
- Ou escolha sua atividade no início do dia, para criar antecipação para mais tarde nessa noite.

Caso queiram surpreender um ao outro com algo novo, você pode ir atrás de sua lista de tarefas e decidir quais itens seu parceiro pode trazer para você de surpresa na hora H e quais você gostaria de explorar após aprovar previamente. Por exemplo, talvez você se sinta bem com seu parceiro surpreendendo você com uma surra leve, mas gostaria de um aviso antes da brincadeira anal.

Para testar ideias mais complexas, divida a atividade em pequenos passos. Digamos que você e seu parceiro estejam interessados em ir a um clube de sexo, mas está muito nervosa com isso. Em vez de se pressionar para ter uma noite selvagem no próximo fim de semana, aqui estão algumas maneiras de facilitar o processo:

- Pesquise os clubes de sexo em sua área.
- Ouça um podcast sobre clubes de sexo.

- Assista mídia erótica sobre clubes de sexo.
- Procure fóruns online de pessoas falando sobre suas experiências em um clube de sexo.
- Fale sacanagem sobre o que você veria e experimentaria em um clube de sexo, enquanto são só vocês dois.
- Vá a um clube de sexo, mas apenas assista na primeira vez.

Não só é muito menos intimidante abordar fantasias dessa maneira, mas também é útil e sexy! Muitas pessoas começam a engatinhar em direção a uma fantasia, apenas para perceber que não é o lance delas. Ou engatinhar pode aumentar a expectativa e a emoção, tornando a fantasia real ainda mais divertida quando acontece.

Lidando com o Perfeccionismo Sexual

Voltemos à nossa conversa sobre o perfeccionismo sexual da primeira parte. Lembra-se de quando eu disse que o perfeccionismo é um dos maiores impedimentos para tentar algo novo no quarto? Conheceremos Zoya e Akio. Ambos vêm de culturas sexualmente conservadoras, mas não desejam o casamento sem sexo que cada um deles viu seus pais suportarem. Zoya e Akio tiveram muita química natural em seus primeiros anos juntos, mas sua frequência sexual caiu após terem filhos, e isso finalmente os assustou o suficiente a ponto de buscarem terapia sexual. Como acontece com quase todos meus clientes, a frequência não é o verdadeiro problema; a qualidade do sexo, sim. (Percebe que não há *sex talk* sobre frequência?) Entendi que Zoya e Akio sempre têm relação sexual na posição "papai e mamãe" porque é a única posição em que ela já conseguiu ter um orgasmo. Eles tentaram outras posições, mas Zoya não chegou nem perto.

— Ficamos tão otimistas com a ideia de que encontraremos uma nova posição, que é devastador quando não funciona imediatamente — disse ela. — Nesse momento, é mais fácil seguir o padrão do que funciona, em vez de lidar com a decepção e as lágrimas que vêm com a tentativa de algo novo. A diversão de explorar acaba quando termino chorando depois.

Zoya está tão envolvida na ideia de que deveria ser *imediatamente* capaz de ter um orgasmo em uma posição totalmente nova, que ficava "devastada", chorava e se fechava se isso não acontecia. Eles estão fazendo sexo "papai e mamãe" — embora ambos estejam entediados com a monotonia de usar a mesma posição — e sentem muito medo de as coisas novas não saírem perfeitas de imediato.

Mas eis o seguinte: sempre que você tenta algo novo, é quase certo que as coisas *não* sairão exatamente como você quer.

— Na primeira vez que experimentaram a posição "papai e mamãe", tudo correu perfeitamente bem? — perguntei a eles.

Ambos me encararam.

— Estou disposta a apostar que levou tempo para você tornar essa posição tão satisfatória.

Conto-lhes sobre a regra da Primeira Panqueca. É como quando você faz panquecas, a primeira sempre fica meio estranha, não é? Você ainda pode comê-la, mas em comparação com a última panqueca que você faz, a primeira sempre parece esquisita. Ocorre o mesmo com o sexo. Antes de testar qualquer coisa nova entre quatro paredes — e certamente antes de agir de acordo com qualquer desejo elaborado —, diminuir a aposta é uma boa estratégia. Diga algo como: "Estou feliz por querermos tentar isso. E quero deixar claro que tudo bem se não for tão divertido quanto queremos que seja. Vamos tentar reduzir a pressão para que seja *perfeito*, especialmente na primeira vez." Você pode até fazer uma piadinha ao ver quão estranha sua Primeira Panqueca sairá. Pode dar um nome às sessões de sexo em que decide fazer algo novo, como Sexoaventura ou Sexperiência, para aliviar ainda mais a pressão.

Também lhe encorajo a usar minha diretriz O Encanto da Terceira Vez para Explorar Algo Novo: dê a si três chances para tentar algo novo antes de decidir se gosta ou não. Claro, se a nova atividade faz com que sinta qualquer tipo de dor emocional ou física, ou tem certeza de que nunca sentirá vontade de tentar novamente, não precisa repetir.

Vamos Fazer Isso

Depois de testar algo novo, espere, pelo menos, até o dia seguinte para falar sobre isso.

Primeiro, digam um ao outro: "Sinto orgulho de nós por tentarmos algo novo. Sei que nem todos nossos experimentos serão *home runs*, mas aprecio que fomos vulneráveis e nos permitimos sair da nossa zona de conforto."

Em seguida, perguntem um ao outro:

- "Do que você gostou na novidade?"
- "Você gostaria de tentar isso de novo?"

Se você não gostou do experimento, um simples "Não!" basta. A menos que tenha levantado um problema de segurança ou ajudado você a aprender algo importante sobre si, não há necessidade de dissecar aquilo que você não amou.

Compartilhando Seus Desejos

Até agora, se seu caso for falta de curiosidade ou fantasia, tenho oferecido conselhos para mudar as coisas entre quatro paredes. Mas se há algo específico que você deseje experimentar com seu parceiro, um de meus truques favoritos é o Esquema dos Sonhos. Diga ao seu parceiro: "Tive um sonho tão interessante na última noite sobre [preencha o espaço em branco]! Foi surpreendentemente sexy..." Isso lhe dá a oportunidade perfeita para avaliar a reação inicial de seu parceiro à sua ideia. Trata-se de uma pequena mentira, que eu normalmente não recomendaria, mas está a serviço de uma vida sexual mais saudável e pode ajudá-la a aumentar a confiança para fazer pedidos mais diretos no futuro. E se quisermos ser técnicas, uma fantasia e um devaneio não são muito diferentes. Se seu parceiro responder neutra ou positivamente, você pode continuar com algo como: "Eu realmente não havia pensado em fazer isso, mas depois desse sonho, tenho que admitir que estou meio curiosa."

Vamos Fazer Isso

Aqui estão alguns outros iniciadores de conversa para fazer solicitações entre quatro paredes:

- "Há uma coisa que eu sempre quis tentar, mas tenho aguardado a pessoa certa."
- "Não tenho certeza se realmente gostaria disso, mas sempre tive curiosidade em tentar..."
- "Com o que você fantasiava quando era adolescente? Eu fantasiava com..."
- "Eu me sinto muito vulnerável compartilhando isso contigo, mas o faço porque confio muito em você. Sabe o que soa meio sexy para mim?"
- "Você já pensou em fazer...?"
- "Eu vi um filme que tinha uma cena em que os atores estavam fazendo... Você faria algo assim?"

Lidando com o Julgamento

As pessoas geralmente se preocupam em ser julgadas por seus desejos, independentemente de quão pervertidos ou mansos esses desejos realmente sejam. Tive clientes que se sentiram nervosos sobre pedir para passarem mais tempo beijando ou solicitando uma massagem. As pessoas me disseram que se sentem ansiosas em pedir as mesmas coisas que seu parceiro já lhes pede! Então, aqui está a coisa mais importante que quero que você entenda: contanto que todos concordem entusiasticamente e não esteja tentando manipular ou ferir alguém, seus desejos, suas vontades, seus gostos e suas fantasias são perfeitamente normais, válidos e aceitáveis. E ponto-final.

Você quer que seu parceiro a amarre? Isso é bom! Você quer seu parceiro a chame de putinha safada? Isso é bom! Você quer que seu parceiro faça sexo com outro homem enquanto você assiste? Isso é bom!

E deixe-me dar um passo adiante: você *merece* pedir que seus desejos, suas vontades, seus gostos e suas fantasias sejam acatados. Merece fazer o sexo que é para *você*!

Seu parceiro pode traçar limites e pode dizer "não" a alguns de seus pedidos. Você nunca encontrará um parceiro cujos interesses sexuais se sobreponham aos seus. Mas os limites de outra pessoa não inibem o fato de que seus desejos são válidos, dignos e merecedores de serem realizados. Em outras palavras, mesmo que seu parceiro diga "Absolutamente não", isso não significa que você não deva questionar ou que seu desejo seja errado ou ruim.

Se você está preocupada com o fato de seu parceiro julgá-la por suas curiosidades e seus desejos, seu primeiro passo é parar de *se* julgar. Falamos para nós mesmas que não podemos pedir uma determinada coisa no quarto ou dar um feedback porque nosso parceiro reagirá mal, mas a realidade é que estamos projetando nossos medos em nosso parceiro e evitando enfrentá-los em nosso interior.

Isso pode parecer bobo no começo, mas eu a encorajo a pensar sobre seus gostos e desejos da mesma forma que pensa sobre suas preferências alimentares. (Sim, outra metáfora alimentar!) Não "significa" nada se você particularmente adora cogumelos ou se não gosta de queijo azul, assim como não "significa" nada se você adora fazer sexo oral ou se não gosta de cavalgada. E nossas preferências podem mudar de um dia para o outro. Um dia, você pode estar com disposição para sexo lento e sensual, assim como pode estar com disposição para um suculento cheeseburger coberto com bacon. E no dia seguinte, por outro lado, sexo lento e sensual pode soar como a última coisa que você poderia querer, e um cheeseburger pode soar pesado e pouco apetitoso.

Você não se sentiria envergonhada de perguntar ao seu parceiro se ele estava interessado em comer comida tailandesa esta noite, não é? Mesmo que seu parceiro diga "Eu não sei. Comida tailandesa não parece o ideal para mim agora", você ainda se sentiria bem quanto ao fato de ter parecido o ideal para você. É possível ter um parceiro vegetariano e ficar chateada por ele não querer provar caviar com você, mas isso não significa que há algo de errado contigo por querer experimentar caviar.

Darei um exemplo relacionado ao sexo. Tenho uma fantasia sobre ser forçada a fazer sexo, corriqueiramente chamada de fantasia de estupro. Essa é realmente uma das principais fantasias femininas, então sei que não estou sozinha. (Antes de mergulhar na minha história pessoal, quero deixar claro que quase ninguém fantasia em ser *realmente* estuprado, já que é uma experiência absurdamente traumática e violadora. Sendo assim, prefiro chamá-la de fantasia de *ser bagunçada*. É sobre alguém assumir o controle e mandar em você, mas de uma forma segura e totalmente consensual.) Como a maioria das mulheres, senti-me muito envergonhada com essa fantasia, então demorei alguns anos para falar sobre isso com Xander, mas precisava do Esquema dos Sonhos para fazer isso.

A resposta inicial de Xander não foi das melhores. Ele não me envergonhou abertamente, mas disse algo como:

— Simplesmente não acho que poderia fazer isso. Mesmo sabendo que estou fingindo, me sentiria mal só de pensar em estuprar você.

Senti aquela onda inicial de vergonha e constrangimento e desejei não ter dito nada. Mas eu tentei me lembrar de que Xander tem seu próprio conjunto aleatório de desejos e limites, e o fato de eles serem diferentes do meu conjunto aleatório não torna o meu errado.

Acabei compartilhando com Xander que me sentia envergonhada por mencionar isso, e ele me garantiu que não estava me julgando por ter curiosidade. Ele disse que estava *se* julgando por não gostar! A situação se tornou uma verdadeira experiência de união para nós dois.

Então, entenda, seu parceiro *deseja* dar prazer a você. Ele deseja saber o que você quer e do que gosta. Talvez esteja até *desesperado* para saber! Tenho certeza de que você pode pensar nas muitas vezes em que seu parceiro pediu seu feedback ou para que dissesse a ele o que de queria. Tente se lembrar daqueles tempos em que você estava preocupada em compartilhar. Você pode até conversar com seu parceiro sobre o fato de se sentir nervosa e dizer algo como:

— Sei que você me pediu para dizer o que eu quero e do que gosto. Tem sido difícil para mim, mas realmente quero tentar. Estou na rota dessa descoberta completa. Você ainda está aberto para que eu externe tudo?

A Outra Metade, com Xander: "Mas e se meu parceiro ficar inseguro?"

Deixe-me definir a cena: era um domingo, nos primeiros anos de nosso relacionamento, e estávamos preguiçosamente sentados no sofá assistindo futebol. Enquanto Vanessa estava olhando melancolicamente para a tela, me perguntou:

— E se você se fantasiasse de jogador de futebol para mim?

Eu imediatamente senti uma onda de medo e ansiedade tomar conta de mim, porque eu não parecia *nada* com um jogador de futebol padrão. Eu me imaginei saindo para comprar algumas ombreiras grandes e uma camisa, que — na minha cabeça — ficaria absolutamente ridícula em meu físico não atlético. Durante a maior parte de minha vida, fui muito comprido e esguio, lutava para ganhar quilos muito necessários, independentemente de quanto eu comia. Mas, de repente, eu estava ciente do impacto que a extrema falta de exercício e as semanas de trabalho de sessenta horas (comia por estresse) tinham sobre meu corpo velho. Eu estava ficando gordinho e não me sentia bem com isso.

Rapidamente, ignorei seu pedido, dizendo a ela que devia dar muito trabalho. Eu queria desesperadamente esquecer toda a interação, mas descobri que não conseguia parar de me perguntar se havia algo mais por trás disso. Eu não era sexy o suficiente para ela? Ela gostaria que eu estivesse em melhor forma? Que eu fosse mais confiante e assertivo?

Conto essa história para ser sincero com você: compartilhar suas fantasias apresenta a possibilidade de trazer inseguranças ao seu parceiro. Você nunca será capaz de controlar como seu parceiro reage a algo que compartilha, mas pode fazer sua parte para prepará-lo para o sucesso. Uma maneira simples de fazer isso é compartilhar as razões pelas quais você deseja testar essa certa coisa *com seu parceiro*, especificamente. Talvez pense que ele pareceria sexy em um uniforme de futebol. Talvez ele seja a única pessoa que a ajudou a se sentir segura o suficiente para explorar suas fantasias. Seja o que for, compartilhe com seu parceiro o porquê de ele ser uma parte crucial de seus desejos sexuais, em vez de apenas cumprir um papel que qualquer outra pessoa poderia desempenhar. Você quer que seus pedidos e suas curiosidades pareçam pessoais para seu parceiro.

Voltando ao exemplo do jogador de futebol, eu teria ficado muito mais aberto à ideia de Vanessa se ela tivesse dito algo como:

- "Tenho uma fantasia que me deixa um pouco envergonhada — na verdade, você é a primeira pessoa com quem me senti confortável em compartilhar isso."
- "Não costumo me sentir atraída por jogadores de futebol, mas me sinto tão atraída por você que eu estava pensando que poderia ser sexy fingir que você era um jogador de futebol me macetando na cama — você estaria aberto para interpretar isso em algum momento?"
- E se eu tivesse respondido com ansiedade ou preocupação: "Para mim, não tem nada a ver com a aparência do papel, e não precisamos obter quaisquer adereços. Eu acho que seria divertido fingir juntos e apreciar isso!"

Se Vanessa tivesse compartilhado essa fantasia usando algumas de minhas sugestões, eu poderia até ficar animado! Teria sido muito bom saber que ela também estava um pouco envergonhada, mas ainda estava confortável em compartilhar isso comigo. E saber que eu era a pessoa que ela queria, em vez de alguém que parecia Fred Warner, do 49ers, teria ajudado a aumentar minha confiança ao assumir esse papel.

"E se algo que não me excita excitar meu parceiro?"

Perguntei ao nosso público do Instagram: "Você e seu parceiro têm interesses e curiosidades sexuais?" Incríveis 90% dos entrevistados responderam "Sim"! Com números como esses, é inevitável que você e seu parceiro não compartilhem dos mesmos interesses sexuais.

Então, o que você faz se seu parceiro diz que quer tentar algo, mas você não está a fim? Aqui estão minhas sugestões:

- Trate seu parceiro e suas fantasias com respeito. Diga algo como: “Eu sei que é preciso muita coragem e confiança para ser honesto sobre seus desejos e aprecio você ser tão vulnerável comigo.”
- Tenha uma noção melhor da importância dessa atividade em particular. Pergunte coisas como: “Isso é algo que você quer tentar na vida real ou você só queria compartilhar a ideia comigo?” ou “É essa fantasia tem que importância para sua expressão e realização sexual?” e “Que nível de envolvimento você esperava de mim?” Por exemplo, pode haver uma grande diferença entre se sentir chateado por não conseguir chupar os dedos do pé de seu parceiro, em vez de não ser capaz de explorar sua bi-curiosidade.
- Veja se há uma parte da fantasia que lhe interesse. Lembra-se de meu conselho para quebrar as fantasias dando pequenos passos? Talvez você não esteja aberta a se filmar fazendo sexo, mas se sentiria bem tirando algumas fotos boudoir.

O que Acontece Quando Não Dá Certo?

Voltando àquela fantasia de ser bagunçada que mencionei, Xander e eu nos sentimos muito bem com a maneira como lidamos com essa conversa, e ele acabou tendo a ideia de experimentá-la na vida real. Infelizmente, eu ainda não conhecia meu conselho sobre os passos, então o pulei. (A grande maioria de meus conselhos para você neste livro vem do fato de eu ter feito exatamente o oposto em minha própria vida sexual! Sou minha própria cobaia.)

Isso... não deu muito certo. Foi estranho e desconfortável para ambos, e Xander pediu para parar depois de alguns minutos. Essa é a realidade por trás das fantasias sexuais. Elas podem ser supersexy em nossa cabeça, mas, na vida real, nem sempre funcionam exatamente como o planejado.

Foi um pouco embaraçoso para nós naquele momento. Mas também nos ajudou a aprender alguns detalhes e nuances importantes sobre essa fantasia:

- Houve certas coisas que Xander percebeu que não queria fazer, como me sufocar. Isso não era uma parte central da fantasia para mim, então eu estava bem com isso.
- Fiquei quieta durante o sexo, mas isso deixou Xander nervoso. Ele queria saber se eu realmente estava sentindo prazer, embora estivéssemos interpretando.
- Percebi que não precisava de uma configuração elaborada. Algumas pessoas curtem coisas como ter arcos de história completos para uma fantasia assim, ou ter seu parceiro "invadindo" sua casa usando uma máscara de esqui. Percebi que eu só gostava que Xander desse ordens e fosse dominante.

Só porque sua primeira panqueca é estranha, não significa que deva desistir! Xander e eu decidimos deixar essa fantasia ser apenas parte de minhas fantasias, mas trouxemos elementos dela para nossa vida sexual regular, e estamos muito felizes com esse resultado.

Evitando Armadilhas Comuns

"Meu parceiro e eu conversamos sobre testarmos coisas novas entre quatro paredes, e nenhum de nós quer. Tudo bem?"

Se você e seu parceiro estão perfeitamente satisfeitos com sua vida sexual, absolutamente não é necessário se forçar a experimentar. Minha sugestão é perguntarem um ao outro (se ainda não o fizeram): "*Por que* não queremos testar algo novo?" Se você cavar fundo e se permitir ser honesta, pode descobrir que a resposta pode ser informada por pensamentos negativos sobre mensagens sexuais, perfeccionismo sexual ou mesmo trauma. Por exemplo: "Explorar coisas novas entre quatro paredes nunca me pareceu seguro." Ou pode descobrir que a resposta é bastante simples e direta: "Isso apenas não é minha praia." Se for esse o caso, tudo bem!

Apenas se certifique de revisitar esta conversa a cada poucos anos, e certifique-se também de que ambos ainda estão a bordo. É importante abrir espaço para a realidade de que as coisas podem mudar.

"Meu marido e eu concordamos em experimentar sexo anal. Ele amou, e eu odiei. Estou tentando não julgar, mas odiei tanto que me faz julgá-lo um pouco por gostar disso. O que eu digo quando ele perguntar se eu quero tentar de novo?"

Não há problema em você e seu parceiro terem experiências completamente diferentes com o mesmo ato sexual. E é compreensível que sua reação a isso seja tão forte que esteja permitindo que algum julgamento se infiltre. A chave é não compartilhar isso com seu parceiro, porque compartilhar pode configurar uma dinâmica pelo que não parece seguro sugerir ou experimentar coisas novas.

Tome a iniciativa e levante o assunto do sexo anal antes que ele peça de novo. Diga algo como: "Estou muito feliz por você e eu estarmos explorando coisas entre quatro paredes. É divertido e emocionante, e quero continuar fazendo isso! Estive pensando em nossa experiência fazendo anal, e simplesmente não é minha praia. Eu sei que você gostou, então estou chateada por não sentir o mesmo. Mas eu adoraria escolher outra coisa para explorarmos juntos."

Essa experiência também mostra a importância de ter uma discussão após tentar algo novo. Se criar um contêiner onde pode dizer com segurança e proativamente como foi para você, então não entrará em uma situação assim, onde teme o que acontecerá na próxima vez que seu parceiro pedir para você fazer isso.

"Mulherada, aqui. Sugeri trazer um brinquedo para o quarto, e ele disse: 'Eca, não, não deveríamos precisar de algo assim.' Sinto-me magoada e introvertida. E agora?"

Em primeiro lugar, parabéns a você por ter coragem de fazer essa sugestão. Lamento que seu parceiro tenha tido uma reação negativa a isso. Eu sei que se calar parece mais fácil, mas essa é definitivamente uma conversa que vocês precisam ter de novo.

Às vezes, a vergonha sexual pode nos levar a reagir de forma muito mais negativa a sugestões do que realmente sentimos. Quando vocês estiverem de bom humor, faça um loop, volte e diga algo assim:

— Ei, quero falar sobre o vibrador de novo. E quero que você e eu tenhamos um relacionamento onde possamos explorar o sexo sem vergonha. Tenho certeza de que você não queria ferir meus sentimentos, mas senti vergonha quando disse "eca" sobre usar um vibrador. Somos pessoas diferentes e podemos ter limites diferentes, mas não quero que nenhum de nós faça o outro se sentir mal se nossos limites não estiverem alinhados. Gostaria de falar novamente sobre vibradores, mas sem nenhum constrangimento. Podemos fazer isso?

Se você e seu parceiro ainda não conversaram sobre como o orgasmo feminino realmente funciona, certifique-se de ler a Conversa 4 (Capítulo 8) ao lado dele. Um vibrador pode ser uma excelente forma de garantir que seu prazer receba tanta prioridade quanto a ejaculação de seu parceiro.

Minha esperança é a de que a reação de seu parceiro tenha sido mais sobre sua insegurança do que sobre seu julgamento. Às vezes, os homens se preocupam com o fato de sua parceira querer usar um vibrador possa significar que eles não são "bons de cama". Mas assegure a ele que seu desejo de brincar com um vibrador não diz nada sobre a habilidade sexual dele e, em seguida, concentre-se em por que é divertido para você explorar novas atividades *com* ele.

Algumas Dicas:

- É natural cair em uma rotina em sua vida sexual, mesmo se você estiver extremamente entediada por causa dela, mas tentar coisas novas é a melhor maneira de manter sua vida sexual picante pelos próximos anos.
- "Qual é a sua fantasia?" é a pergunta errada a se fazer.
- O teste de Sim, Não e Talvez irá ajudá-la a identificar as coisas específicas e novas que você e seu parceiro gostariam de tentar juntos.
- Dê passos de bebê ao tentar algo novo e lembre-se da Regra da Primeira Panqueca. Não espere que seja perfeito na primeira vez (ou nas primeiras vezes).

- É normal que você e seu parceiro tenham suas curiosidades, então não se julguem por quaisquer diferenças.

Parabéns — você concluiu suas cinco *sex talks*! Espero que tenha desenvolvido uma compreensão mais rica de seu eu sexual e tenha desfrutado da jornada de aprofundamento da intimidade com seu parceiro. Estou muito orgulhosa de você e animada para saber como sua vida sexual continuará se desenrolando!

Sei que, assim como o sexo, a conversa nem sempre acontece do jeito que desejamos. Então, no próximo capítulo, darei dicas para voltar aos trilhos se as coisas derem errado a qualquer momento.

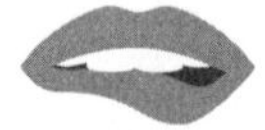

Parte Três

MANTENDO A CHAMA ACESA PARA SEMPRE

CAPÍTULO 10

O QUE FAZER QUANDO AS CONVERSAS FUGIREM DOS TRILHOS

APESAR DE SUAS MELHORES intenções e de seus planejamentos, você ainda terá momentos em que parecerá perder os sentidos e as habilidades de comunicação que aprendeu. Xander e eu tivemos uma falha de comunicação há menos de trinta minutos, quando ele fez uma sugestão de como tornar este livro melhor, e eu interpretei como se estivesse me dizendo que não estava bom o suficiente. É difícil falar sobre sexo e relacionamentos! Há uma razão pela qual escrevi este livro e por que você o escolheu. Então, falaremos sobre como voltar aos trilhos se "a Conversa" se transformar "na Briga".

O que É um Conflito, Afinal?

A maioria de nós faz de tudo para evitar qualquer tipo de desacordo com nosso parceiro — ou qualquer outra pessoa. E quando brigamos, os sentimentos negativos podem durar dias. Mas quero reformular o que realmente é o conflito, porque simplesmente não há como evitá-lo. Todos os casais têm discussões. Incluindo nós.

Gosto de pensar em conflitos como tentativas perdidas de intimidade. Vocês dois desejam estar próximos e conectados, mas suas intenções dão errado de alguma forma infeliz. Ter uma discussão não significa que vocês não combinam um com o outro ou que seu relacionamento está condenado. Em vez disso, é uma *oportunidade* de esclarecer mal-entendidos e entender a si e ao outro mais profundamente. Se tratadas adequadamente, as divergências podem realmente aproximá-los, porque vocês constroem confiança quando conseguem lidar com as coisas um do outro.

Enquanto escrevíamos este livro, Xander e eu nos mudamos. (Dica profissional: eu *não* recomendo isso!) Foi um período estressante para nós, ainda mais estressante pelo fato de que os transportadores profissionais que contratamos para a mudança de Los Angeles para Santa Bárbara não apareceram no dia e não estavam respondendo a chamadas ou mensagens. Depois de noventa minutos, Xander saiu para o quintal, onde eu estava tentando me acalmar com algumas respirações profundas.

— Ei, querida — disse ele, eu imediatamente soube que algo estava acontecendo. — Então, verifiquei novamente o contrato que assinei e, hum, parece que acidentalmente agendei a mudança para amanhã, não para hoje.

O tempo parou enquanto eu tentava processar essa informação. *Ele marcou a mudança para o dia errado.* Como pode ter cometido um erro tão estúpido? Como poderia confundir a data? Como não verificou o contrato antes de assiná-lo, muito menos antes de hoje? Eu não confiava no que ia sair de minha boca, então fiquei em silêncio por dez dolorosos minutos. Costumo me calar quando estou chateada e me conheço bem o suficiente para saber que poderia ter mantido o tratamento do silêncio o dia todo enquanto Xander implorava por perdão.

Mas havia algo ridículo em ter sua vida empacotada e nenhum lugar para onde movê-la que acabou me fazendo cair na gargalhada. Pude olhar para Xander e vê-lo como um ser humano que cometeu um erro, simples assim. Eu sabia em meu coração que sua intenção era tornar a mudança o mais suave possível, e ele foi capaz de reconhecer que suas ações tiveram um impacto extremamente negativo em mim (assim como nele). E, embora minha reação inicial à sua confissão nervosa tenha sido raiva, pude vê-la como uma tentativa de conexão. Ele havia cometido um erro, estava sofrendo e não queria ficar sozinho. Demos um grande abraço um no outro, reconhecemos como as últimas semanas haviam sido estressantes e traçamos um plano B para a mudança.

Agora, deixe-me guiá-la por alguns cenários possíveis que podem surgir para você e seu parceiro em sua jornada de comunicação sexual e dar-lhe meus melhores conselhos para lidar com cada um deles.

Se Seu Parceiro Não Se Envolve

Durante suas conversas de cunho sexual, seu parceiro pode concordar e dizer coisas como "Claro" ou "Parece bom", mas não participa de uma maneira mais significativa.

Primeiro daremos ao seu parceiro o benefício da dúvida e assumiremos que ele está se sentindo oprimido. Na maioria dos relacionamentos, tende a haver um parceiro que assume a liderança em querer trabalhar em parceria. (Você pode até dizer que ele carrega a carga mental do relacionamento.)

Como foi você quem pegou este livro — provavelmente foi —, então seu parceiro pode precisar de algum tempo para se atualizar. Pode dizer algo como:

— Sei que esse é um assunto difícil de se falar. Com certeza é para mim! Tive a oportunidade de pensar mais sobre isso desde que comecei a ler este livro. Que tal eu lhe dar mais tempo para processar, já que estou genuinamente interessada em ouvir o que você tem a dizer sobre [o tópico específico em questão]. Quem sabe podemos nos reunir em [sugerir um horário específico].

Você está permitindo que seu parceiro reserve um tempo e está garantindo a ele que está genuinamente interessada em sua perspectiva. Se ele ainda parece desinteressado, escolha um passo inicial específico. Por exemplo:

— Adoraria que lêssemos este capítulo juntos esta semana. Ainda não precisamos fazer nenhum dos exercícios; primeiro, vamos apenas ler.

Essa é outra maneira de ajudar a minimizar qualquer opressão que ele possa estar sentindo. Faça uma sugestão específica sobre o tempo também.

A Outra Metade, com Xander: Eu Fui o Parceiro Descomprometido

Ok, talvez você tenha lido as sugestões de Vanessa até aqui e pensado: "Sim, essas ideias são ótimas e tudo mais, mas o problema com meu parceiro é que ele simplesmente não liga."

Quero dizer a você, por experiência própria, que quase certamente *não* é o caso! Provavelmente há muita coisa passando pela cabeça de seu parceiro, e o que você está percebendo como apatia é, na verdade, a tentativa dele de processar e dar sentido a tudo isso.

No passado, Vanessa me fez pedidos, e sei que pareci descomprometido. Mas, na verdade, aqui estão algumas das coisas que estavam passando pela minha cabeça na época:

- Eu me senti "atrasado" porque ela mencionou algo que parecia sério ou importante, mas eu não tinha notado ou pensado sobre isso ainda.
- Fiquei envergonhado com relação a como isso poderia soar sobre mim. Por exemplo: "Devo ser um baita chato, porque ela quer que eu a pegue de quatro mais vezes, mas estou feliz em continuar com o papai e mamãe de sempre".
- O que ela estava pedindo parecia realmente desafiador para mim, então pensei: *Vou apenas dar um tempo e esperar que ela se esqueça disso.*
- Eu me senti como uma criança sendo repreendida, mesmo que Vanessa não estivesse literalmente me repreendendo ou dizendo que eu tinha feito algo "errado". Às vezes, nosso subconsciente pode se lembrar de um momento doloroso da infância!
- Achei que apenas um de nós poderia estar certo ou conseguir o que quer, então seria melhor para mim insistir ou evitar o pedido dela.

Em todos esses exemplos, eu pareceria estar em qualquer posição, desde a de ficar distante — na melhor das hipóteses — até a de um babaca. Mas, na realidade, eu estava apenas lutando com algumas grandes emoções que estavam surgindo! Portanto, o ponto principal é lembrar que seu parceiro se preocupa com você e seu relacionamento. Ele está apenas trabalhando com um tempo diferente e pode precisar de mais espaço para trabalhar com suas emoções também.

Se Seu Parceiro Bloquear Você

Bloqueio é uma versão mais extrema de desengajamento. É quando seu parceiro se retira, desliga ou se recusa a se comunicar. Esse bloqueio pode ser feito sem palavras (dando-lhe um gelo ou um olhar gélido), ou pode incluir frases como: "Não vou falar sobre isso." Na minha experiência profissional, os homens tendem a bloquear com muito mais frequência do que as mulheres.

É realmente uma pena estar do lado receptor do bloqueio. Também é muito chato ser aquele que está *bloqueando*! Sei que pode parecer que seu parceiro está sendo um robô insensível, mas, como psicoterapeuta, posso dizer que o que realmente está acontecendo é que ele está se sentindo assustado e vulnerável. Ele está sendo inundado pela emoção e paralisado. Seu parceiro está erguendo suas paredes como um mecanismo de proteção improvisado.

Você pode ficar frustrada porque seu parceiro não responde, mas quero que saiba que os seres humanos são *incapazes* de responder quando estão tão angustiados. O que está acontecendo com seu parceiro é chamado de "inundação emocional" e tem um efeito paralisante em nosso corpo. Perdemos nossa capacidade de acessar pensamentos e emoções. Nossa audição literalmente desliga. Podemos nos dissociar de nosso corpo físico. Não é que seu parceiro não *responderá*, é que ele *não consegue*. E quanto mais pressionar para que ele se envolva, menos capaz ele é de fazê-lo.

A melhor maneira de lidar com o bloqueio é falar sobre essa dinâmica quando as coisas estão calmas e traçar um plano de ação sobre o que fazer quando você ou seu parceiro experimentarem uma inundação emocional. Todos ficam emocionalmente inundados de vez em quando, então você pode abordar isso como uma equipe, em vez de fazer seu parceiro sentir que algo está terrivelmente errado com ele. Mostre a ele esta seção do capítulo e diga-lhe que agora você entende mais sobre o que está acontecendo com ele em momentos como esses.

Quando algum de vocês experimenta uma inundação emocional, você precisa se afastar do conflito por, pelo menos, vinte minutos. E não pode ruminar sobre a discussão durante esse intervalo. (Em outras palavras, não conta como um tempo limite se tudo o que você está fazendo é pensar na luta.) Em vez disso, acalme a si mesmo respirando fundo, movimentando--se, saindo de casa, ficando descalço e sentindo o solo, ouvindo música ou fazendo uma tarefa estúpida. Só depois de fazer essa pausa você poderá voltar e ter uma conversa produtiva.

É útil elaborar um plano específico de como aproveitar esse tempo limite. Em vez de dizer "Não estou falando sobre isso", você ou seu parceiro podem dizer: "Estou me sentindo sobrecarregado. Vou tirar alguns minutos para mim, depois volto para você e podemos continuar esta conversa." Ou "Estou me sentindo sobrecarregado. Eu não quero evitar você, então apenas me dê um minuto para me recompor". É possível até mesmo criar um código ou sinal físico que signifique a mesma coisa.

É claro que fugir do assunto pode se tornar um problema muito maior caso seu parceiro faça isso com frequência ou se recuse a traçar um plano de jogo quando as coisas estiverem calmas, então a terapia de casais pode ser uma etapa necessária.

Se o Seu Parceiro Ficar na Defensiva

Aumentaremos o nível e falaremos sobre o que fazer caso seu parceiro não permita que você compartilhe sua experiência ou caso ele tente virar a mesa e se concentrar em seus erros, em vez de em suas próprias palavras ou ações. A atitude defensiva pode soar como "Mas *é você* que sempre *me* rejeita por sexo" ou "Há anos venho tentando fazer você falar sobre nossa vida sexual!"

A melhor maneira de cessar a atitude defensiva é validá-la. Deixe seu parceiro saber que você se importa com a experiência dele. Vou lhe dar um aviso: isso *não* será bom para você. Quando seu parceiro fica na defensiva, é muito fácil ficar reativa em troca, e, então, as brigas podem aumentar rapidamente. Você pode sentir a tentação de gritar algo como:

— Por que eu diria "sim" ao sexo se a única maneira de você começar a transar é me apalpar de forma infantil? Você *realmente* acha que isso me excita?

Antes que perceba, estará em uma briga deflagrada.

Em vez disso, deixe seu parceiro saber que você ouve, entende e respeita a perspectiva dele, mesmo que seja muito diferente da sua. (Avance para a seção "Vise a Compreensão, Não o Acordo" para obter mais detalhes.) Tente algo como isto:

— Posso imaginar que deve ser muito difícil ser rejeitado. É difícil para mim falar sobre isso, mas quero ouvir como tem sido para você. Você estaria aberto a compartilhar mais sobre isso comigo? E estaria aberto a ouvir o que eu gostaria de compartilhar?

Lembre ao seu parceiro que você quer estar no mesmo time dizendo algo como:

— Sei que nos amamos profundamente e queremos ter uma vida sexual satisfatória. Temos algumas coisas para trabalhar juntos, mas sei que realmente queremos chegar lá. Podemos ser uma equipe?

Caso o Seu Parceiro Use a Emoção para Se Esquivar

Outra maneira pela qual seu parceiro pode atrapalhar a conversa é por meio da autoflagelação. Algumas pessoas se culparão e dirão coisas como: "Sou uma pessoa horrível. Por que você quer ficar comigo?"

É difícil ver seu parceiro machucar a si mesmo, então você pode sentir pena dele e dizer algo como: "Não, você é maravilhoso, eu te amo! Esqueça o que eu disse; eu não quis dizer isso" ou "Realmente não é grande coisa!" Pode parecer que seu parceiro está sofrendo e precisa de sua compaixão, mas, na realidade, ele está sendo manipulador (estando ou não cientes disso) e usando a emoção para se desviar, em vez de assumir qualquer responsabilidade real.

Se você receber esse tipo de resposta de seu parceiro, mantenha-se firme, mas tenha cuidado. Diga algo como: "Não acho você uma pessoa horrível e fico triste por você estar indo para esse lugar dentro de si. Eu quero que fique claro que estou pedindo isso sem julgá-lo." Também pode lembrar seu parceiro de que há coisas que você, assim como ele, deseja melhorar pessoalmente, mas também não acha que isso a torna uma pessoa ruim.

Pode ser uma dinâmica complicada de lidar sozinho, então recomendarei novamente a terapia de casal, especialmente se for algo que está acontecendo com frequência.

Caso Se Transforme em uma Briga

Não há como evitar: discutir é uma merda. Mas me deixe lembrá-la de que Xander e eu ensinamos comunicação sexual para ganhar a vida e *ainda* temos conflitos sobre intimidade. E também tivemos alguns momentos ruins, como: "Marque uma sessão de terapia de casal de emergência." Nós sobrevivemos, e você também pode sobreviver. Aqui estão as etapas específicas a serem percorridas se uma briga começar:

Faça uma Pausa

Um dos maiores desafios de comunicação de Xander e eu é que ficamos presos falando em círculos. Ninguém diz nada de novo e certamente não progride em direção a uma resolução, mas parece que não conseguimos calar a boca. Se parecer que a conversa não está indo a lugar nenhum, dê um tempo. É uma abordagem semelhante para lidar com o bloqueio. Às vezes, apenas se afastar por dez minutos é o suficiente.

Esta dica funciona melhor se você falar sobre isso com antecedência. Faça um acordo de que está tudo bem para qualquer pessoa pedir um tempo sempre que precisar.

Algumas pessoas ficam nervosas com a palavra "tempo" porque parece muito com a palavra "separação". Se for esse seu caso, crie um código ou uma frase específica que usará para fazer uma pausa na conversa. Dizer "lagartas peludas" pode parecer muito melhor do que gritar: "Dane-se, idiota, estou dando um tempo!"

No momento, lembre-se do propósito do intervalo. Você pode dizer algo como: "Preciso reunir meus pensamentos para poder compartilhá-los com você de maneira mais eficaz" ou "Quero me desacelerar para poder me comunicar melhor". Ou ainda: "Quero parar um pouco para ter certeza de que não vou dizer algo só pelo calor do momento." Isso ajuda vocês a se sentirem melhor sobre colocar as coisas em espera.

A coisa mais importante a fazer é dizer um ao outro que voltará ao assunto em questão. Fazer uma pausa não significa que você encerrou a conversa ali; você *voltará* e terminará a conversa. Portanto, pode incluir isso em seu pedido dizendo algo como: "Preciso de uma pausa de dez minutos. Podemos voltar e terminar a conversa depois disso?"

Permita-Se Sentir

A maioria de nós não tem ideia do que fazer com as próprias emoções, então fica extremamente desconfortável quando o conflito inevitavelmente desperta sentimentos maiores. Mas aqui está o segredo dos sentimentos: a única *saída* é *senti-los*. Quando nos permitimos sentir nossas emoções, elas desaparecem. Por outro lado, quando lutamos contra elas, acabam ficando muito mais fortes. Nossas emoções não são o problema; mas como lidamos com elas. (Lembra-se de como guiei Francesca por isso quando estávamos lidando com seu perfeccionismo sexual?) Então, dê a si permissão para sentir cada sentimento que surgir para você, mesmo os mais difíceis.

Pense em como essa dinâmica pode ter ocorrido em outras partes da história. Talvez tenha havido uma época em que você era criança e estava com medo de alguma coisa, e seus pais disseram: "Não seja tão infantil." Isso fez você se sentir menos medo? Não mesmo! Ou que tal uma vez em que você brigou com seu parceiro, e ele disse: "Não seja ridícula." Isso a fez se sentir mais segura? Claro que não!

Tudo o que seus sentimentos realmente querem é alguma validação, permissão para existirem. É estranhamente fácil se identificar com essa situação, não é?

Portanto, sempre que notar uma emoção surgindo, reserve um segundo para identificá-la e validá-la. Pesquisadores do Laboratório de Neurociência Social Cognitiva da UCLA descobriram que o ato de identificar nossos sentimentos os torna menos intensos.[1] Digo a mim: "Tudo bem, estou sentindo ansiedade. Dou permissão à minha ansiedade para estar aqui."

Verifique Sua Versão

Normalmente, atribuímos nossos significados às coisas que nosso parceiro diz e faz e, em seguida, respondemos a esses significados que criamos. Darei um exemplo: digamos que você pediu ao seu parceiro para fazer uma reserva em um restaurante para um encontro noturno e ele se esqueceu de fazer. Seu cérebro provavelmente começará a pensar: *Acho que meu parceiro não se importa com encontros noturnos.* Caso você esteja se sentindo particularmente sensível, esse pensamento pode realmente se transformar em algo como: *Meu parceiro não quer passar um tempo comigo. Não deve mais me amar.* Eis o início de uma baita briga. Mas essa é apenas a versão que você criou em sua cabeça; pode haver 1 milhão de outras razões pelas quais seu parceiro se esqueceu.

Em vez disso, o que você pode fazer é compartilhar sua história com seu parceiro. Diga algo como:

— Quando você esqueceu de fazer uma reserva para um encontro noturno, minha mente começou a pensar que talvez seja porque não se importa em termos um tempo de qualidade juntos. Mas não sei se é assim que você realmente se sente, então queria perguntar.

Você consegue compartilhar os sentimentos e inseguranças que estão surgindo e faz isso de uma maneira mais gentil, que permite que seu parceiro responda. (A propósito, essa técnica também funciona muito bem para evitar brigas. Se você puder verificar sua versão antes de se preocupar com isso, poderá evitar muita dor de cabeça.) Ninguém gosta de ouvir como se sente. Se seu parceiro lhe dissesse "Você não se importa mais com encontros noturnos", tenho certeza de que isso te causaria raiva! Fazer perguntas e permitir que seu parceiro seja a autoridade máxima em seus próprios sentimentos suaviza as coisas entre os dois.

E muitas vezes há uma boa explicação. Talvez seu parceiro tenha se sentindo estressado por cuidar do pai doente. Talvez tenha pensado que havia feito uma reserva. Talvez tenha pensado que a noite do encontro seria na semana seguinte. Suas versões e seus significados frequentemente estarão errados. Portanto, é melhor externá-los de maneira gentil e corrigir suas suposições, em vez de mantê-los em seu interior e sentir mágoa e ressentimento.

Lembre-se de que Vocês Estão no Mesmo Time

Lembre-se de que são vocês dois contra o problema, não um contra o outro. Vocês são uma equipe, enfrentando vergonha, socialização ruim, normas de gênero, defensividade e todos os outros monstros que se escondem debaixo da cama. Lembre-se disso durante o processo de reparo. Às vezes, simplesmente dizer "Podemos ficar no mesmo time?" pode ajudá-lo a se sentir mais próximo novamente.

Procure Entender, Não Concordar

Falar sobre sexo é difícil, e você e seu parceiro nem sempre verão as coisas da mesma maneira. Aqui está uma das chaves mais importantes para resolver conflitos em seu relacionamento: diferencie entendimento e acordo. A maioria das pessoas pensa que a única maneira de superar uma briga é estar na mesma página sobre isso. Você acaba em um cabo de guerra, lutando para ver quem está "certo" e quem está "errado" na discussão. Mas concordar o tempo todo não denota que vocês têm uma boa comunicação. Na verdade, vocês provavelmente discordarão com mais frequência do que concordarão. Em vez disso, o objetivo da comunicação deve ser a compreensão.

Uma das coisas mais chocantes que aprendi em meu tempo como terapeuta de casais é que duas pessoas podem vivenciar exatamente o mesmo evento de maneiras completamente diferentes. Não posso dizer a você quantas vezes eu fiz uma sessão com um casal e pensei: *Essas duas pessoas estavam na mesma sala? Algum deles teve alucinações? Eles foram sequestrados?* Mas é assim que a vida continua. Você está filtrando o mundo por meio de seu próprio conjunto de lentes, e seu parceiro está filtrando o mundo por meio do conjunto dele. Ambas as experiências são válidas. Mesmo que isso a deixe louca, é importante honrar que seu parceiro está tendo sua própria experiência.

O que aconteceu entre Himari e Johan é o exemplo perfeito. No aniversário dela, Johan comprou uma lingerie cara para Himari, que era extremamente preocupada com seu corpo e odiava lingerie, então o presente a deixou chateada. Johan gastou muito tempo e dinheiro com o presente e ficou chateado porque Himari estava zangada. Eles tiveram uma discussão enorme sobre uma maldita cinta. Ajudei-os a entender que Himari não precisava concordar que a lingerie era um presente fabuloso e Johan não precisava concordar que era um presente cruel. Em vez disso, Himari precisava entender que as intenções de Johan eram boas, e Johan precisava entender que o impacto de sua ação era doloroso para Himari. A diferença entre intenção e impacto é muito importante. As intenções de Johan com seu presente eram puras, e o machucou que o impacto fosse tão doloroso para Himari. Mas essa é apenas uma das realidades dos relacionamentos. As intenções que temos nem sempre criam os impactos que queríamos. Às vezes, simplesmente reconhecer essa realidade frustrante pode ajudar. Vocês podem dizer um ao outro: "Minha intenção era X. Sinto muito que o impacto tenha sido Y."

As diferenças entre intenção e impacto e entre entendimento e concordância são incrivelmente poderosas. Um acordo perfeito é raro em qualquer relacionamento, mas a compreensão é quase sempre alcançável. Portanto, concentrem-se em validar as experiências uns dos outros. Lembre-se de que ambas as experiências são certas e verdadeiras, simplesmente porque vocês as tiveram. Há espaço para vocês! Diga coisas como: "Eu entendo porque você se sente assim" ou "Isso faz sentido para mim" (mesmo que isso seja uma grande dificuldade para você!). Validar as emoções de seu parceiro os ajudará a sentir que foram vistos e ouvidos profundamente. Isso diz a ele que a experiência dele é real e é algo importante para você.

Como Se Desculpar Sem Se Perder

Quando se trata de desculpas, me lembro daquele velho ditado: "Você pode estar certo ou pode ser feliz." Eu *amo* estar certa, então, às vezes, é *realmente* muito difícil me desculpar! É especialmente difícil pedir desculpas se você acha que sua intenção foi boa e não teve a intenção de machucar seu parceiro. Mas as desculpas são muito necessárias nos relacionamentos. Nada cura mais do que ouvir as palavras "sinto muito" com sinceridade. Harriet Lerner, especialista em desculpas, diz que um pedido de desculpas é, na verdade, três presentes em um:

- Um presente para a pessoa que você magoou, porque valida a experiência dela quando você assume a responsabilidade por suas palavras e ações.

- Um presente para si, pois lhe dá a oportunidade de desenvolver mais maturidade emocional.
- Um presente para o relacionamento, porque dá a você e ao seu parceiro a fé de que podem reparar o mal que causam um ao outro.

Mesmo que você ache que estava certo, mesmo que suas intenções fossem puras, peça desculpas ao seu parceiro pela briga e pelo impacto que suas ações tiveram sobre ele.

Deixe para Lá. Sério

Depois de ter uma conversa adequada sobre um incidente específico, não toque no assunto novamente. Os casais costumam desenterrar o passado porque os humanos adoram procurar padrões. Você sente raiva de seu parceiro por jogar videogame, em vez de ir para a cama, e, de repente, está discutindo sobre tudo nas outras vezes, dizendo que ele priorizou seus hobbies, em vez da intimidade. Seu cérebro fica tipo: "Ah, olha, essa coisa é como aquela coisa! Vamos falar sobre isso de novo! Ah, e é assim também! E é igual a aquilo! Vamos falar sobre *todas as coisas*!" Mas isso é exaustivo e desmoralizante e impede qualquer progresso real. Uma vez resolvido, acabou.

Trace um Plano para a Próxima Vez

Gosto de encerrar as coisas abordando o que aprendi em uma discussão e o que posso fazer diferente na próxima vez. Talvez você perceba que pode ser um comunicador melhor caso seu parceiro inicie a conversa dizendo: "Eu te amo." Essa é uma técnica simples que se pode tentar daqui para a frente. Mesmo que seja algo que pareça simples ou até óbvio, como "Da próxima vez, vou me esforçar mais para manter a calma", isso ainda ajuda você e seu parceiro a sentirem que há progresso em seu relacionamento. Aqui estão algumas perguntas para se fazerem:

- "O que há para aprender com isso?"
- "O que entendo melhor sobre você agora?"
- "O que descobri sobre mim?"
- "O que podemos fazer diferente da próxima vez?"

Reconecte

Finalmente, tente se reconectar com seu parceiro, mostrando-lhe amor de alguma forma. Isso é diferente para todos, então pergunte ao seu parceiro o que o faz se sentir próximo a você novamente depois de uma discussão. Talvez seja um intervalo de alguns minutos, uma caminhada juntos ou uma piada interna. O favorito de Xander é um abraço à moda antiga. Eu gosto (e recomendo) que agradecemos um ao outro por estarmos dispostos a ter conversas difíceis. Você pode até criar um ritual de reconexão que faça sempre após um conflito. O objetivo é apenas fazer algo que ajude os dois a se sentirem bem.

Para levar sua aventura *sex talks* para casa, encerraremos com uma discussão sobre maneiras de continuar mantendo acesas as chamas da intimidade emocional e física.

CAPÍTULO 11

TORNANDO O SEXO UMA PRIORIDADE

AO LONGO DE SEU relacionamento, você continuará a sentir os efeitos do Maldito Conto de Fadas, que cantará seu canto de sereia para você: "O amor verdadeiro e o sexo de tirar o fôlego devem vir *naturalmente*!" Você sentirá medo e ficará paralisada e não desejará se esforçar em sua vida sexual. Você sentirá o poder da inércia lhe dizendo: "Já faz uma semana desde a última vez que você fez sexo. O que é mais uma noite?" Você se sentirá muito constrangida ou desajeitada para dar um feedback, fazer um pedido ou se concentrar em seu próprio prazer.

Sua vida sexual precisará de você para intensificá-la e protegê-la, repetidamente. Isso parecerá triste, frustrante e absolutamente exaustivo às vezes. Mas seu amor e sua intimidade merecem esse esforço ativo e contínuo.

Voltaremos para minha amiga Francesca, que está desesperada para manter seu casamento. Ela e Jake estão em uma situação difícil, mas também se amam profundamente e não querem desistir. Aqui estão algumas das ferramentas que dou a ela.

Trace um Plano de Intimidade

— Já sei que você vai me dizer para marcar — resmungou Francesca.

— Pode apostar que vou — respondi com uma risada.

Acredite em mim, sei que marcar sexo parece terrível. Parece algo que apenas donas de casa maníacas do tipo A fazem em uma comédia de TV ruim. (Você sabe, com o enorme calendário familiar na parede e um adesivo com código de cores para o encontro sexual uma vez por semana.) E admito, quando ouvi pela primeira vez a ideia de sexo marcado, odiei. Parecia admitir a derrota. Disse a mim mesma que nunca teria uma vida sexual tão ruim a ponto de *precisar* agendá-la.

— Deixe-me perguntar isso primeiro — disse a Francesca. — Se você não colocar algo em seu calendário, qual a probabilidade de isso acontecer?

Ela bufa.

— Nenhuma.

— Exatamente! Como com as crianças, por exemplo. Se eles chegarem em casa e disserem que estão na peça da escola no mês que vem, o que você vai fazer?

— Colocar no calendário.

— Por quê?

— Porque é importante para mim estar lá e quero ter certeza de que não agendaremos mais nada naquele momento.

— Você não vai dizer: "Não há necessidade de colocar no calendário; vamos ver o que acontece. Talvez eu apareça, talvez não. Se for para ser, vai acontecer."

Ela alegremente revirou os olhos para mim.

— Claro que não!

— E você não vai se julgar por colocar no calendário, certo? Você não vai pensar: *Eu realmente não devo amar meus filhos se tenho que agendar uma visita para vê-los.*

— Você ainda quer que eu responda a isso? — questionei Francesca.

— Na verdade, não — prossegui, me empolgando. — Olha, nós agendamos as coisas que são importantes para nós. Por que o tempo de qualidade com Jake deveria ser diferente?

Francesca respira fundo.

— Mesmo quando você tem uma ótima vida sexual, ainda há muitas outras coisas competindo por seu tempo e atenção diariamente. Vocês têm que ter propósito em arranjar tempo um para o outro e para a intimidade, caso contrário, não acontecerá.

Posso dizer que estou chegando perto, mas ainda não convenci totalmente Francesca. Ela disse:

— Marcar parece muito frio. Sei que não devo dizer isso, mas gostaria que parecesse mais espontâneo. Ou, pelo menos, natural. E não, eu não penso assim sobre agendar as coisas com as crianças, então nem pergunte.

— Ok — respondi. — Quero que você seja brutalmente honesta comigo: a espontaneidade tem funcionado para você? Porque eu sei que você tem se esforçado para ter uma vida sexual espontânea por anos. Então, você frequentemente sente o desejo natural de sexo exatamente ao mesmo tempo que Jake sente, e vocês dois magicamente têm tempo, espaço, privacidade e energia para serem íntimos?

Francesca me lançou um olhar amoroso.

Presumo que você esteja tendo a mesma reação, caro leitor. Acho que não teria escolhido este livro se a espontaneidade estivesse funcionando para você.

— Preciso te contar um segredinho — disse a ela. — Você e Jake nunca tiveram uma vida sexual espontânea, mesmo no início de seu relacionamento. Quando você começou a namorar, todo seu relacionamento era preliminar. Você estava planejando datas — ouso dizer *marcando* datas — e tinha dias ou até semanas em que estava criando expectativa para se verem novamente. Lembra-se de quanto tempo você gastaria pensando e se preparando para seus encontros? Você estava mantendo contato, flertando constantemente. Não havia nada de "espontâneo" nisso!

— Eca — disse Francesca, não totalmente pronta para ceder. — Mas, no primeiro ano de nosso relacionamento, após o estágio de namoro, *parecia* espontâneo. Ninguém nunca iniciou o sexo; simplesmente aconteceu.

— Sim, você tinha todos aqueles neurotransmissores do relacionamento inicial trabalhando a seu favor, mas ainda havia muito esforço envolvido, querida. Vocês estavam em seu melhor comportamento um com o outro, estavam construindo intimidade, estavam tendo muitos toques não sexuais e estavam seduzindo ativamente um ao outro entre as horas de transar.

Francesca não disse nada.

— Aguardar sexo espontâneo é uma forma de evitar a responsabilidade por sua vida sexual. É como esperar que a Publisher's Clearing House apareça na sua porta com um grande cheque, em vez de procurar um emprego com melhor remuneração, ou esperar que seu parceiro faça magicamente a refeição exata que você deseja sem sequer mencionar que está com fome.

Ela começou a chorar de leve, então a abracei.

— Entendo. Há dias em que desejo que minha vida sexual com Xander seja fácil e espontânea. Mas sei que as grandes coisas da vida exigem, pelo menos, um pouco de esforço, e valorizo a mim, a ele e ao nosso amor o suficiente para trabalhar por isso. Sei que você sente o mesmo por Jake.

— Ok — disse Francesca. — Você me pegou, vou agendar minha maldita vida sexual.

— Vou te dizer como tornar isso divertido — assegurei a ela. — Não vai parecer clínico, eu prometo.

Como Planejar o Sexo — da Maneira Correta

Agendar sexo definitivamente pode parecer algo frio, mas não se você configurar isso corretamente.

Percebe que continuo usando a palavra "plano"? Algumas pessoas odeiam a palavra "agendamento", mas uma simples troca de palavras pode fazer toda a diferença. Diga que você está planejando fazer sexo, ou chame isso de noite de encontro, ou de um nome engraçado, como "Domingo Relax" ou "Delícia da Tarde". Essa é uma maneira fácil de fazer com que pareça uma piada interna especial, em vez de uma obrigação.

— Acho que o maior problema para mim é: e se eu não estiver de bom humor quando o dia chegar? — pergunta Francesca. — Eu me preocupo em me sentir pressionada, como se não pudesse dizer não.

— Essa é a beleza do Easy Win [Vitória Fácil] — digo a ela. — Escolha uma atividade física que você esteja sempre disposta a fazer com amor, não importa o que tenha acontecido naquele dia. Tem que envolver alguma forma de contato físico, mas deve ser algo simples, como abraços ou beijos. Quando você marca sexo, está apenas concordando em fazer sua atividade Easy Win. Se você acabar sentindo vontade de fazer mais no momento, tudo bem, mas não há pressão para fazer mais do que isso. No passado, Xander e eu dissemos que faríamos companhia um ao outro enquanto ele se masturbava. Então, se Xander está de bom humor em nosso encontro noturno, mas eu não, posso ficar tranquila sabendo que ele cuidará de si.

— Nossa, isso é bom — disse Francesca. — Se eu sei que não tenho que fazer nada com meu corpo, poderia ficar feliz com ele. Talvez acariciar seu peito ou beijar seu pescoço um pouco, se eu estiver a fim.

— Além disso, não está assinando um contrato quando planeja sexo — pontuei. — Você e Jake são pessoas razoáveis e empáticas. Não vão forçar um ao outro a fazer sexo se um de vocês estiver doente ou de péssimo humor. Xander e eu damos poder de veto um ao outro. Se eu for cancelar um encontro sexual, minha responsabilidade é declarar isso a ele claramente e com antecedência e dizer o motivo. Eu abro espaço para que ele fique desapontado. E eu tenho 48 horas para marcar um encontro. Você pode mudar essa linha do tempo em seu relacionamento, mas é bom ter algum tipo de acordo como esse.

Outra ideia divertida é se revezar na configuração de suas datas. Agora você conhece algumas das coisas que ajudam seu parceiro a se sentir aberto à intimidade. Por exemplo, talvez ele adore passar dez minutos sozinho ou uma massagem relaxante nos pés. Quando for a sua vez de estar no comando, faça o possível para colocar todos esses elementos no lugar. Revezar-se dessa maneira ajuda cada um a se sentir cuidado e seduzido.

Minha recomendação é que você e seu parceiro conversem abertamente sobre traçar um plano para o sexo, mas você tem a opção de manter essa informação para si. Já trabalhei com alguns clientes que são tão planejadores a ponto de saberem com antecedência os dias específicos em que terão intimidade. Eles não estabeleceram explicitamente um acordo sexual agendado com o parceiro, mas tomam a iniciativa nos dias em que se comprometeram.

A Outra Metade, com Xander: Também Marque Outras Formas de Intimidade

Dado o quão difícil é arranjar tempo para o sexo, não deveria ser uma surpresa que a maioria dos casais luta para conseguir algum tipo de tempo de qualidade um com o outro. Você sabia que, em média, um casal gasta apenas 35 minutos por semana conversando cara a cara? Sim, são 35 minutos por *semana* (não por dia)! Então, é por isso que achamos que é tão importante agendar um tempo de qualidade juntos quanto agendar sexo. Planeje encontros noturnos, novas atividades, caminhadas pela vizinhança, outras formas de contato físico ou apenas momentos a sós. Você nem precisa sair de casa se isso for muito complicado! A chave é apenas colocá-lo no calendário e tratá-lo como um momento sagrado.

Agendar um tempo de qualidade também pode ser uma ótima maneira de continuar se sentindo mais confortável com a ideia de agendar sexo. Vocês se acostumam a reservar tempo um para o outro. A maioria de nós gosta de marcar de sair à noite, então veja se você pode trazer a mesma energia para noites sensuais programadas também!

Quantas Vezes Vocês Devem Fazer Sexo

Francesca me fez a pergunta que os casais inevitavelmente fazem sempre que falo sobre agendar sexo: "Qual é a quantidade saudável de sexo para um casal fazer?" Ela não está sozinha nessa; essa é uma das perguntas mais comuns que me fazem. Então, aqui vai o número exato de vezes que você deve fazer sexo por semana... Estou brincando! Não existe um número mágico que funcione para todos os casais.

Já trabalhei com casais que faziam sexo várias vezes ao dia e se sentiam infelizes e insatisfeitos, e também com casais que faziam sexo algumas vezes por ano e se sentiam felizes e conectados.

Recentemente, realizamos uma pesquisa de frequência e satisfação sexual com nosso público da internet e recebemos 35 mil respostas detalhadas. As três principais categorias de resposta variaram em menos de 1%. Ou seja, houve uma divisão quase inexistente entre duas a três vezes por mês, uma vez por semana e duas a três vezes por semana. Dividimos as respostas por faixa etária e se o casal tinha ou não filhos, mas também não havia diferenças gritantes. (Tanto para a crença de que envelhecer ou ter filhos mata sua vida sexual!) Não importa a frequência sexual indicada por cada respondente da pesquisa, a maioria relatou querer fazer mais sexo do que está fazendo.

É fácil ficar hiperfixado na frequência porque o sexo pode parecer um tópico muito grande e opressor. Desejamos nos concentrar em algo que pareça direto e quantificável, como um número. Mas, como já mencionei, é muito mais útil focar a *qualidade* do sexo do que a *quantidade*. Uma vez que você está fazendo sexo de alta qualidade, que realmente vale a pena desejar, a quantidade geralmente se ajusta, graças à conexão desejo-prazer. Mas, por outro lado, caso você se force a fazer sexo quando não está com vontade apenas para atingir uma cota "saudável", está aumentando as chances de ter sexo menos prazeroso e acabará desejando ainda menos — o Problema da Torrada.

Depois de terminarmos a conversa sobre agendamento e frequência, compartilhei várias outras dicas rápidas com Francesca, para que ela pudesse ter muitos apetrechos em seu kit de ferramentas.

Quebre os Períodos de Seca o Mais Rápido Possível

A vida jogará bolas curvas em seu caminho, e você se verá presa em períodos de seca de vez em quando. Isso é normal, mas tente voltar ao controle do jogo o mais rápido possível. Há um tipo engraçado de inércia quando se trata de sexo. Se você se esqueceu do conceito de inércia da ciência do ensino médio, é: "Um objeto em repouso tende a permanecer em repouso. Um objeto em movimento tende a permanecer em movimento." Quanto mais tempo você ficar sem fazer sexo, mais fácil será simplesmente continuar sem fazer sexo.

Um período de seca pode ser embaraçoso, então o erro que a maioria dos casais comete é ignorá-lo. Mas enterrar a cabeça na areia serve apenas para fazer o período de seca durar mais tempo e vocês se sentirem ainda pior. Em vez disso, lembre-se da importância da conversa de Reconhecimento (presente no Capítulo 5)! Diga algo como: "Sei que a vida tem jogado muito em nós ultimamente, mas estou realmente sentindo sua falta e quero voltar a um lugar de mais conexão." Concentre-se nas *emoções*, não em quanto tempo se passou desde a última vez que vocês se viram nus. Isso ajuda seu parceiro a reconhecer que se trata de conexão, não de atingir um número mágico.

Felizmente, a inércia também pode funcionar de outra maneira. Quanto mais sexo você fizer, mais fácil será continuar fazendo sexo. (É por isso que, ironicamente, os casais que agendam sexo muitas vezes acabam fazendo mais sexo não programado também.)

A Foda Vem Antes

Dan Savage, apresentador do *Savage Lovecast*, teve essa ideia, que ele definiu como fazer sexo *antes* de sair para um jantar chique ou uma grande festa, em vez de esperar até chegar em casa no final da noite.[1] Se eu comer uma grande refeição, a probabilidade de eu querer fazer sexo depois é extremamente baixa. Você já tentou se contorcer em uma lingerie apertada e com tiras quando sua barriga está cheia? Já teve a temida "brochada alcoólica" depois de muitos coquetéis? Já tentou desesperadamente segurar um peido induzido por uma refeição de três pratos enquanto seu parceiro estava chupando você? Se for assim, então você se beneficiaria fodendo antes!

Xander e eu expandimos a regra "A Foda Vem Antes" para significar priorizar o sexo o mais cedo possível. A maioria dos casais deixa o sexo para o finalzinho da noite. Mas, quando você está indo para a cama, provavelmente está exausto além da conta. É um momento muito difícil para ficar animada sobre fazer sexo. A intimidade é muito melhor quando você realmente tem energia para isso. Obviamente, a logística pode ser mais complicada ou nem sempre possível, dependendo das circunstâncias individuais, mas sempre que puder, A Foda Vem Antes. Isso pode significar sexo matinal, uma delícia da tarde, deixar as crianças assistirem TV enquanto vocês se trancam no banheiro ou pedir à babá para levar as crianças ao parque — "Assim eles não ficam chateados ao nos ver saindo!"

Explore

Há um mundo infinito à sua frente. Tente novos métodos para manter o desejo sexual fervente vivo, novas formas de toque sexual e não sexual, novas formas de iniciação. Experimente novas técnicas preliminares e traga de volta os movimentos antigos que você não fazia há algum tempo. Continuem explorando no quarto juntos. Apenas façam isso. (E um com o outro.)

Pense e Fale sobre Sexo Todos os Dias

Quando Xander entrou para meu negócio, ele ficou nos bastidores por alguns anos, concentrando-se no lado operacional das coisas. Continuei dizendo a ele como seria valioso para nossa comunidade ouvi-lo também, mas ele rejeitou meus pedidos, insistindo que não tinha nada de valioso a acrescentar, pois não tinha nenhum treinamento em sexualidade humana ou psicoterapia.

No festival de merda que foi 2020, finalmente o convenci a se juntar a mim no Instagram, no YouTube e em nosso podcast *Pillow Talks*. Compartilhamos histórias de nossas piores falhas sexuais. (Esquecer que eu tinha um absorvente interno durante o sexo, prendê-lo, sem conseguir remover e precisar que Xander o tirasse de mim definitivamente está no topo dos meus momentos mais mortificantes da vida.) Representamos (totalmente vestidos) as piores posições sexuais que encontramos na internet. Demos ao nosso público ideias sobre como falar sacanagem, como dar aquela sentada e como pedir educadamente ao parceiro para arrumar os pelos pubianos antes do sexo oral. Nós nos divertimos muito brincando, mas também começamos a perceber que nossa ótima vida sexual estava se transformando em algo verdadeiramente espetacular.

Estávamos fazendo *muito* mais sexo. Estávamos nos sentindo mais presentes um com o outro, como se estivéssemos em nosso próprio mundinho sexual, com dois habitantes. Estávamos tendo orgasmos tão insanamente bons que nos deixavam sem fôlego, tontos, profundamente conectados e muito estupefatos para escrever uma frase completa.

Atribuímos totalmente a mudança ao fato de estarmos falando sobre sexo aberta e honestamente todos os dias. (Além dos momentos de estupefação mencionados.) Mesmo nos dias em que não estávamos fazendo sexo, essa comunicação criava um fio de conexão entre nós dois. A transformação foi tão perceptível que nos levou a escrever *Sex Talks*.

Há algo verdadeiramente especial que acontece quando você fala sobre sexo todos os dias. A vergonha e o constrangimento desaparecem lentamente, e o sexo se torna uma parte normal e natural de sua vida — como deveria ser. O sexo permanece em primeiro lugar, e você deseja buscar essa conexão com seu parceiro com mais frequência. Todas as coisas que costumavam parecer tão estranhas agora parecem mais leves — até mesmo engraçadas, às vezes. Seja se revezando na leitura deste livro, fazendo perguntas aleatórias sobre sexo todas as noites ou assistindo às histórias de Xander e minhas no Instagram, desafie-se a falar sobre sexo diariamente.

CAPÍTULO 12

APAIXONANDO-SE, PARA O RESTANTE DE SUA VIDA

SEMPRE QUE VOCÊ RECEBE uma prescrição de antibióticos, seu médico lhe diz para tomar todas as doses. Muitas pessoas começam a tomar a medicação, começam a se sentir melhor e pensam que se recuperaram totalmente. Eles param de tomar os remédios e, claro, acabam ficando doentes de novo.

Só porque sua intimidade está em um bom lugar agora, não significa que você deve parar de fazer as coisas que a levaram até lá. Continue colocando esforço em sua intimidade emocional e física. Continue revisando e atualizando seu Manual do Usuário e compartilhem a versão mais recente entre si. Mantenha o pé no acelerador. Continue adicionando lenha ao fogo e regando sua grama. Isso às vezes é cansativo, eu sei, mas seu relacionamento merece.

Pode me chamar de última romântica, mas me dói muito ver parcerias sólidas terminarem porque o casal não alimentou sua conexão. Sempre que começo a trabalhar com um novo casal, digo a eles que tenho três clientes: cada indivíduo, mais o relacionamento. Eu encorajo você a ver sua parceria como uma entidade própria e a pensar naquilo de que ela precisa para prosperar. Você não culparia uma planta por morrer se ninguém a regasse, certo? Com seu relacionamento, ocorre o mesmo.

Para encerrar sua aventura no *Sex Talks*, estou abrindo meu kit de ferramentas novamente e compartilhando algumas de minhas maneiras favoritas sobre nutrir seu relacionamento e aprofundar sua conexão. Há muitas técnicas neste capítulo porque estou pensando em minha amiga Emmy, que pediu a separação enquanto eu escrevia este livro. Sei que não é minha responsabilidade salvar todos (ou nenhum) relacionamento e sei que nem todo relacionamento vale a pena ser salvo. Mas eu amo Emmy e Theo, e esse término me dói, então talvez eu esteja exagerando um pouco agora. Estou imaginando que você e eu estamos tomando chá do jeito que Emmy e eu fazemos, e você está me pedindo para lhe dizer como manter seu amor vivo. Eu digo a você: "Não quero apenas ensiná-la a fazer RCP em seu relacionamento e trazê-lo de volta dos limites da morte. Quero dar a vocês as ferramentas para sentirem que estão se apaixonando um pelo outro, de novo e de novo."

Identifique Seus Agitadores

Cobrimos muitos assuntos neste livro e estamos cobrindo ainda mais com as dicas deste capítulo. Depois de tentar tudo, identifique as três coisas que tiveram o maior impacto em seu relacionamento. Nenhum de nós tem uma quantidade ilimitada de tempo, então precisamos identificar as técnicas específicas que nos dão o maior retorno para nosso investimento.

Estabeleça Intenções

Comece todas as manhãs se perguntando: "O que eu poderia fazer para dar ao meu parceiro e ao nosso relacionamento o meu melhor hoje?" Pode imaginar como seria seu relacionamento se você fizesse isso?

A Outra Metade, com Xander: Cumprimentem Um ao Outro

Meu truque favorito é simples, mas surpreendentemente eficaz: reconheça conscientemente a presença de seu parceiro! Diga "Ois" e "Adeus" adequados. Mesmo quando vocês dois já estiverem em casa, olhe por cima do telefone, do computador ou da TV e faça contato visual com seu parceiro quando ele entrar na sala. Sorria e diga "oi". Você pode já estar revirando os olhos, mas seja honesto comigo: quando foi a última vez que você cumprimentou sua parceira com entusiasmo genuíno?

A infeliz realidade é a de que é muito mais fácil *não* reconhecer a presença de Vanessa quando ela entra na sala. Normalmente, já estou no meio de alguma coisa e não faço contato visual imediato assim que ela começa a falar comigo, como se fosse uma colega de quarto com quem estou apenas dividindo espaço. Mas se eu pensar sobre isso da perspectiva de quanto eu amo Vanessa, então parece muito estranho e frio nem mesmo reconhecer sua presença. Além disso, toda vez que você não reconhece a presença de seu parceiro, está perdendo uma potencial oportunidade de conexão!

Vanessa, na verdade, foi a pioneira nessa técnica em nosso relacionamento. Nunca me esquecerei da primeira vez que ela tentou me reconhecer intencionalmente. Estava deitada na cama, lendo um livro, enquanto eu ainda escovava os dentes no banheiro. Enquanto eu voltava para o quarto, ela largou o livro, fez contato visual, me deu um grande sorriso e disse: "Ei, querido!" Fiquei surpreso e olhei em volta, como se ela estivesse falando com outra pessoa.

Mas me senti tão bem! Agora, nós dois aproveitamos esses pequenos momentos de conexão. Leva apenas alguns segundos para reconhecer um ao outro, mas isso nos faz sorrir e nos sentir amados várias vezes ao dia.

Faça Perguntas Melhores

Diga-me quantas vezes você já teve esta conversa:

> "Como foi o seu dia?"
>
> "Bom. Como foi o seu?"
>
> "Bom. Como foi o seu?"
>
> "Bom. Como foi... espere, eu já respondi."

Quando Xander e eu nos conhecemos, passávamos horas conversando sobre tudo e nada, mas com o passar dos anos, esse tipo de conversa começou a ficar mais difícil de acontecer. Em vez disso, começamos a ter muitas discussões protocolares sobre horários ou o clima, e períodos de silêncio cada vez mais longos.

Aqui está o que finalmente descobrimos: se vocês quiserem recuperar aquela faísca de conversa, terão que fazer perguntas melhores um ao outro e abrir espaço para respostas mais ponderadas. Aqui estão algumas opções interessantes:

"O que inicialmente te atraiu em mim?"

"O que fez você se apaixonar por mim?"

"Quando você se sente mais próximo ou mais conectado a mim?"

"Quais são os pontos fortes do nosso relacionamento?"

"Quando você me acha mais atraente?"

"Quais são nossos valores fundamentais como casal?"

"O que você ama em mim hoje?"

Crie Rituais

Uma das melhores coisas sobre estar em um relacionamento é ter rituais que pareçam únicos para seu relacionamento. Rituais são coisas que vocês fazem juntos regularmente e que parecem especiais, comemorativos e/ou românticos. Eles fazem vocês se sentirem em um clube ultrassecreto.

Por exemplo, Xander e eu nos divertimos tanto em nossa lua de mel que decidimos que uma não era suficiente. Em vez disso, criamos um ritual pelo qual fazemos uma viagem para comemorar nosso aniversário todos os anos. Tornou-se uma de nossas formas favoritas de celebrar nosso amor, de modo que esperamos por isso anualmente.

Outro ritual que temos é levar nossos dois pugs, Winston e Maggie, para passear juntos todos os dias. Seria fácil pensar em passear com os cachorros como uma tarefa pela qual um de nós é responsável, mas desde que começamos a pensar nisso como um ritual que fazemos juntos, tornou-se muito mais agradável. É nossa hora de tomar um pouco de ar fresco, clarear nossa mente, falar sobre nosso dia de maneira mais significativa e conhecer novas partes de nossa vizinhança.

Aqui estão algumas outras ideias para rituais que você pode criar:

- Diga três coisas pelas quais você é grata em seu relacionamento antes de ir para a cama todas as noites.
- Leiam um novo livro juntos todos os meses.
- Se vocês são casados, assistam ao vídeo do casamento juntos ou releiam seus votos um para o outro todos os anos no aniversário de casamento. Se não são casados, relembrem a história do dia em que se conheceram.
- Façam trabalho voluntário juntos durante as férias todos os anos.
- Passem cinco minutos juntos no café da manhã.
- Cozinhem juntos uma vez por semana.
- Fiquem um com o outro por pelo menos alguns segundos toda vez que vocês saírem de dia ou forem dormir à noite.

Tenham Encontros Noturnos

Você já sabe que deveria sair à noite para um encontro, mas faz isso? Para a maioria dos casais hoje em dia, "tempo de qualidade" significa se sentar no lado oposto às extremidades do sofá, assistindo TV enquanto você também dobra a roupa e navega no Facebook. Eu odeio dizer isso a você, mas isso não conta como tempo de qualidade!

Encontro noturno parece banal, mas é absolutamente essencial para a saúde de qualquer relacionamento. É preciso passar um tempo apenas entre vocês dois, sem nenhum tipo de distração. Precisam se divertir juntos. Precisam ser lembrado daqueles primeiros dias de seu relacionamento, quando estavam tão fascinados um pelo outro que não poderiam imaginar querer fazer outra coisa que não aproveitar a presença de seu parceiro.

Em particular, recomendo tentar fazer coisas novas em seus encontros noturnos. Sair para jantar pode ser bom, mas vocês provavelmente já tiveram centenas de jantares juntos. Em vez disso, empurrem-se para fora de sua zona de conforto e tentem algo um pouco mais fora do comum de vez em quando. Pesquise no Google "ideias criativas para encontros" ou a cidade em que você mora e a frase "ideias para encontros noturnos".

Faça Avaliações Regularmente

Esta é uma sugestão muito simples, mas muito boa e que quase nenhum casal faz: faça avaliações regulares do relacionamento. Fazemos isso com nosso médico, com nosso contador, com o professor de nossos filhos, mas poucos de nós reservamos tempo para uma avaliação com nosso parceiro. Ficamos tão presos em nossas intermináveis listas de tarefas e ansiedades diárias que sentimos que a única opção é *seguir em frente*. Mas reservar um tempo para parar, olhar para trás, avaliar honestamente o que você fez e debater como pode melhorar na próxima rodada pode transformar seus relacionamentos. As avaliações dão a você a chance de ser grato, comemorar a conquista e ter a intenção de se tornar uma pessoa e um parceiro melhor.

Dependendo do que funciona melhor para o seu relacionamento, você pode fazer avaliações diárias, semanais e/ou mensais com seu parceiro. Durante essas avaliações, perguntem um ao outro coisas como:

> "O que fizemos muito bem hoje/esta semana/este mês?"
>
> "Quando você se sentiu mais próximo de mim hoje/esta semana/este mês?"
>
> "Pelo que você é grato?"
>
> "O que nos desafiou?"
>
> "Do que precisamos mais ou menos na próxima semana/no próximo mês?"
>
> "Como podemos ser os melhores parceiros possíveis um para o outro na próxima semana/no próximo mês?"

A Atitude de Gratidão

Existem poucas coisas mais capazes de transformar seu relacionamento do que a gratidão. É muito fácil não valorizar seu parceiro e esquecer todas as pequenas maneiras pelas quais ele mostra seu amor e carinho. Rapidamente nos concentramos no fato de que ele deixou mais um copo diretamente em cima da máquina de lavar louça, em vez de colocá-lo *dentro dela*, e esquecemos de ver que ele limpou todas as superfícies da cozinha inteira. Sim, você e seu parceiro estão trabalhando por um relacionamento mais íntimo, mas você já tem muito pelo que agradecer. Façam um esforço extra para reconhecer e apreciar um ao outro pelas coisas que vocês já fizeram.

Serei honesta: muitos dos casais com quem trabalho reviram os olhos com a noção de gratidão. Parece um pouco cafona ou juvenil. Mas uma pesquisa feita pela Universidade da Geórgia descobriu que a gratidão é "o preditor significativo mais consistente da qualidade conjugal"[1].

A boa notícia é que é ridiculamente fácil mostrar gratidão ao seu parceiro, e mesmo uma simples frase pode ser muito boa para ambos! Não consigo pensar em muitas outras coisas que tenham uma recompensa tão alta por tão pouco esforço. Sempre que notar algo que seu parceiro fez por você, agradeça. Você não acreditará o quanto pode iluminar seu parceiro dizendo algo tão simples quanto: "Ei, eu realmente aprecio que tenha tirado aquele lixo fedorento." Às vezes, gosto de ser meio pateta e exagerar. "Xander, estou tão agradecida por você ter arrumado a cama esta manhã!... Você sabe como me sinto amada quando vejo que você coloca suas cuecas no cesto de roupa suja?... E já mencionei como é glorioso ver as toalhas guardadas? Você é o melhor!" Posso estar falando das tarefas mais estúpidas e insignificantes, mas ele ainda fica tonto de orgulho.

Também gosto de começar e terminar cada dia com alguns segundos de gratidão. De manhã, penso em momentos específicos do dia anterior pelos quais sou grata, como quando Xander me traz uma xícara de chá recém-preparado. À noite, compartilhamos nossa gratidão um com o outro.

E não se esqueça de mencionar especificamente as coisas novas que seu parceiro está tentando graças às suas *sex talks*. O reforço positivo dos comportamentos que você deseja continuar vendo funciona muito melhor do que a crítica dos comportamentos que você odeia. Quanto mais visto e valorizado seu parceiro se sente por suas novas etapas de ação, mais provável é que ele as execute. Então, diga a ele: "É tão gostoso quando você inicia o sexo com uma mensagem de texto com sacanagem" e observe os textos maliciosos continuarem fluindo.

Continue Sendo Vulnerável

Passei mais de duzentas páginas argumentando que a comunicação é a chave para uma vida sexual excitante. Mas há outra variável igualmente importante: a vulnerabilidade. Deixe-me dar uma de Brené Brown e lembrá-lo de que “não há intimidade sem vulnerabilidade”[2]. A verdadeira intimidade é fazer a escolha de ser vulnerável, repetidamente. Trata-se de escolher pedir uma tacada de mestre, mesmo quando é mais fácil fingir que está feliz com o sexo careta. Trata-se de escolher iniciar, mesmo que você tenha sido rejeitado no dia anterior. Trata-se de escolher deixar seu parceiro ver suas lágrimas, em vez de se afastar. Trata-se de escolher ter uma conversa difícil, mesmo quando você prefere tapar os ouvidos e cantarolar para si. Trata-se de escolher aparecer para você, seu parceiro e seu amor, todos os dias.

NÃO PARE!

TENHO QUE FAZER UMA confissão. Por mais que eu adore falar sobre vidas e relacionamentos sexuais extraordinários, às vezes me pego me sentindo pessimista sobre nossa capacidade coletiva de criar esse tipo de mudança. Eu ouço muitas histórias sobre pessoas sendo idiotas umas com as outras entre quatro paredes. Meu cérebro pode pular para justificativas de que é por causa da falta de conversas honestas e informativas sobre sexo. Mas, às vezes, meu coração fica pesado, e me pergunto: "Existe alguma esperança?" A maioria dos terapeutas lida com a fadiga da compaixão de vez em quando, e eu certamente não sou exceção.

Um dos casais do Diálogo 4 (presente no Capítulo 8) é o principal exemplo. Lembra-se da mulher que disse que seu marido "não tem vontade de perder tempo" para garantir que ela tenha orgasmos porque ela "exige muito mais esforço"? Permita-me contar a história completa do que aconteceu com esse casal. Vamos chamá-la de April.

April havia originalmente enviado essa mensagem para nós via Instagram. Lembro-me claramente de ler a DM dela para Xander e dizer:

— Esse cara é péssimo. É tão tóxico e inútil quando as pessoas entram no modo de pontuação com o parceiro! E ele parece egoísta e irracional. Quem se importa se ela leva mais alguns minutos para se divertir?

Eu estava me sentindo temperamental naquele dia, então escrevi de volta para April:

— Eu diria a ele "Não estou com vontade de deixar *você* gozar 75% das vezes", para ver como ele se sente sobre isso. Essa é uma atitude inaceitável da parte dele. Se ele não se importa o suficiente com você ter uma boa experiência, não merece acesso ao seu corpo.

April respondeu imediatamente, dizendo:

— É o pior. Ele também disse muitas coisas negativas sobre me chupar, o que me deixou muito insegura. Isso foi muito estranho, porque ele é um cara maravilhoso, e fiquei surpresa ao ouvir todas essas coisas. Eu me pergunto se talvez ele se sinta inadequado, então ele simplesmente não quer ir para lá e ficar na defensiva sobre isso. Por mais frustrante que seja, não quero ser precipitada sobre nada disso. Você tem algum conselho sobre como eu poderia fazer isso parecer menos assustador para ele? Vou tentar qualquer coisa.

Admito plenamente que não levei fé no futuro desses dois. O que diabos eu poderia fazer para ajudar esse homem se ele não achasse que sua esposa merecia a mesma experiência que ele teve no quarto? Como eu poderia convencê-lo a parar de ser uma ferramenta preguiçosa e "sentir vontade de tirar um tempo" para dar prazer a ela? Eu queria desistir, mas Xander me lembrou de que há muitos casais em nosso público passando pelas mesmas coisas, então decidimos fazer um story no Instagram sobre esse casal. Com a permissão de April, compartilhamos anonimamente os detalhes de sua história.

Comecei dizendo:

— Realmente me chateia que essa mulher não apenas esteja tendo uma experiência sexual ruim, mas também tenha que assumir o trabalho emocional de descobrir como ajudá-lo a ser um parceiro melhor.

Xander interveio e acrescentou:

— Vamos tentar dar uma colher de chá para esse cara por um segundo. Ele pode estar perdendo algumas informações importantes sobre como o sexo e o orgasmo feminino funcionam. Por exemplo, a penetração por si só não é a atividade mais prazerosa para a grande maioria das mulheres, ao passo que é para a maioria dos homens. Portanto, não é de se admirar que ele seja capaz de gozar muito mais rápido do que ela. Ela só precisa de mais tempo e do estímulo adequado.

Eu concordei com Xander racionalmente, mas meu coração ainda estava zangado por April, então eu disse:

— Essa atitude de olho por olho que ele tem em relação ao sexo é inútil e cruel. Sexo é um ato que fazemos *juntos*, e vocês dois merecem ter uma experiência prazerosa. Sexo não é bom porque os dois têm exatamente cinco minutos de atenção. O sexo é ótimo porque ambos experimentaram prazer! Quem se importa exatamente quanto tempo ou exatamente quanto esforço você levou para chegar lá?

Respirei fundo antes de continuar.

— O que eu diria a esse marido é: não importa que leve mais tempo ou mais esforço. O que importa é o resultado. É importante para mim que você tenha uma boa experiência e deve ser importante para você que eu tenha uma boa experiência. Eu quero ser parte de uma equipe, em vez de marcar pontos.

Fornecer scripts de comunicação específicos sempre me acalma, então tive outra ideia: "Esta mulher insiste que isso não era típico de seu marido, então ela poderia desarmá-lo imediatamente dizendo algo como 'Eu sei que você é um bom homem. Eu sei que você se importa comigo e com minha experiência. Acho que você não percebeu como suas palavras são cruéis e indiferentes, então quero que tentemos ter essa conversa novamente'."

Eu terminei com:

— Se você é uma mulher e se sente constrangida por dedicar muito tempo ou esforço ao seu parceiro, em primeiro lugar, provavelmente é porque a maneira como você está fazendo sexo é priorizando o prazer dele, não o seu. Mas o ponto principal é que você merece fazer sexo que seja para *você*, que seja bom, seguro e uma experiência agradável.

April respondeu imediatamente e disse:

— Isso foi ótimo! Vou fazer essas grandes perguntas e partir daí. Acho que a coisa mais difícil sobre fazer sexo é ter conversas sobre isso. Nossa conversa recente foi a primeira vez que toquei no assunto em muito tempo, então me sinto encorajada a continuar essa conversa.

Meu pessimismo não foi nem um pouco amenizado. Eu apenas me senti triste por ela ter que fazer tanto trabalho.

Mas eis que, algumas semanas depois, recebi outra mensagem de April. Ela escreveu: "As coisas estão muito melhores com meu marido. Falar sobre o fato de que eu não estava tendo um orgasmo era desafiador e tornava a intimidade um pouco estranha. Mas acho que ele precisava trabalhar para se sentir desencorajado e envergonhado por meu prazer não estar se alinhando magicamente com o dele antes de entender o que precisava mudar. Também vale a pena notar que 90% do que sabíamos sobre sexo antes do casamento foi aprendido com a pornografia, o que obviamente está longe de ser educativo quando se trata de orgasmo feminino! Ele agora está priorizando meu prazer, e estamos nos divertindo muito juntos. É uma diferença de noite e dia. Ter coragem de continuar defendendo a mim mesma desempenhou um papel crucial nisso, então obrigada pelo incentivo para continuar falando sobre isso!"

Fui inundada por muitas emoções ao ler as palavras de April. Senti gratidão por ela entrar em contato com essa atualização inesperada. Senti tristeza pelo dano que sei que só uma educação sexual pornô pode causar. Excitação genuína pelo fato de que sua vida sexual estava passando por uma grande mudança. Vergonha por se sentir tão pessimista e sem esperança em relação ao futuro. E muita inspiração para continuar fazendo esse trabalho. Sim, esse marido agiu absolutamente como um idiota com sua esposa. E, no entanto, ele ainda era capaz de parar, processar seus pensamentos e emoções e se tornar um parceiro melhor para ela.

Se chegou até o final deste livro, primeiro, deixe-me apenas dizer que você é foda e estou orgulhosa de você. Mesmo que você tenha lido sozinha e não tenha dado um pio para seu parceiro, ainda fez algo que a maioria das pessoas não tem coragem de fazer. Sei que você continuará desenvolvendo um relacionamento mais saudável e feliz com o sexo e estou muito animada com o que está reservado para você.

E também sei que você pode se sentir pessimista sobre o futuro de seu relacionamento. Talvez seu parceiro tenha se recusado a ler este livro com você. Talvez você esteja preocupada com a reação dele ao experimentar alguns dos exercícios e técnicas. Eu sei que *Sex Talks* exige *muito* de você e de seu parceiro. Sexo e parceria pedem muito de nós! Às vezes parece mais fácil ceder aos nossos medos e não tomar qualquer tipo de ação; aceitar uma vida sexual medíocre ou mesmo de merda, em vez de ter coragem de abrir a boca e começar a falar sobre isso.

Entendo! Obviamente, até eu perco minha fé às vezes. E continuo lutando com a comunicação sexual em meu próprio relacionamento. Mesmo depois de quatorze anos juntos, e mesmo depois de todo o progresso que fizemos, Xander e eu ainda tivemos algumas conversas pela primeira vez *enquanto* escrevíamos este livro. (O dedo desonesto na bunda obviamente sendo a mais memorável.)

Eu precisava da história de April como um lembrete de que, no fundo do meu ser, eu realmente acredito que todos nós somos capazes de criar vidas sexuais extraordinárias. Sei que isso é possível para você também. Embora as cinco conversas tenham acabado, a jornada não termina aqui. Continue sendo corajosa, continue falando sobre sexo e nos mantenha atualizados sobre como as coisas estão indo para você.

QUESTIONÁRIO

IDENTIFICANDO SEU PONTO DE PARTIDA CONVERSACIONAL

A MAIORIA DOS CASAIS se beneficiará de todas as *sex talks* neste livro, então minha recomendação é a de que você as leia na ordem. Mas se quiser ter uma noção de qual das conversas será mais poderosa para você, faça este teste simples.

QUE ASPECTO DO SEXO É MAIS EMBARAÇOSO OU DESAFIADOR PARA VOCÊ?

A. Todos! O assunto inteiro parece tabu.

B. Intimidade como um todo. Eu luto para me abrir e me conectar com outra pessoa.

C. Desejo sexual. Não me sinto interessado em sexo com muita frequência.

D. Aproveitar a experiência. Eu não entendo o motivo de tanta algazarra.

E. Sair da minha rotina.

QUE TIPOS DE CASAIS VOCÊ MAIS ADMIRA?

A. Casais que podem conversar sobre qualquer coisa um com o outro.
B. Casais que parecem estar profundamente apaixonados.
C. Casais que ainda se desejam, mesmo depois de décadas juntos.
D. Casais que têm orgasmos explosivos.
E. Casais que estão sempre tentando algo novo.

QUANDO AS COISAS ESTÃO RUINS EM SUA VIDA SEXUAL, QUE DECLARAÇÃO MELHOR DESCREVE SEU RELACIONAMENTO?

A. Meu parceiro e eu não conversamos sobre nossa vida sexual.
B. Meu parceiro e eu nos sentimos desconectados um do outro.
C. Ou eu ou meu parceiro (ou nós dois) temos dificuldade em ficar excitados.
D. O sexo que fazemos parece unilateral.
E. Repetimos a mesma rotina sexual várias vezes.

O QUE VOCÊ GOSTARIA QUE SEU PARCEIRO FIZESSE COM MAIS FREQUÊNCIA?

A. Falar comigo sobre nosso relacionamento.
B. Fazer com que eu me sinta mais amada e cuidada.
C. Excitar-me.
D. Concentrar-se no meu prazer e me ajudar a me sentir bem.
E. Sugerir coisas novas e divertidas para experimentarmos juntos entre quatro paredes.

QUAL É SEU PRINCIPAL OBJETIVO PARA SUA VIDA SEXUAL?

A. Poder falar sobre isso abertamente.

B. Sentir-me mais emocionalmente conectada ao meu parceiro.

C. Aumentar minha libido e me sentir excitada com mais facilidade.

D. Fazer um sexo mais prazeroso.

E. Ser criativa e experimentar mais entre quatro paredes.

Se você marcou mais As:
Comece com a conversa 1 — Reconhecimento

Se você marcou mais Bs:
Comece com Conversa 2 — Conexão

Se você marcou mais Cs:
Comece com a Conversa 3 — Desejo

Se você marcou mais Ds:
Comece com a Conversa 4 — Prazer

Se você marcou mais Es:
Comece com a conversa 5 — Exploração

NOTAS

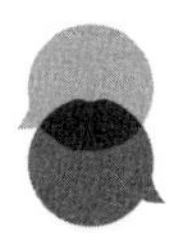

Capítulo 1: Destruindo o Maldito Conto de Fadas

1. Alyson Shapiro, John Gottman e Sybil Carrère, "The Baby and the Marriage: Identifying Factors That Buffer Against Decline in Marital Satisfaction After the First Baby Arrives", *Journal of Family Psychology* 14, nº 1 (março de 2020): 59–70, https://doi.org/10.1037/0893-3200.14.1.59.

Capítulo 2: Criando Seu Manual do Usuário

1. Emily Nagoski, *Come As You Are* (Nova York: Simon & Schuster, 2015).
2. Debby Herbenick, Vanessa Schick, Stephanie Sanders, Michael Reece e J. Fortenberry, "Pain Experienced During Vaginal and Anal Intercourse with Other Sex Partners: Findings from a Nationally Representative Probability Study in the United States", *Journal of Sexual Medicine* 12, nº 4 (abril de 2015): 1040–51, https://doi.org/10.1111/jsm.12841.

Capítulo 3: Definindo as Regras do Relacionamento

1. "National Intimate Partner and Sexual Violence Survey: 2015 Data Brief", Centros de Controle de Doenças, acesso em 6 de abril

de 2022, https://www.cdc.gov/violenceprevention/datasources/nisvs/2015NISVSdatabrief.html.

2. "Victims of Sexual Violence: Statistics", Rede Nacional de Assistência a Vítimas de Estupro, Abuso e Incesto, acesso em 6 de abril de 2022, https://www.rainn.org/statistics/victims-sexual-violence.

Capítulo 4:
Construindo a Fundação para Suas Sex Talks

1. Sybil Carrère e John Gottman, "Predicting Divorce among Newlyweds from the First Three Minutes of a Marital Conflict Discussion", *Family Process* 38, nº 3 (setembro de 1999): 293–301, https://doi.org/10.1111/j.15455300.1999.00293.x.

Capítulo 6:
A Segunda Conversa: Conexão

Também conhecida como "Do que precisamos para nos sentirmos próximos?"

1. Gary Chapman, *The Five Love Languages* (Farmington Hills, MI: Walker Large Print, 2010).

2. Tyler Schmall, "Parents Get Way Less Than an Hour per Day of 'Me Time'", *New York Post*, 3 de outubro de 2018, https://nypost.com/2018/10/03/parents-get-way-less-than-an-hour-per-day-of-me-time/.

3. Daniel Carlson, Amanda Miller, Sharon Sassler e Sarah Hanson, "The Gendered Division of Housework and Couples' Sexual Relationships: A Reexamination", *Journal of Marriage and Family* 78, nº 4 (agosto de 2016): 975–95, https://doi.org/10.1111/jomf.12313.

Capítulo 7:
A Terceira Conversa: Desejo

Também conhecida como "Do que cada um de nós precisa para ficar excitado?"

1. Emily Impett e Letitia Peplau, "Sexual Compliance: Gender, Motivational, and Relationship Perspectives", *Journal of Sex Research* 40, nº 1 (2003): 87–100, https://doi.org/10.1080/00224490309552169.

Capítulo 8: A Quarta Conversa: Prazer

Também conhecida como "O que cada um de nós precisa para se sentir bem?"

1. "National Survey of Sexual Health and Behavior: Key Findings", Universidade de Indiana, Bloomington, acesso em 6 de abril de 2022, https://nationalsexstudy.indiana.edu/keyfindings/index.html.

Capítulo 10:
O que Fazer Quando as Conversas Fugirem dos Trilhos

1. Ibid.

Capítulo 11:
Tornando o Sexo uma Prioridade

1. Dan Savage, "Should the Duggar Girls #FuckFirst?" *Stranger*, 5 de novembro de 2014, https://www.thestranger.com/seattle/should-the-duggar-girls-fuckfirst/Content?oid=20951878.

Capítulo 12:
Apaixonando-Se, para o Restante de Sua Vida

1. Allen Barton, Ted Futris e Robert Nielsen, "Linking Financial Distress to Marital Quality: The Intermediary Roles of Demand/Withdraw and Spousal Gratitude Expressions", *Journal of the International Association for Relationship Research* 22, nº 3 (setembro de 2015): 536–49, https://doi.org/10.1111/pere.12094.

2. Brené Brown, *Daring Greatly: How the Courage to Be Vulnerable Transforms the Way We Live, Love, Parent, and Lead* (Nova York: Penguin, 2012).

Este livro foi impresso nas oficinas gráficas da Editora Vozes Ltda.,
Rua Frei Luís, 100 – Petrópolis, RJ.